打败操盘手

在股市大鳄布局的游戏中成为最后赢家

[美] 李·芒森（Lee Munson）◎著
刘寅龙 ◎译

廣東省出版集團
广东人民出版社
·广州·

图书在版编目（CIP）数据

打败操盘手 /（美）李·芒森著；刘寅龙译. — 广州：广东人民出版社，2013.9
ISBN978-7-218-08732-0

Ⅰ. ①打… Ⅱ. ①李… ②刘… Ⅲ. ①金融投资－基本知识 Ⅳ. ①F830.59

中国版本图书馆CIP数据核字(2013)第139783号

Rigged Money: Beating Wall Street at Its Own Game (ISBN-9781118099681) by Lee Munson

Dabai Caopanshou
打败操盘手

[美] 李·芒森 著　　刘寅龙 译　　**版权所有　翻印必究**

出 版 人：曾　莹

策　　划：中资海派
执行策划：黄　河　桂　林
责任编辑：肖风华　梁　茵
特约编辑：杜天宜　乔明邦
版式设计：邱燕娴
封面设计：张　英

出版发行：广东人民出版社
地　　址：广州市大沙头四马路10号（邮政编码：510102）
电　　话：(020) 83798714（总编室）
传　　真：(020) 83780199
网　　址：http：//www.gdpph.com
印　　刷：深圳市鹰达印刷包装有限公司
书　　号：ISBN978-7-218-08732-0
开　　本：787mm × 1092mm　1/16
印　　张：16　　**字　　数**：236千
版　　次：2013年9月第1版　2013年9月第1次印刷
定　　价：68.00元

如发现印装质量问题，影响阅读，请与出版社（020-83795749）联系调换。
售书热线：（020）83790604　83791487　**邮　购**：（020）83781421

致中国读者信

To my Chinese readers,

I am honored to share my insights to the financial markets. Take this information and let it enrich your lives, while learning from the mistakes of the past.

There is a new dawn of prosperity and hope in your country. Make the most of it!

Please keep in touch and share your personal success in the financial markets with me. Nothing is more satisfying than hearing the good news of prosperity from my friends across the globe.

Good luck with your investments,

Lee Munson

致我的中国读者们：

能够将我在金融市场中的经验与你们分享，我感到十分荣幸。愿这些信息能够丰富你们的生活，并使你们从过去的失误中吸取经验教训。

贵国正步向繁荣，充满希望，愿你们能够充分抓住一切机遇。随时欢迎你们与我联系，跟我分享你们在金融市场中所获得的成功。能够听到世界各地的朋友们斩获了财富，没有比这更让我感到开心的事了。

祝你们投资顺利！

李·芒森

金融市场的快速发展使得诸如“买入并持有”这类策略变得过时。股利分配也只是为了使投资者在被操纵的圈套中越陷越深。黄金甚至成了一种令人恐惧的货币。金融市场被华尔街和摩根等大玩家操纵，我们只有了解游戏内幕，才能打败这些幕后“操盘手”。

李·芒森

组合资产管理公司（Portfolio, LLC）创始人兼首席投资官

金融业让公众相信不同的资产组合才是保护财富的唯一路径，这只是一个过时的规则，但操纵市场的幕后黑手并不想告诉你规则已经改变。本书揭露了当今金融环境中你所不知道的黑幕，为你在这场被操纵的游戏中成为最后赢家指明道路。

黄河

中资国际投资有限公司　董事长

权威推荐

罗闻全（Andrew W. Lo）

《商业周刊》评为金融学术界最有前途的新星

畅销书《金融异术》（*The Heretics of Finance*）作者

如果你曾感觉到股票市场是一个无利可图的游戏，那么务必认真阅读一下这本书。在当下艰难时期，我们尤其需要直言不讳，不要让天花乱坠的投资品营销迷幻我们的双眼。李·芒森是为数不多敢于揭穿事实真相的内幕人士，他让我们对投资市场有了全新的认识。

拉里·库德罗（Larry Kudlow）

全球知名财经媒体 CNBC 首席主持人

李·芒森凭借深邃而透彻的眼光，揭穿了华尔街一手布局的货币游戏，使投资者在识破游戏规则的同时能够赚取丰厚利润。

杰弗里·克斯奈特（Jeffrey Kosnett）

《基普林格个人理财》（*Kiplinger's Personal Finance*）高级编辑

李·芒森拥有极端敏锐的目光，他善于揭穿伪装，提出独到的见解。而本书也将为我们带来前所未有的冲击。

汤姆·麦克利兰（Tom McClellan）

《麦克利兰市场报告》（*The McClellan Market Report*）主编

《打败操盘手》以犀利的视角和精髓的思维，将投资图景的真相赤裸裸地摆在读者面前，透过鬼怪迷离的广告看清华尔街的真面目。我们或许应该把这本书看做一个需要“永远买进并持有”的宝贵财富。

罗德尼·苏利文（Rodney N. Sullivan）

《金融分析师杂志》（*Financial Analysts Journal*）主编

古语说，一仆不能事二主。李·芒森深知资产管理行业的根本就在于伺候一个主人：客户！阅读本书，我们会发现，为什么说这个再简单不过的真理是不言自明的。

目 录

第一部分 令人唏嘘的老套路

当你持有“万宝路”的股票30年后收益为负，你是否有必要继续坚持“买进并持有”策略？用饼形图来选择投资顾问真的靠谱？散户又该怎样“放鸡蛋”、“分馅饼”，才有可能在一个不了解内幕的游戏里战胜定律？

第二部分　打败幕后的操盘手

作为一个散户投资者，如何才能在资本市场和监管机构之间的“猫鼠游戏”中游刃有余？我们又该如何从政策市的A股中获利？

第三部分　逃脱被操纵的游戏

当中国大妈血拼华尔街抢购黄金时，你是否还认为黄金是一种理想的保值产品？股利为何会影响你的最终收益？所谓全民参与的信用合作社，为何也只是一场华丽的骗局？

序 言

谁偷走了你的血汗钱

2008年全球金融危机真的让公众以为，华尔街正在被人非法操纵吗？不要太天真，好吗？400多年来，普通股及其交易机制从来就不是让你赚钱或者赔钱，仅仅是为了吸引你参与这场游戏而已。大多数人之所以提出这个问题，要么因为他对这场游戏缺乏了解，要么因为华尔街就像一个催眠大师，总能让人们不由自主地提出这些问题。本书澄清并阐述了这些问题。

我将深入探讨问题的实质，剖析华尔街为何针对每个投资者制定策略，为每个人建立投资组合，以量身定做的理念适应各类投资风格。如果你是一个“买进并持有”型投资者，并且正在为金融危机而心碎，或是你认为自己的资产配置结构完全不可信，那么，你有必要阅读这本书。

本书讲述了这些概念从何而来，他们为什么成立或者不成立，并帮助你作出正确的判断。1602年，最早公开发行股票的公司根本就不起眼，他们采取现金与香料各占50%的股利分配方式。这似乎并不令人兴奋，但这正是非法操纵体系的起点。

难道你不希望成功？实际上，你只需在此时此刻作出正确决定。如果你是一位年轻的投资者，你需要学会如何把可怜巴巴的几个小钱积攒起来，这样到你无力赚钱时，手里还能留下一点私房钱。假如你终生都在储蓄，那么，你就需要了解如何把这点私房钱变成制

造现金流的机器。这样，即使不再从事生产活动，你也会有稳定的收入来源。一个人在30年退休的时间里不从事任何工作，那是怎样一种情形呢？100年前，“退休”这个词就是坐吃等死的另一种说法。

每个人都置身于这个特殊的系统。如果你非常幸运地拥有养老金，那么，你认为这笔钱来自何处呢？答案就是这个系统。你是否了解，养老金基金经理怎样才能按月将支票送达你的邮箱？如果你还想在退休后维持习以为常的生活方式，且不降低生活水平，仅仅看住手里的钱还远远不够。

此时，唯一需要做的就是认真揣摩这本书。或许我不能回答你的所有问题，但至少我能告诉你如何避免被华尔街拖下水，了解华尔街为什么总喜欢答非所问，并回答一些你从未问过的问题。

怎样才能让客户获得最大利益？

2001年4月1日，我和贝尔斯登的乔治·戈雷（George Gurley）在“愚人节”这天发表了一篇文章。就在此前的几个月里，我和乔治经常与一群朋友聚会。当时，乔治问我是否愿意和他一起写篇文章，告诉人们华尔街到底是个多么疯狂的世界。我其实不想插手这种事情，不过，作为对当今世事还算有所领悟的人，我应该比别人知道得更多。

一天晚上，乔治邀请我外出喝酒，这也是我们第一次开始讨论这篇文章，而文章的脉络因此而产生。席间，我多次提出对华尔街的看法，指出华尔街如何运行，又是怎样被人操纵，以及人们在牛市期间贪婪无度。我的确这样说，而且这些话也的确是我的心声。实际上，我在表达观点时完全可以更加委婉，乔治更应该像个专业记者那样引导我，而不是把我灌得酩酊大醉，以至于让我用污秽不堪的语言谈论这件极其严肃的事情。十几年前，我曾说过，纽约将在炎炎烈火中轰然倒塌，而5个月后，我的预言化为现实。在恐怖分子飞机撞倒世贸大厦之后，我突然感到世事难料。2001年年底，我搬到了新墨西哥州。我在嘉信理财集团谋到了一份相当不错的差事。嘉信理财绝对是华尔街最有诱惑力的地方，他们赋予职业操守以新的含义。这一点毋庸置疑，因为公司告诉我，他们将全权处理由这篇文章在公众中产生的所有负面影响，这让我感到心情舒畅。

这家《财富》500强企业看中的不只是我能为他们赚多少钱，还把我看成一个能为华尔街和普通民众做点好事的人。于是，我开始拼命学习，首先考取注册理财规划师(CFP)，然后成为一名注册金融分析师(CFA)。在此期间，我拥有了自己的第一套住房，还迎来了我的第一个孩子。

我想告诉这个宝贝女儿，即便某些人不同意你的观点或做法，但也一定要坚持自己的主张。我们只能接受一个无法回避的现实：某些人是无知的，他们永远不会接受你。但不管怎样，我还是想告诉她：不要试图道歉，不要退让。

现在，我不再年轻，所以更喜欢《商业内参》(*Business Insider*)的做法。2011年4月1日，他们在发表"十年创业回顾"的时候并没有联系我。尽管我是最早有这种想法的人，但我需要以更理智的方法让更多人了解我的想法，而且尽量规避使用亵渎和侵犯性的语言。

那么，我为什么要创办自己的公司呢？归根到底，我认为嘉信理财已经很难再持续健康发展。尽管我不知道自己做的事情是否明智，但我只想按自己的方式做事情。这正是美国人的梦想，也是嘉信理财的梦想。这也是我在2008年创建组合资产管理公司的初衷。我希望自己只代表客户的利益，我不想接受任何束缚。我想心平气和地告诉人们如何做事，以及如何让人们了解自己所做的事情，并让客户获利。

如何在机关遍布的“财富场”中立足？

我创作这本书的目的并不是耸人听闻，但本书的某些观点的确令人难以容忍。本书的读者是希望财富不断增值的投资者，他们坚定地捍卫自己的财产，并且知道，这个“财富场”中遍布机关，危机重重。我也是这个“财富场”中的一员，因为我是华尔街的一个从业者。但是我还受雇于客户，最大程度维护的利益，为客户带来他们所期望的结果。因此，我只服务于我的客户。当然，这也包括我的读者。不管你是一个入门者，还是一个身经百战、拥有50年投资经验的老手，本书都将为你带来新的启发，并为你接受金融理财教育提供一个新的起点。

本书将帮助读者摆脱以往的诸多认知误区，调整对投资世界的认识。在本书中，我们将探讨很多不同寻常的问题：有些积极乐观，令人向往；有些则消极悲观，令人气馁。任何事情都没有绝对正确的方法，任何事情都有两面性。对于读者来说，最重要的事情就是在阅读本书后，静心思考，看看结尾的推荐书目。我毕业于圣约翰大学，我接受的教育就是一切以原始资料为准。本书属于我的原创，如果你想进一步了解这场游戏，有必要认真研读这本书。毫无疑问，圣约翰大学教会我如何读书，引导我独立思考，坚持追本溯源。在这里，我不想质疑任何人的研究，我有自己的观点。我在商界结识的很多人都习惯引用从未读过的书，运用他们从未认真剖析过的观点，但鉴于我在圣约翰大学所接受的教育，我认为这种做法不可取。

识破潜规则，才能赚大钱

大体而言，本书分为三个部分。传统理论不过是一些过气失宠的思想，但事实真的这么简单吗？

第一部分：令人唏嘘的老套路。“买进并持有”某种投资产品的观点似乎过于轻率，而且缺乏深思熟虑。为此，我们分析了两类企业：一类是上市公司，另一类则是过去40年里在市场上表现杰出的企业。

你或许认为，超高的回报率足以为“买进并持有”投资策略提供有力证明，但这样的方法在当下已无济于事。“买进并持有”已经变成一个毫无意义的书面词语，它既不能代表任何投资理念，也不能反映任何经营信条或推销技巧。更糟糕的是，只要看看眼下这些形形色色的资产配置结构图，我们会发现，投资风险被人为低估，图表的本意被歪曲误解。在这个行业里，很多销售员认为这种想法很危险。原因何在？而我要做的，就是挑战这些传统投资观点的权威性，揭示它们的内在缺陷。在第一部分的结尾，对如何摆脱传统观点的束缚和华尔街的诱惑，并以理性思维应对未来投资世界，你将获得一个全新的认识。在这个领域，除了客观认识风险以及了解华尔街多年以来如何曲解这些投资观点之外，还要知道有哪些结构性变化让投资者饱受折磨、屡屡犯错。

第二部分：打败幕后的操盘手。这个部分要追溯到我出生的那个时代。美国国会通过的几项关键性法规带来了意想不到的后果：股票研究的可信度大打折扣，美国公众参与股票市场的选择权几乎被彻底剥夺。通过创造竞争和降低价格，投资者不再愤世嫉俗，也不再怀疑市场结构本身。尽管低廉的打折佣金、401（k）养老金计划和电子交易系统似乎让投资者有所受益，但事实并非如此。这个部分解释了投资者为什么应该关注这些变化，弄清楚过去的问题，并转化为自身优势，为自己所用。要在这个被操纵的游戏中玩下去，你必须知道游戏的另一方如何看待你。

第三部分：逃脱被操纵的游戏。我通过几个例子告诉读者：华尔街对你的印象很可能极其离谱。我还将介绍几种常见的投资思路。交易所交易基金（ETFs）为什么备受欢迎？如何对待交易所交易基金？黄金和外汇是否依旧会成为资产泡沫？他们是否只是华尔街赚取佣金的另一种手段？对于风险偏好型投资者，我推荐了自己的交易策略。如果你是一个风险厌恶型投资者，可以重点阅读第 11 章，股利在某些情况下对投资者获利至关重要，而在另一些情况下又可能与投资者毫不相干。我会告诉你，所有这些投资方式都有可能让你落入陷阱：这些投资方式本身毫无价值，只是华尔街向你兜售某种无用商品的伎俩。

归根到底，我将揭穿华尔街的“新式骗局”。金融管制的放松以及对道德风险的全然不顾，让投资者回到百年前银行与证券混业经营的时代，而结果似乎也如出一辙：喧闹、混乱，甚至疯狂。

女士们，先生们，欢迎进入一场被操纵的游戏。

第一部分

令人唏嘘的老套路

Old School...of Thought

为何400多年前的荷兰东印度公司是将我们拉进被操纵黑幕的罪魁祸首？当你持有“万宝路”的股票30年后收益为负，你是否有必要继续坚持“买进并持有”策略？

用饼形图来选择投资顾问真的靠谱？散户又该怎样“放鸡蛋”、“分馅饼”，才有可能在一个不了解内幕的游戏里战胜定律？

第1章

操纵者的圈套：买入就一定要长期持有？

> 一只股票表现如何不仅取决于其公司业绩表现，而且还取决于与投资者的集体预期之间的比较，表现出来就是投资者们愿意付多少价钱来买这只股票。

多年以来，人们一直对两种截然相反的投资策略争论不休：投资者到底应该买进并持有股票，而且永远不再抛出，还是应该借助频繁买卖赚取价差。我不知道为什么有人愿意拿一家企业的寿命和自己的寿命做比较，这无异于冒险。既然如此，买进并持有又有什么意义？为什么有人选择买进一只股票后就永久地持有呢？一个最常见的理由就是，如果公司分红，或者说把一部分利润以红利形式支付给股东，那么，持有股票就可以给股东带来现金流。尽管有些人为了积累财富而持有股票，但持续赚取财富的欲望并不意味着你一定要永久持有某一只股票。谁想永久持有一家打字公司的股票呢？

和“低买高卖”之类一厢情愿的老套路相比，“买进并持有”股票的基本套路更可取，而我们在这里所探究的概念，就是“买进并持有”。如果人们认定一家公司长期盈利，那么谁会愿意卖出这家公司的股票呢？

况且你又怎么知道何时出手最合适呢？如果你计划长期持有一只股票，那么，什么时候买进并不重要，因为这是一次性交易。如果多数公司实现长期盈利，并向股东支付红利，那就没有问题。

大学初级金融学课堂上讲述的理论可能让你大吃一惊，居然以长期收益或现金流为依据确定某家公司的价值。就算世界上的任何股票都不在公开交易所中交易，同样没有问题。因为在交易所里，股票的价值取决于每天的供需变化，而不是对公司真实价值的理性分析。我很难想象，在一个完全公开的市场上，对于像通用电气这样的大公司来说，人们怎样才能对其股票的价值达成一致？即便通用电气的高管也无法告诉你通用公司到底值多少钱。人们只能知道买卖双方在某个时刻通过市场博弈达成的价格。

买家持有一只股票是为了获得股利吗？如果这家公司不再支付股利怎么办？你还会继续持有吗？尽管我们可以花很多时间讨论这个问题，**但“买进并持有”只不过是投资者的一种行为，而不是一种策略。**如果你拥有菲利普·莫里斯烟草公司的股票，并持有了50年，那么有人会告诉你，你的股票迟早遭殃，因为这家公司从事违法业务。实际上，这家公司的股票是过去50年里市场表现最优异的股票之一。你要享受他的出色业绩，一方面，就得推翻无数专业人士的建议，义无反顾地长期持有这只股票；另一方面，你也可能随波逐流，买进老牌传统企业的股票。在投资者的心目中，这些企业的产品永远都不会过时。于是，你可能选择了通用电气的股票，但眼下这场金融危机却让你血本无归。

20世纪50年代，没有人预见到今天的世界居然变成这般模样，因此，我们也不应该去臆断50年后的世界将会怎样。这些带有幻想色彩的事情最好还是留给好莱坞。若干年之后，如果我们回头检验当初的选择，那将是一件非常有趣的事情。

因此，问题的关键并不在于是否买进并持有，而是在于自己有没有认真思考，是否应该买进并持有。而华尔街却不断地诱惑你，这是一种值得效仿的投资策略。任何一个有理性的人都不会把赌注押在50年之后的事情上，因此，我们需要以全新的观点认识华尔街，“买进并持有”这样的老套路早已过时，但还有一个更令人震惊的真相，这个套路从来就没有真正被执行过。

我认为，第一个给“买进并持有”正名的人应该是股票经纪人。华尔街为人们创造出公开交易的有价证券。有些策略行之有效，但大多数毫无价值。难道你希望有人在你的商店买走货物随后又退回吗？当然不愿意。既然如此，你为什么认为华尔街的吸血鬼愿意接受退货呢？毋庸置疑，他们在投资者买卖股票的过程中谋利。不过，这些被买家退回的货物，再也不会出现在之前的货架上。

我们迟早要离开这个世界，而且从生到死都被赚钱的欲望所左右，这是人的本性。那么，我们为什么不能接受这个事实，并以此为出发点？华尔街深知这种感受，于是，他们就为公众创造了无数参与市场投资的金融产品。但问题的关键在于，对投资者来说，每一种思路只有唯一的答案。每个人都想不劳而获。假如你找到了“答案”，为什么还要求助于别人？而这恰恰就是“买进并持有”的核心。

某一天，你作出一个聪明至极的决定，于是，你义无反顾地走下去，永不回头。很多人发现，“买进并持有”并没有给他们带来财富，这一点在互联网股票泡沫破裂以及2008年后的金融危机中尤为明显。事实上，还有很多与此类似的花招。在这里，我之所以用“花招”这个词，并不是说不管用，而是因为人们总喜欢把这些花招伪装成永恒不变的定律。因此，如果你不了解游戏内幕，就永远不可能打破这些的“定律”。

丰厚的股利不一定是好事

不要再抱怨法国人的社会运动或是酿成金融危机的华尔街暴发户了。最早把我们拉下浑水的是400多年前的荷兰人。尽管古人早已开始从事商业贸易，但直到1602年，荷兰人创建东印度公司，才出现了世界上第一只公开发行的股票。这意味着，中产阶级商人可以投资这家公开交易股票的公司。1602年9月1日，股票公开预售结束，共有538人获得购买东印度公司股票的资格，其中包括很多工匠和小企业主，他们拿到了可以自由交易的股票。

在此之前，投资股票受到限制。尽管通过出售股票降低公司所有者风险的行为并不新颖，但允许有钱人购买股票却是一件破天荒的事情。同年，阿姆斯特丹证券交易所成立，这为人们交易东印度公司的股票提供了便利。

为什么人们经历了这么长的时间，才找到这个新事物并为之疯狂呢？首先，经纪人不可能把股票卖给那些没有钱和经营自由权的人，也不可能出售所有权受法律保护的公司股份。君主拥有土地、公民租用土地的封建体系显然不支持这种体制。1433 年前后，获得王位继承权的勃艮第公爵把以前不受管辖的城市统一为一个主权国家。阿姆斯特丹就是他统治的城市之一，作为与东方通商的重要口岸，当时非常繁华。尽管荷兰和西班牙进行了长达 80 年的战争，并在 1648 年才正式宣布独立，但这并没有阻止荷兰共和国成为世界上最早的自由市场国家之一。

尽管葡萄牙和西班牙一直是国际贸易中心，但他们缺乏产权与契约制度。荷兰是一个共和制国家，当时还没有实现今天所谈论的个人自由，但是摆脱了拥有至高无上权力的君主，这对商业发展起到了巨大推动作用。正是这种依法签订并执行契约的能力，让公司对所有富裕商人打开大门。因此，法律制度最终带来了我们所追求的经济自由。这也帮助荷兰成为当时欧洲最强大的国家之一。荷兰的东印度公司逐渐控制东亚主要贸易路线，马上便招致葡萄牙和西班牙的强烈反对。

东印度公司的股票带来了哪些影响呢？东印度公司成立的最初 25 年里，投资者每年获得相当于原始投资 25% 的回报。最终，东印度公司确立了其垄断地位，完全控制了亚洲贸易，并一度将利润的 40% 分配给股东。这难道不就是你最想拥有的股票吗？

如此丰厚的收益，又分派红利，没有人会对如此轻易得到的大礼吹毛求疵。这也是第一只值得“买进并持有”的股票，还有什么可期待的呢？在公司最鼎盛的时候，东印度公司为保护其市场份额，居然拥有 40

艘战舰和 10 000 名雇佣兵。我猜想，在那个时候，人们根本不会担心这种投资模式。

此外，不仅是优秀的管理与经营思路创造如此业绩。在最初的 21 年里，东印度公司获得了由政府批准的殖民地特许经营权。仅通过几年的经营，到 1610 年公司的盈利就足以向股东支付股利。在近 200 年的存续时间里，借助于政府特许经营权带来的垄断和大量借入资金，东印度公司轻而易举地实现了令人咋舌的 18% 的年均股利支付率。

那么，作为第一家具有开创性的超级国际化企业，东印度公司的最终命运怎样？在为股东创造了近 200 年的丰厚回报之后，低效和腐败让这艘企业巨舰沉没了。整个行业都在变化，而企业的存续能力也在不断经受挑战。尽管人们为东印度公司的破产杜撰了诸多理由，但我发现，最令人费解的居然就是他们的股利政策。从 1730 年开始，公司支付的股利超过收益。

收益（Earnings）： 即企业的实际利润，这是资本主义的基本立足点，也是股东与管理层之间的基本矛盾。在企业实现收益的情况下，股东通常要求企业分配收益。尽管股东拥有企业最终收益的索取权，即使存在收益，股东也不一定能分享到最终收益。在某种情况下，管理层派发股利的意愿与股东获得收益的意愿同样强烈，以至于公司不得不在未实现盈利的情况下照旧支付股利。这就是所谓的“超分配”。通常，超分配导致企业破产。

于是，东印度公司只好依赖短期借款弥补未来收入的缺口，以维系企业的生存。这种拆东墙补西墙的方式，与今天资不抵债的企业有异曲同工之处。1796 年，东印度公司被国有化，并在 1800 年被正式关闭，最终，他们没有给股东留下任何东西。如果你在 1602 年买进东印度公司的股票并一直持有，当然不会有任何抱怨了。1800 年，大概你的第 5 代子孙将成为东印度公司的第 6 代股东，他们可就不会像你一样开心了。东印度公司的股票最终一文不值，但是从经营角度分析，他取得的成功显而易见。正因为如此，后来的投资者才甘愿用400年时间，寻找下一个“荷兰东印度公司”。因为对于你的家庭来说，唯一需要做的就是保护好财富。

毫无疑问，这个体系确实发挥了作用。也正是从此开始，市场开始学会引诱无知大众，让他们心甘情愿地用血汗钱支撑一个风雨飘摇的企业，用借来的钱一点点侵蚀企业的价值，直至整个机体分崩离析。**分派股利可以让投资者牢牢持有手中的股票，但前提是股利不能成为企业的负债，以至于不断侵蚀企业的资产，并最终让企业难堪重负。财富只属于风险承担者。**

23年前买入的“万宝路”股票一定稳赚?

荷兰东印度公司的故事告诉我们，即使投资者在历史上取得过长期丰厚的投资收益，也能保证未来成功。因此，既然历史上最成功的公司都破产了，那些本来就糟烂不堪的公司又会怎样呢？如果一家公司麻烦不断、频繁遭到诉讼，出售的产品让消费者丧命，或是股利过于丰厚以至于让公司难以维系，又会怎样呢？

我们不妨用一个简单的例子说明这个问题。我父亲曾经历了一场肺癌后，活了下来。他几乎一生都在吸烟，直到被确诊为肺癌才停止。最近，我的公司制定了一条规矩，不得投资烟草公司。这件事并不难做到，也不需要下多大决心，但是在市场上有几千家公司可供投资者选择的情况下，为什么还要担心某个客户会因这项政策而不满呢？我还发现，当看到身边的人因吸烟而患病时，那些喜欢购买烟草公司股票的人就会改变想法。那么，还是让数字来说话吧。

菲利普·莫里斯烟草公司是世界上最大的烟草公司，也是最大的讨伐目标。尽管吸烟有害健康，但一个前途未卜的投资组合显然因为投资于菲利普·莫里斯烟草公司而受益匪浅。投资者也不一定总能一帆风顺。20世纪60年代，菲利普·莫里斯公司经营惨淡，前景堪忧。直至推出主打品牌“万宝路”，菲利普·莫里斯公司才走出困境。1983 年，公司发展到顶峰。

假设你是一个投资者，在 1960 年时准备买进世界第六大烟草公司的股票。那么，你是否认为这是一只绝对值得长期投资的股票呢？如果买进最大或者排名前 3 位烟草公司的股票，又会怎样呢？23 年之后，他会成为世界上第一大烟草公司，但这只是因为他彻底改变了固有的经营模式。

但是在那个时候，你或许永远也不会想到今天。如果认为某个领导者带领企业走出几十年的困境，这要么是无知的表现，要么需要超乎寻常的想象力。你怎么知道这个烟草巨人不会遭到政府和公众的起诉呢？但是要选择一种永远不赔钱的投资产品，那显然是一厢情愿。公司起起伏伏，股价涨涨跌跌，才是市场永恒的旋律。

投资者当然不希望政府对他们投资的企业发起诉讼。市场无法准确估计诉讼可能给企业造成的债务时，股票价格趋于下跌。如果起诉一家公司的目的就是让他们出局，或是让他遭受不可挽回的损失，那么，股东往往退出并抛售股票。既然如此，在烟草公司始终官司缠身的情况下，你为什么还要冒这个险呢？

基本面（Fundamental）：也被人们戏称为“滑稽的心理游戏”，是指以企业实际经营情况为对象进行分析，而不是我们在互联网上经常见到的以股价、K 线图或是以热门股为对象进行的分析。在被问到股价上涨的原因时，那些依据基本面因素的投资者会说，他们投资的公司多么出色，盈利能力多强。而那些“心理游戏玩家”的反对者则会说，热门股不需要任何利润，这就可以解释股票什么演变为泡沫。

最初，烟草企业在这些纠纷中占尽上风，20 世纪 90 年代，形势发生了大逆转，很多州联合起来对烟草企业展开了一场史上最大规模的法律诉讼运动。1998 年，美国主要烟草公司不得不接受制裁，与控告他们的 46 个州达成了所谓的《烟草和解协议》（*Tobacco Master Settlement Agreement*）。根据协议，46 个州将获得高达 2 060 亿美元的赔偿金。当然，更具讽刺意义的是，为了让这 46 个州如约拿到这笔巨额赔偿，烟草公司必须存活下去，而且还要赚钱。

随着平衡州预算日渐成为一个严重问题，烟草公司的盈利能力对这些参与诉讼的州更加重要了。事实上，维持烟草公司的生存恰好符合这些州政府的既得利益，因为只有这样，他们才能从烟草公司源源不断地榨取钞票。

这种做法不仅带来严重的社会影响，而且付出了高昂的社会成本，但烟草公司的盈利能力则不尽然。1925 ~ 2003 年，烟草行业的年均复合收益率达到了 17%，相比之下，标普 500 指数的同期年均收益率只有 9.3%。每一次遭到起诉，菲利普 · 莫里斯公司的股价都会在触底之后迎来更强劲的反弹，涨到更高的点位。

我至今还清晰地记得在二十几岁时第一次接触这个“罪恶帝国”时的感受。那时，我是一名股票经纪人。1998 年，《烟草和解协议》签署后，我眼睁睁地看着股票交易量一天天地萎缩。一位经纪人朋友认为，《烟草和解协议》最终将彻底摧毁菲利普 · 莫里斯公司，但我相信：股票交易还将继续，各州还需要钱。

随着互联网板块大跌，美国经济随即陷入萧条，菲利普 · 莫里斯公司的股价也应声落地。在我 20 岁刚出头的时候，他们的股利支付率接近 9%。当时有些人投资烟草公司的股票，获利丰厚；有些人投资科技股，则血本无归，除此之外，投资者别无选择。

这样看来，投资者必然蜂拥买进菲利普 · 莫里斯的股票。如果一种股票拥有高收益率的基本面，一旦大众投资者注意到这个机会，他们当然不会错过，他们毫不吝惜地掏出腰包的钱。这确实不利于社会，但荷兰东印度公司的殖民式经营同样不符合社会伦理标准，而且股票也不知道你是他的主人。但最重要的还是在于盈利，在于让我的客户高兴。合理的股利收益让那些喜欢冒险的人在忍受更多痛苦之后，收获超过市场平均水平的收益。不要忘记，这些声势浩大的法律诉讼可以让企业破产。

如果你买进并持有菲利普·莫里斯的股票，就必须忍受折磨，当司法诉讼进入高潮时，你只能看着自己手里的股票一天天下跌，有时甚至会贬值 50% 以上。于是，为了补偿股价波动给股东带来的伤害，菲利普·莫里斯公司必须提高产品售价，继续以股利形式将很大一部分利润分配给股东。

反过来，股东也不得不鼓起勇气，用这些现金股利进行再投资，买进更多菲利普·莫里斯公司的股票。这就是问题的关键。只有用每个季度的股利不间断地再投资，才能实现 17% 的复合收益率（见图 1.1）。你或许很想把赚到的现金股利放进自己的腰包，然后一走了之，这难道不合理吗？如果这样做的话，你就错过了大好时机。我想说明的是，通过长期投资获利可不是一件简单的事情。

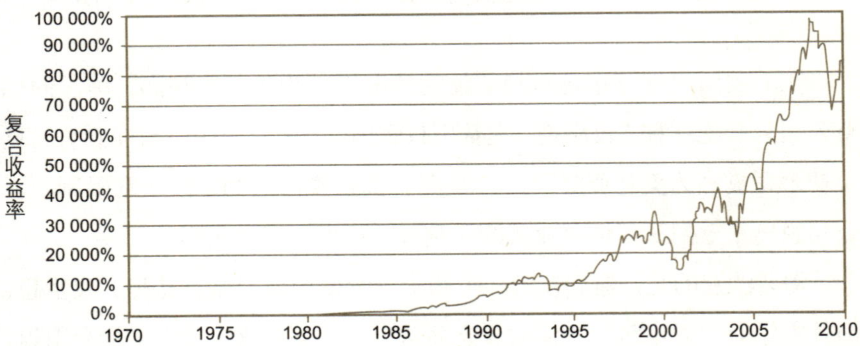

图 1.1　菲利普·莫里斯公司的股价收益情况（1970 ~ 2010 年）

那么，菲利普·莫里斯的表现到底又怎样呢？他们开始用未分配利润进行多元化经营，收购食品类企业。把烟草公司变成一家综合性企业，让菲利普·莫里斯实现经营多元化，不仅降低经营风险，还提高了股东的收益率。因为整合后的公司与人们日常生活联系更加紧密。

这至少是他们当时的想法。1988 年，菲利普·莫里斯收购了卡夫食品公司，并成为世界上最大的乳制品生产商（见图 1.2）。2007 年，卡夫被再次分离出来，成为一家独立公司。尽管这是菲利普 · 莫里斯多年以来唯一的收购行为，但足以让我们认识到，买卖其他资产将给企业的盈利能力带来巨大的影响。

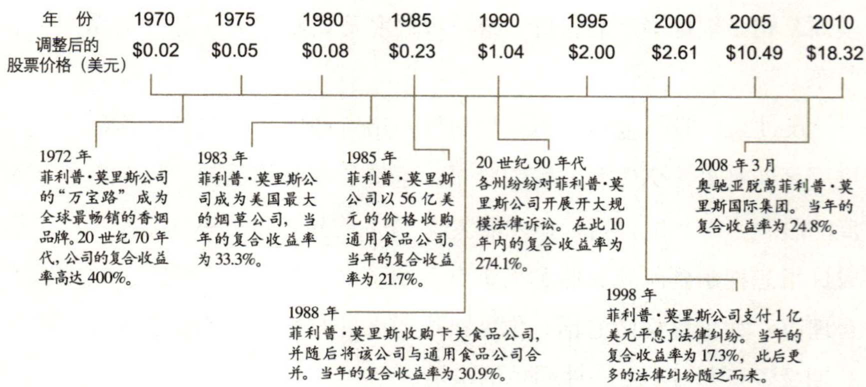

图 1.2 菲利普 · 莫里斯公司的历史足迹（1970 ~ 2010 年）

在美国国内烟草市场日趋萎缩的情况下，为了获取利润，美国的烟草公司只好把这种“致癌剂”大量出口到国际市场。2003 年，菲利普 · 莫里斯公司更名为奥驰亚集团。2008 年，为摆脱国内烟草政策的限制，新公司脱离了专门从事烟草业务的菲利普 · 莫里斯国际集团。

需要注意的是，他们在国际市场上继续使用公司原有品牌。我猜想，国外市场对“万宝路”的需求肯定非常巨大。到头来，我们还是意识到，美国人并没有停止吸烟。

此时的菲利普 · 莫里斯的利润来源已成功实现多元化，乳制品成为了新的利润源泉，而政府同样有足够的动力让菲利普 · 莫里斯公司继续生存下去，因为只有这样才能收到几十亿美元的补偿金。所有这一切让我们认识到，美国的吸烟文化对新兴经济似乎更有吸引力，因为烟草不仅给他们带来收入，还让他们享受到吸烟的“快乐”。但这绝不是我希望看到的。

“迪士尼投资术”让华尔街大跌眼镜

在我从事的这个行业里，金融学教授喜欢用“假设情景分析”之类的完美案例，证明他们尚未成型的理论。其中最经典的案例就是选择一组股票，并把随后产生的全部收益继续购入股票，以证明“买进并持有”套路带来的惊人的收益率。即使在股票市场遭遇困境时，也不用担心，他们又搬出美国国库券做例子：这些债券在一定时期内有更优异的表现。

假设时间倒退到 1970 年，你带孩子去迪士尼乐园。那里人涌如潮，拥挤不堪，而股市刚刚从 1969 年的顶峰跌落下来。20 世纪 60 年代，股票市场始终有上佳表现，大盘收益率几乎比上一个 10 年翻了一番。但仅 1969 年，股市便下跌了 8.5%。今天，你认真揣摩美国消费者的消费习惯和趋势，寻找那些适于投资的成熟型企业。这是一个长期投资项目，因此，不必担心 1974 年的股灾让你倾家荡产。请注意，你没有办法预测未来。

首先，你购买参观“魔幻城堡”的门票，这可是一笔不菲的花费。在支付了吹笛人的费用后，孩子们还想喝可口可乐，这也是游乐园独家专卖的饮料。

然后，孩子们玩“火星任务”，这是一个利用 IBM 计算机技术模拟的游戏。当孩子们玩得兴高采烈时，你一个人坐在外面，这个功夫正好可以抽一支烟，于是，你点燃一只菲利普·莫里斯烟草公司的“万宝路”香烟。“火星任务”游戏结束后，米老鼠出现在孩子们的面前，于是，你用安装柯达胶卷的相机将这个美好瞬间保存下来。

回到家之后，尽管口袋里的钞票已所剩无几，但你还是决定用这点钱购买这 5 家公司的股票，因为他们毕竟代表了未来！你也会因此拥有未来！因为在“魔幻城堡”里，“小叮当”送给你的“魔法粉”(Pixie Dust，IBM 发明的一种磁盘记录资料。——译者注）可以让你心想事成，因此，你总有办法把全部股利都用来再投资，而且不需要缴纳任何税款。

终极回报：股票组合 VS 标普 500

在 1970 年带着孩子们参观迪士尼乐园之后，你把手里仅剩的 100 美元购买了 5 只股票，对每一只股票投资 20 美元（见表 1.1）。你估算了一下，然后在 1 月 2 日打电话给股票经纪人，买进 35.71 股“迪士尼”的股票，2.74 股“伊斯特曼·柯达”的股票，3.42 股 IBM 的股票，37.04 股可口可乐的股票，还有 1 000 股菲利普·莫里斯烟草公司的股票。

股市真是一个神奇的世界，你居然可以买到不足 1 股的零股。你的经纪人没有向你收取任何佣金，但在现实世界里就没有这样的好事了，你必须向经纪人支付佣金，他才会替你做事。你还发现，在用股利重新买进股票时无需缴税。在走进这个神奇的投资世界时，眼前的一切让你情不自禁地发出一声感叹：“太美妙了”。

表 1.1　你在 1970 年 1 月 2 日买进的股票数量

（按调整后的收盘价计算）

（美元）

	迪士尼	伊斯特曼·柯达	IBM	可口可乐	菲利普·莫里斯	标普 500 指数
投资金额	20.00	20.00	20.00	20.00	20.00	100.00
每股价格	0.56	7.29	5.84	0.54	0.02	85.02
股数	35.71	2.74	3.42	37.04	1 000.00	1.18

注释：假设标普 500 指数的价值按“免佣金”指数基金计算。

2009 年 12 月 1 日，你为了圣诞节采购而卖出了这些股票。此时，最初的 100 美元投资已经变成令人不可思议的 21 628.91 美元，也就是说，你的原始投资增值了 217.29 倍！

不要忘记，你还没有对用于再投资的股利和原始投资的资本利得纳税，这仅是你的幻想，当然，这也是那些想卖书的金融学教授最喜欢的假设，如果连他们都觉得这没什么，你当然也就不必担心了。

然后，你再回头看看，假如当初把这笔钱投资标准普尔 500 指数，结果会怎样？不妨看看表 1.2。假如你买进这种指数并持有相同的时间，同时，将全部股利进行再投资，那么，你只能实现 1 211.57% 的收益率。最初的 100 美元投资增值了 13.12 倍，这也是非常可观的回报了。但你最终却只得到了 1 311.57 美元！

还要坚持买入并持有 20 年？

1990 年，你的孩子们长大成人。除了儿子科尼利斯之外，其他孩子都已经忘记了这个事情，只有科尼利斯还像当年的你那样投资。当然，迪士尼乐园依旧火爆。可口可乐还是“魔幻城堡”中最受欢迎的饮料。数字摄影没有彻底取代胶卷。IBM 在熬过个人计算机的噩梦时代后奇迹般地生存下来。因为你一直在吸烟，因此，你的孩子们很有可能继承你的衣钵。

而科尼利斯则做着你在 1970 年时做的事情。他用 100 美元投资于这 5 只股票，而且结果都很完美。为什么只用 100 美元呢？此时是 1990 年，科尼利斯可以借款，可以用抵押贷款，而且他还要偿还在学校欠下的助学贷款。如果是在 2010 年的话，他就只能坐在家里向你要钱了。在那个时候，动用个人退休金账户（IRA）进行投资是免税的。

1990 年之前，整个市场形势乐观的，因为这时已出现了折扣经纪公司，他们可以为客户提供低廉的经纪服务。由于个人退休账户在 1974 年之后出现，因此，科尼利斯还可以享受递延纳税的优惠。在这种情况下，即使当时的互联网还不够普及，但我们也不难找到资料，对这笔投资做一番检验。

表 1.2　投资回报情况（1970 ~ 2010 年）

（美元）

	股票组合	标普 500 指数
每月的年均收益率	1.13%	0.54%
1970 ~ 2010 年的总收益率	21 628.91%	1 211.57%
1970 年的投资价值	100.00	100.00
2010 年的投资价值	21 728.91	1 311.57

注释：假设标普 500 指数的价值按“免佣金”指数基金计算。

这难道就是你追逐 20 年的收益？

按照科尼利斯的计算，在 1990 年，他可以买进 2.76 股“迪士尼”的股票，1.23 股“伊斯特曼·柯达”的股票，1.18 股 IBM 的股票，3.45 股可口可乐的股票，还有 19.23 股菲利普·莫里斯烟草公司的股票（见表 1.3）。他的股票经纪人也不收取任何佣金。由于科尼利斯准备采用个人退休账户，因此，在对股利进行再投资时不需纳税。“太刺激了，这可比爸爸的愚蠢幻想现实多了”，科尼利斯情不自禁地感叹。

表 1.3　1990 年 1 月 2 日买进的股票数量
（按调整后的收盘价计算）

（美元）

	迪士尼	伊斯特曼·柯达	IBM	可口可乐	菲利普·莫里斯	标普 500 指数
投资金额	20.00	20.00	20.00	20.00	20.00	100.00
每股价格	7.24	16.22	17.01	5.79	1.04	329.08
股数	2.76	1.23	1.18	3.45	19.23	0.30

注释：假设标普 500 指数的价值按“免佣金”指数基金计算。

科尼利斯的自律性超强，1 股都没有卖出。2009 年 12 月 1 日，为了迎接新年的采购，他才卖出这些股票。在查看投资业绩表时，科尼利斯发现，5 只股票的总收益率为 680.85%（见表 1.4）。最初的 100 美元增值了 7.81 倍，变成 780.85 美元。和你一样，科尼利斯也想看看把这些钱如果投资于标普 500 指数会是什么情况。通过一番计算，他得到的结果是，投资标普 500 指数只能让他得到 338.85 美元。也就是说，年均收益率为 238.85%，或者说，原始投资增值了 3.39 倍。

表 1.4　投资回报情况（1990 ~ 2010 年）

（美元）

	股票组合	标普 500 指数
每月的年均收益率	0.86%	0.51%
1990 ~ 2010 年的总收益率	680.85%	238.85%
1990 年的投资价值	100.00	100.00
2010 年的投资价值	780.85	338.85

注释：假设标普 500 指数的价值按“免佣金”指数基金计算。

渐行渐远的“超周期收益”

尽管学者喜欢做事后诸葛亮，用如此荒诞不经的故事证明自己的研究成果，但我想说的却非常简单。不管从哪个角度看，都不乏证据说明：美国婴儿潮在“超周期”中所享受的超级收益渐行渐远。

运气不是长期投资的制胜法宝

在真正意义上的较长时期内，资本市场或者说股票市场还将继续成长。但假如你选择了错误的起点，投资就可能变成一场灾难。

在过去 100 年里，即使总体收益可观，但绝大多数有价证券都曾遭遇过黑暗时刻。

我们谈论的并不是某一只股票，而是整个市场。长期投资意味着你必须把钱投进市场，而且不能半途而废。你是否持有某种股票 40 年不为所动的持久力和毅力呢？你要随时提醒自己：当年的荷兰东印度公司或是古罗马今天又何在呢？你是否相信，一切事物都会延续它们在过去百年里走过的轨迹吗？尽管我们在将来还有足够长的时间赚钱，假如你认为未来40年是最理想的投资时段，那么你就是在赌美国经济在未来40年持续好转。

超周期（Supercycle）：从字面理解，他是一种儿童专用的自行车。它在美国俚语中还表示持续时间较长的经济周期，他通常用于提醒投资者，某种形式的经济衰退即将到来。最近，人们开始使用这个词表示大宗商品价格的持续上涨。由于对应的时间更长，因而超周期也成为资本市场上一种有效的兜售工具，让投资品的卖方可以摆脱当前环境的约束，肆无忌惮地杜撰市场传奇。

很自然，你会想到中国经济的快速增长，或是国外搜索引擎以及社交网络公司等热门板块。最关键的是，尽管大多数人掌握了太多的信息，但他们追求的目标却是一致的，那就是要获得超过其他人的收益。不妨换一种说法，如果越来越多的人分享一块饼，那么，每个人分到的那块就会越来越小，况且这块饼还要被人们反反复复地切割。但更糟糕的是，随着越来越多的人分食这张饼，饼本身却不会变得更大。尽管没人知道投资的未来到底怎样，但只要借助电子交易平台继续降低进入门槛，就会有源源不断的玩家加入这个游戏，希望从中分得一杯羹。至少“魔幻城堡”的门票比1970年的时候上涨了15倍，而迪士尼公司的股价足足上涨了60倍。相比之下，标普500指数仅仅上涨12倍，这让你连门票都买不起。

这种观点并不是从荷兰共和国的崛起得来。相反，曾经风光一时的荷兰东印度公司让我们认识到，运气迟早都会用光。1792年，纽约证券交易所终于有了一间可以进行交易的房舍。1796年，东印度公司被收归国有，并在 1800 年被正式解散。过去 50 年美国经济牛气冲天，你是否采取“买入并持有”套路进行长期投资呢？在美国经济最美妙的这 50 年间，即 20 世纪后半段，很多人的父母或是祖父母都曾投资。

如果你想在未来 10 年内做一笔长期投资，那我只能祝你好运了！在有关市场回报率的学术研究中，绝大多数数据都告诉我们：不管投资对象是什么，只有达到 30 ~ 40 年的投资期限，才能保证投资成功。想想过去 50 年的美国投资市场，多么令人振奋。这种局面还能再现吗？对我的大部分客户来说，只有他们的下一代才能亲身验证这个推测。如果你想超越市场，就必须对未来的投资期限作出合理预测，并据此进行投资。下面，我们不妨用 3 个罕见的事例说明这个道理。只有这样，我们才能以谨慎的态度投资，而不是大张旗鼓，把一切都想得过于美好。

买入并持有真的是明智之举？

假设现在是 1950 年，你手里有 10 000 美元用来投资。这笔钱可能是你辛苦赚来的，也可能是你继承的遗产。不管怎么说，你可以自由支配这笔钱，包括长期投资。1929 年的股市崩溃过去 20 年后，全球市场的信心再次高涨。股票经纪人向你推销一种共同基金，或者是几种股票的组合。

那时，投资者还没有办法进行可跟踪市场指数的投资。于是，经纪人建议你买进几种股票并长期持有。1929 年的股灾早已成为历史，这种策略似乎的确不错。你用组合增值带来的回报买进更多的股票，这样，这笔投资可以给你带来长期稳定的收益，你越来越富有。

到了 1972 年，令人难以置信的 18% 的年收益率让你最初的 10 000 美元投资变成了 175 160 美元！你在报纸上可以看到，标普 500 指数在 1970 年的回报率仅有 3.56%，于是，在这一年里，你觉得自己赚了个盆满钵满。随着退休临近，从 1950 年开始就把所有股利都用来再投资的策略开始显效。1973 年，标普 500 指数下跌 14.31%，你的投资损失了 25 000 美元。尽管这是股票市场的黑暗一年，但你很清楚，更黑暗的梦魇还没有到来。不幸的是，标普 500 指数在 1974 年的遭遇更为凄惨，一举暴跌了 25.9%。现在，你的投资资金只剩下 111 000 美元，回到了 9 年前的水平！现在，你要么硬着头皮坚持下去，要么降低退休之后生活水平。此时，你最担心赔钱，在本该忍受暂时痛苦时你却选择了匆忙离开。即使继续留在市场并将全部股利进行再投资，你的组合在 1972 年之后也不会升值，这种情况将一直延续到 1979 年。20 世纪 70 年代的高通胀率让所有投资者心惊胆战，更不用说那些已经准备退休的人，在物价逐年上涨的情况下，他们的储蓄正在一点点地缩水。

共同基金（Mutual Fund）：这是一种能给华尔街创造无限收入的“魔法盒”。这种被称为专业管理的资金组合通常投资于股票和债券。共同基金行业也是为数不多稳定成长的行业。目前，在纽约证交所上市的美国共同基金数量甚至超过了上市公司数量。

重仓科技股 or 逃离热门股？

逃离 1973 ~ 1974 年的熊市就是一场大胜利。对于爱好娱乐的年轻人来说，如果在 1973 年“石油禁运”时推销大众“甲壳虫”，你或许可以赚到一大笔钱；或是在迪斯高热潮到来之前卖掉一家“嬉皮士”服装店。这是两个不错的选择，但是现在，你手里又有了可以投资的钞票，而且你还要对未来未雨绸缪。转眼到了 1976 年，你有 25 000 美元。这一次，你可以充分利用市场组合，或许依旧选择自己心仪的几只股票。当 100 年以来第二个凄惨的熊市渐行渐远时，还有什么可担心的呢？你刚刚在报纸上看到，标普 500 指数在上个年度实现了 37% 的收益率，于是你准备进行投资了，你已经在心理上为买进并持有股票做好了准备，你渴望获得令人激动的长期回报。你计划 25 年后退休，于是，你开始对自己的深谋远虑感到沾沾自喜。

20 世纪 80 年代底，尽管作为文化象征的汽车和音乐已不再是大众热衷的对象，但你的 25 000 美元投资已经变成了 179 912 美元。20 世纪 80 年代显然是股票市场的黄金 10 年，而且你开始憧憬未来 10 年继续辉煌。事实证明，90 年代的股市远比 80 年代更令人振奋。到 1999 年底，这笔投资的市场价值已超过 945 000 美元！此时，摇滚乐再度兴起，法拉利重新成为人们谈论的话题。

总之，这是一个令人惊讶的奇迹。在整整 10 年里，我们都在谈论着如何学习日本人，现在，我们口口声声称颂的则是“网络”和“3W”。你永远也想不到自己有这么多钱，于是，你不由自主地想：这样的好时光还能维持多久呢？但你告诫自己，不要过分担心这些问题，这是长期趋势。

在 2000 年，标普 500 指数下跌 9.03%，这让你大失所望，但你还是应该想想自己曾经享受的美好时光，万事都不可能一帆风顺，因此，你应该安慰自己，不要太紧张。我们经常听到有人说，在股市下跌时抛出股票绝对不是好主意。

因此，你决定留住手里的指数基金，等着它们走出低谷，创造奇迹。既然你是一个“买进并持有”型的长期投资者，因此，你永远不会选择重仓科技股的纳斯达克指数。

一直到今天，回避热门股都是安全有效的投资策略。2001 年，标普 500 指数再度下跌 11.85%，2002 年继续下跌 21.97%。在发现自己的投资市值只有 591 546 美元的时候，你的心情无比沉重。你原计划是拿这笔钱维持退休生活！现在，你打算怎么做呢？难道你还指望这笔投资在明年升值 75% 吗？下面这个例子告诉你应该作何反应。

为何这 10 年你的投资收益为负？

在经历 20 世纪 70 年代的股市大地震之后，股市最惨淡的时代似乎过去。尽管通货膨胀持续发酵，但股票市场的收益率在 1979 年超过了

18%。你从富有的叔叔手里继承了一笔钱，他是靠兜售迪斯高光盘发家的，但不幸的是，他在“54号音乐室”的舞台上意外离去。转眼到了1980年，股市依旧低迷，你手里拿着40 000美元，于是，你买进一只跟踪标普500指数的指数基金。5年之后，你投资的这笔资金已经翻番，投资账户的金额变成103 000美元。你在想，买一辆1985年款的“庞蒂亚克火鸟”跑车怎么样？

这样，你就可以像《霹雳游侠》（*Knight Rider*）中的主角大卫·哈塞尔霍夫，驾驶着会说话的跑车四处招摇。这或许只是我在1985年时的个人爱好，但我相信各位都是眼光长远的人。于是，你最终认为，惬意的退休生活肯定比好莱坞式的美梦更现实。毕竟，你的想法是做一个长期投资者。

到了20世纪90年代末，你投资的资产价值已经超过100万美元。考虑到需要为自己购置一套新房，你选择了按揭贷款，让你的投资组合在市场中继续增值。2000年到2002年这段时期，网络股泡沫的破裂让你的投资只剩下651 000美元，这让你懊恼不已。仅仅在几年之前，你还有100万美元！你告诉自己，一定要等到2008年再退休，这样你就可以重新赚回这些钱。

2007年底，你这笔投资的市值已接近120万美元，所以你可以不再为退休问题而担心了。回忆起网络股崩盘后的那几年，你不禁会问，自己的资产怎么会只剩下651 000美元？不管怎么说，你现在可以高枕无忧了，但还是不能太乐观。难道自己投资的资产市值仅仅停留在120万美元？1999年，你的指数基金市值就已经超过100万美元。差不多10年过去了，但你只赚到了20万美元，或者说，这笔投资在10年中的回报率约为13.72%。看看投资收益表，你会大吃一惊，仅仅在去年一年里，这笔投资的收益率就是15.61%！你开始不自在了。也就是说，在这10年的时间里，你的投资在大部分时间里没有产生收益。但你或许无法预料到，2008年，标普500指数突然下挫36.58%。一怒之下，你在这一年的年底将所有股票清仓，仅仅换回了75万美元。

回头再看看 1997 年和 1998 年的投资收益表，你才意识到，你的最终收益居然和那个时候相差无几。在这 10 年的时间里，你的投资到底为你带来了什么呢？指数基金难道不是最好的投资吗？

指数基金（Index Fund）：这是一种以跟踪市场指数（如标普 500 指数）业绩为获利手段的共同基金。指数基金最早出现于 1973 年。它最初是投资者交易广义市场指数的方式。专业投资者可以采用指数基金跟踪整体市场，而无需承担购买几百只股票的成本。有些骗子声称，他们能构建出打败指数基金的共同基金，但这实际上只是一种“封闭式指数基金”。最受欢迎的指数基金就是交易所交易基金（Exchange Traded Funds）。详见第 8 章。

为什么我对《漫步华尔街》作者即爱又恨？

2008 年 12 月，我有幸受邀参加伯顿·马尔基尔［Burton Malkiel，普林斯顿大学经济学教授，著有《漫步华尔街》（*A Random Walk Down Wall Street*）。——译者注］博士主持的一次投资项目尽职调查会。对华尔街以外的人来说，他们觉得公司很大方，因为他们总会找一间舒适温暖的会议室招待来宾，然后他们开始大肆宣传自己一手杜撰的故事。我之所以离开气候温和的新墨西哥跑到波士顿，就是为了一睹伯顿·马尔基尔博士的风采。你或许没有听过这个名字，但这家伙绝对是商界的传奇人物。

多年以来，我对伯顿的《漫步华尔街》这本书真是既爱又恨。这本书的基本观点就是，只有买入并持有指数基金才是最佳的投资策略。对于像我这样想打败指数的人来说，他的观点又有哪些益处呢？我已经做好了向他挑战的准备，至少也应该向这家伙证明一下我这一生都在干什么。

我意外地迟到了，但原因很特殊，我一直和罗闻全博士［Andrew W. Lo，AlphaSimplex 投资策略集团首席投资策略师，著有《非随机漫步华尔街》(*A Non-Random Walk Down Wall Street*)。——译者注］有联系，这个人非比寻常，他不仅告诉我如何进行风险厘定，还为我的公司制定了最基础的经营理念。现场的嘉宾不足 150 人，他们全是投资咨询界的权威大腕，而能担任演说嘉宾的也只是其中的几个人。我之所以出现在这个场合，是因为有些人认为我在这个行业里还算小有名气，抑或他们只是想把自己的产品兜售给我。我觉得后者似乎更有可能。

会议室里摆放了一张桌子和零星的几把椅子。我坐下来，向其他嘉宾进行了一番自我介绍。最让我感到不可思议的是，坐在我身边的居然是大名鼎鼎的伯顿本人！天啊，我以前甚至都不知道伯顿长得什么样。自我介绍之后，主持人开始发言，我一言不发地坐着。但是在伯顿登上讲台之后，大家都开始做笔记，我在混乱中只好抓起一只餐巾纸，在背面做记录。

但伯顿的观点错了！他的整个讲话都是在讲述如何在当前全球经济危机中把握时机，如何在市场恐慌中抓住机会，以及对中国的看法。我知道，我已经找到了这家伙的要害，我打算用完全不同的观点来与伯顿辩驳。就在心潮澎湃的时候，伯顿的演说结束了，掌声平息之后，便是例行公事的赞扬和提问。大多数人离开之后，我使出自己的“杀手锏”。

我还没有开口，伯顿就已经知道我想说什么了。我毫不掩饰地说，我或许能打败指数，但伯顿心平气和地告诉我，是我错了。他显得异常的冷静，他回答说，如果你的投资业绩确实高于大多数人，而且又有一点运气，那你的确有可能打败指数，他并没有直截了当地反驳我，甚至他有点赞成我的观点！

大家讨论了我的投资风格，他鼓励我继续从事投资，并对长期投资业绩进行记录跟踪。他的观点很简单：从统计意义上讲，大多数人都不可能战胜市场。

或者说，在股票市场上没有赢家，难道不是吗？既然大多数投资者在这场荒谬游戏中的能力都差不多，那么，如果别人不会落后，我又怎么能领先呢？他的话让我深受启发。**伯顿的技巧并不难理解：寻找那些**

不被关注、流动性相对较弱的市场，归根到底，就是要寻找无效的市场。

随后，我又向伯顿请教他的致富秘笈。他的回答同样简单：版税、仓储（当时的收益率达到 8%）和中国的小盘股。仅此而已，真是再简单不过了！我对伯顿表示感谢，并告诉他，我打算回家后告诉妻子，我没有采纳“买进并持有”式的投资策略看来是正确的。伯顿点头称是。

离开宴会厅之后，我明白了一件事：忘记他们在说什么，关注他们在做什么。伯顿并不是一个指数基金投资者；他的财富来自出谋划策。伯顿承认，总会存在无效市场，这就是投资咨询的生存空间，迄今为止，他依旧是 AlphaShares 投资公司的首席投资官，这家公司向全世界推销中国的增长故事。

既然敢于挑战老手，我当然有自己的观点：无论从哪个方面都不能说明，“买进并持有”是行之有效的致富之道。现在，我完全不受这些老套路的约束了，我开始审视其他始终坚持“买进并持有”的人，他们无不在高声劝降：“既然你不能打败市场，那就跟随市场大潮吧”。尤金·法玛（Eugene Fama）博士是我关注的第二个人。他的很多专著已成为注册金融分析师考试的指定教材，在阅读了这些著作之后，我察觉到一个非常简单的事实：法玛的职业就是推销共同基金。法玛创建了著名的维度投资咨询公司（Dimensional Fund Advisers）。

截至 2010 年，该公司经营的资产总额已超过 2 000 亿美元。实际上，这些人只是在创造市场，在为投资者创造产品的同时为自己创造利润。**我翻动的每一块石头下都隐藏着相同的故事，即便是在学术界，游戏的规则也被某些人操纵，他们正在掏空你腰包里的钞票。**

第2章

识破饼形图的谎言：怎样合理配置你的资产？

> 资产配置可能看起来像是一个很复杂的概念，但它真正要做的就是选择一个资产组合，其中的各项资产能够通力合作，让你的理性目标更加可行。

第 1 章的阐述帮助我们摆脱“买进并持有”思想的束缚。于是，为了吸引散户投资者，华尔街推出更复杂的推销策略。仅仅为投资者提供一个新的热门股备选清单还远远不够，他们给散户投资者创造了一个更有凝聚力的统一策略，而不是用某只个股引诱投资者。大多数人的储蓄只想满足退休后的生活。在这个以选股为主题的游戏中，投资者最担心错误的选择或是亏损，因而，他们需要一个比较靠谱的方案。而本章所围绕的核心，就是讲述华尔街怎样通过对某些学术思想的改造，把他们的有价证券兜售给投资者。

不仅如此，分散投资和资产配置概念也变成了他们的推销工具，但是在 1987 年大熊市之后，这些概念开始变得无法自圆其说，以至于成为华尔街自掘坟墓的工具。因此，我们需要重新认识风险，或者说，我们需要准确评价风险，只有这样我们才能控制风险。

散户如何用饼形图选择投资顾问？

每当看到摆在普通投资大众眼前这些整洁漂亮的饼形图和资产配置表时，我十分反感。更糟糕的是，每当我问普通投资者，他们为什么选择某种特定的资金配置策略时，他们的回答更让我感到痛心，他们根本就不清楚为什么这样的选择。当然，他们告诉过股票经纪人，他们想保守一点，或是想增值，或是像我经常提到的那样，“尽可能多地赚钱，但不能赔钱”。在今天的投资市场里，已经没有人再认真思考自己的目标，客观审视眼前的现实。在很多情况下，纷繁复杂的投资世界的确让投资者不知所措，以至于他们根本就不知道从何做起。而且财富本来就是生活中最敏感的东西。华尔街一向喜欢告诫机构投资者如何管理风险，然后煞有其事地告诉散户投资者怎样构造投资组合。

机构投资者从华尔街得到更复杂的工具，这些工具可以帮助大玩家们明察秋毫，让他们每天都知道，有多少钱正在面临风险以及可能出现哪些不测，但所有这一切都和饼形图无关。尽管每个人都知道，这些强大的分析工具并不一定带来财富，但至少可以让大玩家们洞悉自己的处境。很多所谓的“投资顾问”之所以大肆宣扬饼形图之类的结构分析工具，不过是因为他们简单易懂，易于被投资者接受。

投资顾问（Adviser）：或称理财顾问，传统上就是指信托人或代理人，现在，这个词的含义发生变化。互联网泡沫破灭后，作为改善企业形象的股票经纪人也深受牵连。普通公众对这个行业还不甚了解，事实上，投资顾问的含义可以覆盖任何通过代理客户投资并从中获益的人。在他们当中，达到最高层次的就是注册投资顾问（RIA）。有些投资顾问的工作就是向你兜售价格不菲的可变年金产品，并按 8% 收取佣金，这些人往往自称为“信托顾问”(Trusted Adviser)。

尽管他们拥有高深莫测的市场分析工具，但学会利用这些工具构建具体的投资组合并培训客户，这对某些投资顾问来说依旧是一项非常困难的工作。创新并不总是好事，在推销一种人们习以为常的产品时，创新也有可能吓跑最需要这种产品的老客户。我想告诉大家的是，这些向投资者解释风险的方法，其本身就存在致命的问题。

选择投资顾问的方法很简单：使用饼形图。我们很少看到研究统计的人使用饼形图。原因之一，人们感知可视面积和长度的方式不同。对此，学术界也存在一些相关理论，比如说斯蒂文斯幂定律（Stevens' Power Law）告诉我们，人们对可视面积感知的精确度远不及长度。图 2.1 中所示的简单柱形图更易被人们解读。我认为饼形图更适用于传递信息，因为他们在视觉上更易于接受，而且相对统一的单位也便于比较。即便是我也经常使用饼形图。因此，我们有必要认识到，一种广泛采用的工具是怎样扰乱我们的认知。

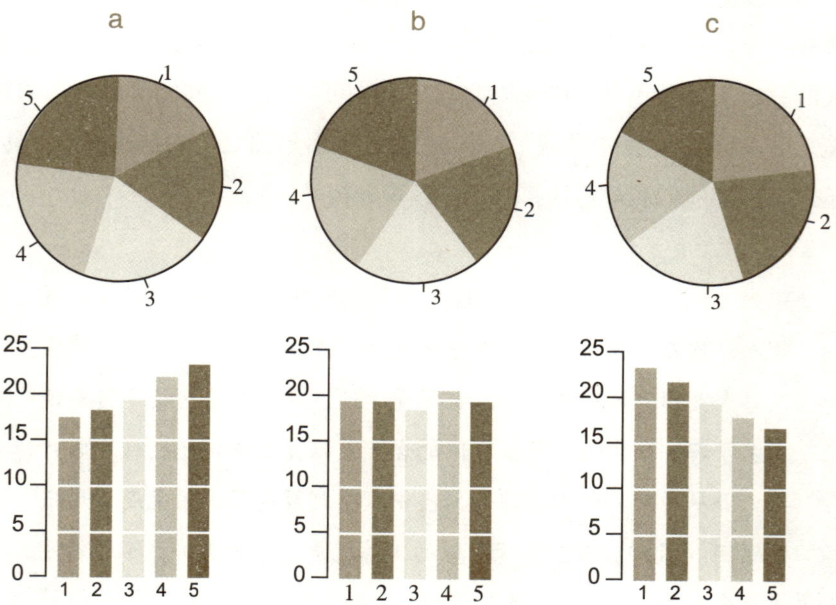

图 2.1　饼形图与柱形图

在散户投资者的心目中，资产配置就是将全部资金分配到股票、债券和现金等不同类别的资产中，从而创建一个分散化的投资组合。但投资顾问总想挥出大手笔，把国际股和大宗商品纳入投资组合，因为这在过去 10 年里确实让投资者怦然心动。

投资顾问的宣传还不至于此，他们告诉你，各种资产类型的价值变动并不同步，而是服从随机分布规律，彼此之间不存在相关性。“随机游走”（Random Walk）成为这个行业最泛滥的术语。那么，是否有人真正认为，全球市场仅是在毫无目的地随机游走，并且毫无节奏、毫无理性呢？有几个人还因为这一理论而获得了诺贝尔经济学奖。或许这些获奖者的选择也是随机的吧？

所有资产类型都会随着时间的推移而增值。你绝对不会购买一种不能获利的投资品，对吧？由于这些资产类型不会同时出现相同的价值变动，因此，一种资产价格上涨，另一种资产就会下跌。一方面，你拥有一组长期升值的不同资产，另一方面，这些资产的随机运动又可以让你高枕无忧。因为你可以用这些资产构造一个分散化组合，这让你心里踏实。只需要一个专业投资顾问告诉你，如何按你的风险承受能力确定不同资产在组合中的比例。

放好鸡蛋，分好馅饼：打败市场轻而易举

分散化投资理论最早从何而来？ 1952 年，美国经济学家哈里 · 马克维茨（Harry Markowitz）发表了一篇名为“组合理论”（Portfolio Theory）的文章。为了减少钻研数学公式的烦恼，我姑且用最直白的方式解释一下这篇论文：如果你持有的投资组合是由若干互不相关的有价证券构成，那么，你就可以降低某个资产类别带来的风险。换句话说，就是不要把所有鸡蛋都放在一个篮子里。只有这样做，你才能在保住鸡蛋的同时还另有收获。

当时，这绝对是一个具有轰动性的伟大理论，但在解释现实世界的

过程中，这个理论却遇到了一些问题。“现代资产组合理论”（Modern Portfolio Theory，MPT）假设所有投资者都是理性的。假设两个投资组合具有相同的预期收益率，投资者将选择风险更低的组合。既然具有低风险的组合也能带来相同的收益，为什么还要选择高风险的组合呢？假如你有十分可靠的办法衡量每一种有价证券的风险收益，你当然不会选择风险相对更高的证券。不同的人对同一事物总有不同的看法。

当我们用历史上的风险收益衡量所谓的预期收益时，这个寻找低风险组合的做法不那么靠谱了。我认为这个数字不可能准确预测。此时市场分析师大显身手。他们通过这种与众不同的手段，就可以猜出某一种资产类型的未来走势。但是假如任何一个人真能未卜先知，那他早就富可敌国，可以每天驾驶最顶级的“兰博基尼”跑车，在自己的私人岛屿上享受天堂般的生活了。

资产类别（Asset Class）：指构成投资组合的常见资产类型。对于投资者来说，股票、债券、不动产和大宗商品是构成投资组合最常见的资产类型。不过，资产类别也可以包括集邮品、“豆宝宝”玩具和私募股权等。为吸引投资者，投资顾问往往对某一种资产类别细分，以造成投资对象多样化的假象。比如说，美国股票进一步划分为大盘成长股、大盘价值股、大盘高股息股票或是大盘热门股等，不过，你或许永远也不会拥有这样的股票，因为一旦到了你手里，他们就不再热门。

尽管我们可以找到不计其数谈论这个话题的著作，但还有很多人在批评“现代组合理论”，因为这个理论并不能真实反映市场的实际运行情况。何以如是说呢？因为人们的行为并不总是理性的，以前这样，现在这样，将来依旧如此。

换句话说，人类从来就不是绝对理性的。此外，假如我们把所有组合无成本地凑到一起，他的合理性便不攻自破。因为如果每个人都采取符合现代组合理论的策略，现代组合理论所宣称的超额收益率也就无从谈起。

假如你知道去游乐园的最短捷径，如果其他人都知道这条捷径，你能得到什么便宜呢？当其他人陆续走上这条捷径时，你最初享受的特权自然消失。在经历了 1987 年的股票市场大跌后，反对理性行为假设的声音开始抬头。“现代资产组合理论”的理论基础源于高斯分布（正态分布），由德国数学家卡尔·弗雷德里希·高斯（Carl Friedrich Gauss）运用统计方法在 1809 年提出。就我所知，高斯绝对不是股票市场交易员。我一直对高斯心存不满，就是因为大学金融课中那个钟形正态曲线，我觉得他在现实中并不存在。

通过正态分布，我们可以判断市场在特定时期内向某个方向发展的程度。但是在 1987 年 10 月 1 日这一天，我们却认识到，在 45 亿年里，股票市场才出现一次相当于 20 个标准差的大跌。换句话说，在一个简单的钟形正态分布曲线中，出现不足 3 个标准差波动的概率应达到 99.7%。而在一天内遭遇 22% 暴跌的情况，仅存在于钟形曲线的极端边缘位置，完全属于极端小概率事件。

既然 1987 年的股市大跌是近乎于不可能事件，因此如果我们假设人是理性的，且股市发展服从正态分布曲线，那么，这个理论便不攻自破。我对 MPT 的诟病并不是这个理论本身，而是因为他被人们用来兜售某些根本就行不通的思想。归根到底，我们只需记住，**MPT 的核心就在于通过对不同属性的资产进行组合，降低总体风险水平。**

华尔街给投资者们提出了一个完全不同的问题：你到底愿意承担什么水平的风险？或者说，你承担风险的能力有多大？这就相当于说，风险是决定收益的主要因素。但他们却不这么说，这些资产配置者告诉投资者，最终收益取决于资产类型的选择。

这绝对是一派胡言，我们随后就会看到，反映风险调整因素的饼形图具有完全不同的特征。这会影响那些对投资收益来源不甚清楚的投资者。这就意味着，赚钱还是赔钱，取决于你所承担的风险，而风险又表现为你对特定资产类别的选择。既然如此，华尔街为什么还要不遗余力地贬低风险要素的重要性，一味强调资产类别的地位呢？所有这一切都来自加里·布林森（Gary P. Brinson）、兰多夫·胡德（L. Randolph Hood）和吉尔伯特·比鲍尔（Gilbert L. Beebower）在 1986 年发布的一项研究成果。似乎每个人都在谈论这项研究，但大多数人并未读过他们的文章，更不用说理解这篇文章的真正含义。这 3 人对 1974 ~ 1983 年的 91 只退休基金进行分析。

尽管文章不长，时间区段和样本的数量也有限，但他们却从中发现，只需用某一资产类别替代组合中的另一种资产类别，收益就有可能改善，比如说以指数基金替代积极管理型基金。多年以来，人们始终对这个理论争论不休，因为按照这个逻辑可以推断出，主动型管理就是在浪费时间和金钱。这尤其让持有市场组合而且收费不菲，但业绩不佳的退休基金经理感到不快。

随后的另一项研究更是火上浇油，2000 年，罗杰·伊博森（Roger Ibbotson）和保罗·卡普兰（Paul D. Kaplan）提出了类似的结论。其实，这本来就是一场论战，他们就是两个完全不同的派别。一方想告诉我们，指数化或者说被动型管理最优，而另一方则主张市场是可以战胜的。

但他们在阐明，借助于特定的指数化投资策略，市场是可以打败的。天啊，难道我们是在拳击台上打擂不成？我可不想被他们搞糊涂。事实上，这两种方法都没有触及最关键的风险问题，更没有考虑到风险随着时间的推移而变化。但他们所依赖的假设却相同。这些假设包括：

1. 各种资产类别之间的价格变动是不同步的。
2. 每一种资产类别都有其独特的预期收益特征，某些聪明绝顶的人总有办法发现它，而且这些人笃定自己的梦想会成为现实。
3. 预期收益是构建特征组合的秘诀。

于是，被动型投资者让我们深信，大多数投资者都不可能打败市场。这在统计上不难证明，不可能每个人都跑赢大盘，就像我们不可能在某个资产类别的投资中都成为冠军。唯一可能的办法就是让每个人都采取完全相同的做法，每个人都是冠军，但也没有亚军，这样每个人都只能实现市场的平均回报率。

主动型投资者马上拿出一连串明星基金经理非凡的投资业绩，或是干脆用“沃伦·巴菲特”这个名字为自己作证。但不要忘记，他们只是说按相同的资产配置饼形图进行分散化投资，而不是比较积极选择个股或是以整个市场为参照进行指数化投资。为什么这样说呢？可以设想，如果你选出最好的股票，剔除最差的股票，战胜大盘当然不在话下。如果真有这样的好事，一定要带上我呀！我曾经也为此战斗，绞尽脑汁地为自己寻找论据，但是现在，我终于意识到，这是一场永远也没有赢家的辩论。

主动型投资（Active Investing）：这符合美国人的习惯，或者说，这是一种以打败市场为目的的投资策略。通过频繁的买进卖出，主动型投资者试图获得超过市场指数的超高回报率。尽管大多数散户投资者都不能如愿超过大盘，但努力超越大多数人显然符合人类争强好胜的本性。在这个过程中，沃伦·巴菲特和彼得·林奇成为为数不多的胜利者，而大多数积极管理型基金经理则成为了失败者。

被动型投资（Passive Investing）：这是一种通过买进并持有低成本指数基金的方式以获得市场平均收益率的投资策略。被动型投资者首先认为超额利润可遇不可求，于是，他们通过选择甘做平庸而避免成为失败者。但是大多数美国的被动型投资者还是以失败而告终，因为在市场处于极其乐观或是极其悲观的情况下，人类固有的贪婪本性往往抵挡不住诱惑，不能坚持这种策略。为赞扬被动型投资而著书立传的主动型投资者，反倒成了这方面的成功范例。

因小失大：鸡蛋不在，厨房不保

我们在现实的世界里投资交易，没有运气享受只存在于大学金融课里的理性市场。多年以来，我一直在试图验证“现代资产组合理论”，甚至提出了一些让客户激动万分的合理策略。你也可以尝试静态投资法：只需确定一个结构，据此建立一个合理的投资组合，然后每年根据价值变化进行再均衡性调整，以维持预先确定的组合结构。为什么要这样做呢？因为只有这样，你才能维持投资组合的结构稳定。

再均衡（Rebalancing）：投资顾问要找到一个合理的收费理由，就必须进行再均衡。当市场出于某种原因而在价格上发生变化时，投资顾问就必须通过再均衡策略，按预先确定比例调整不同资产的价值，使组合维持上述比例，恢复到原有的均衡。高明的基金经理通过这种方法确定资产配置，而不是按固定模型进行再均衡。但是，这个词的基本含义依旧是指对组合中的不同资产类别实施主动型管理。从技术角度说，与“投资顾问”一词的定义相类似的是，“再均衡”同样是一个涵盖范围甚广、但深度有限的术语。

你也可以采取随机应变式的投资策略（Tactical Strategy）。你告诉客户，小盘股今年将有上佳表现，因而应增持小盘股；然后又告诉客户，小盘股明年将表现不佳，因而减持小盘股。大公司喜欢这样，因为这让客户感觉到影响市场的不是某个人，但这种调整至少要保证他们的组合代表市场的整体结构。这样，即使决策失误，也不会明显偏离“实现财务自由的长期目标”。这种方法确实给我带来收益，但我的目标可不仅仅是“财务自由”，而是要打败市场。尽管我对这种方法尚能适应，但他也没有给我带来“百战百胜”。

此外，我的优异表现还是依赖于选择绩优股或是捕捉热门股。这里面没有科学成分可言，更多的只是直觉。我凭什么轻信自己的长期行为呢？归根到底，这不过是以不变应万变的赌博策略而已。太可悲了！你或许听到有人称这是一种“核心 - 探索”（Core And Explore）式策略。投资顾问告诉你，将 70% 的资金投资于核心资产，将其余 30% 用于挖掘市场潜力。这只是随机应变式投资策略的一种更巧妙的说法。但是真正在做这种“探索”的，往往是某些收费高昂的共同基金。我毕竟是局中人，当然了解这点小花招。

最后一个需要提到的投资策略是高度分散化策略。是根据市场趋势买入或卖出资产，增加处于上涨趋势中的资产比重，并抛出价格下跌的资产。当然，投资者也可能是一个反向操作者，采取与此相反的策略，即：减少正在上涨的资产，增加正在下跌的资产。有些人可能把这种策略称为“顺势”或“逆势”投资，但事实上，他只不过是以更动态化的方式来表现相同的饼形图（即维持相对恒定的投资结构）。最后一种也是我采取的交易策略。发现市场大势当然是好事，只要心中有谱并能坚持既定策略，我们可以凭借各种各样的方式赚钱。但是，如果在投资过程中没有风险意识，那就永远也找不到投资的真谛。

华尔街的唯一目的就是兜售他们的资产，让你的大脑被这些资产占据。难道这还需要强心剂不成？为什么不增加某些新兴市场的小盘股呢？为什么不推销涵盖范围更广的共同基金和高股息的蓝筹股呢？更不用说大宗商品或是更复杂的投资策略了。**如果这个行业让你相信可以只考虑资产预期收益而置风险于不顾，那就说明你已经被成功洗脑，完全接受了这些所谓收益的“预言”。**事实上，和释放尼古丁的香烟一样，饼形图不过是传递投资理念的一种载体。现在，只需要委托理财顾问信手拈来地进行一番“资产配置”和“量身定做”的风险容忍度，你就自由自在地徜徉在华尔街的垃圾场里寻觅那只“能下金蛋的天鹅”了。本年度最能提升投资收益的是东欧国家的股票吗？还是把赌注下在中国股上更靠谱？如果没有按照投资顾问说的那样做，你所作出的鲁莽草率的选择都将受到华尔街惩罚。既然你的手里有了饼形图，有了投资顾问，还有什么好担心的呢？

我现在就告诉你，为什么要担心：风险、相关性以及对证券的错误认识，很多人以为，只要资产类型匹配就可以把他们加进组合。为了更进一步探究这个问题，我们不妨后退一步。我对风险和组合构建的所有了解，都是从年轻时在曼哈顿做股票交易员的摸爬滚打中得来。大家应该还记得，20 世纪 90 年代，像电子交易一样，互联网已经存在，但是和今天一样，人们并不是任何事情都要在线完成。难道你信任这条连接“美国在线”的 56k 电话线，能够通过拨号上网进行股票交易？在那个时候，人们通过给经纪人打电话下订单。在我开始从事这项工作时，需要填写一式三份的书面订单，然后提交给证券交易所的交易台。我那时还没有自己的传单员，而且始终没有；只要情况紧急，我比任何人跑得都快。

当时的科技股风靡一时，每个人都渴望从中获利。但问题在于，总有些人的下手比我的客户快。虽然每个客户都想赚大钱，但是当他们询问股票报价或是查询 CNBC 上的股市行情时，显然不愿意看到大起大落。于是，我开始寻找那些行情相对稳定的热门科技股。我要是在当时就意识到自己在干什么就好了！我的目标就是搜索和网络有关联，并且收益能力明显超过其他公司的大企业。

从根本上说，我寻找的是具有较高预期收益率而且股价波动性较低的股票。这种方法在一段时间内确实很有效，直到有一天，我请教了一位资深经纪人，如何在这个行业里做得更好，他后来在科技股泡沫破裂时因一只垃圾股而葬送了一世英名。值得指出的是，20 世纪 90 年代股市普涨，虽然我身边的同行们都做得异常出色，但我知道这种情况不会无止境地持续下去。他告诉我：“很简单，每年都让客户看到他的投资在升值。”一语道破天机，就这么简单！一定要让客户的账户不断增值，不能赔钱。但有得便有失，你或许一整天都成功地击出安打（Bingle，棒球术语，指打击手把投手投出来的球，击出到界内，使打者本身能至少安全上到一垒。——译者注），但却忘记了致命一击的本垒打（homer，棒球术语，指打击手将对方来球击出后，通常击出外野护栏，依次跑过一、二、三垒并安全回到本垒的进攻方法。——译者注）。不过这倒让我松了一口气，因为我周围的每个人似乎都在寻找最有投资价值的互联网公司。

散户的资产组合也能量身定做？

从那时起，我就开始研究对冲策略，而这种投资策略对当时的一般客户来说，显然过于深奥了。简而言之，我先买进一只热门股，然后订立一份防止股价下跌的看跌期权，从而能在股价真正下跌时限制亏损金额。经过一段时间后，客户开始适应这种策略，并向他们的朋友和家人推荐我。现在回过头再看，我当时的确不知道客户是否真的了解我在做什么，抑或他们只是喜欢我言谈中流露出来的信心和热情。但不管怎么说，我的佣金确实在增加，因为更多的交易量意味着更多的佣金，而且在股市出现大幅震荡时，我的客户确实也得到了充分保护。这其中的关键在于，对这些期货合约影响最大的股票，往往也是波动最强烈的股票。这就等于说，我找到一种有效的方法，而且未来的投资前景无比光明，只要大盘上涨，我的投资就会安然无恙。这听起来似乎很像是几年之后的房地产泡沫。

于是，在试图控制并降低风险的过程中，我承受的风险悄无声息地加剧了。为什么会这样呢？因为我一直在成功地进行安打，而且用上了最先进的技术！实际上，我一直在交易当时最热门的股票。尽管这比单"买进并持有"这种等死的套路要好，但严格意义上的对冲策略显然不适合从这些近乎疯狂的股票入手。这里还有一个小问题，那就是相关性。这是一个奇妙的世界，他告诉我们一种事物随另一种事物的变化而发生相应程度的变化。

今天，华尔街喜欢向机构投资者推销非相关资产，这是他们惯用的伎俩。但是在全球化的投资世界里，要找到完全不相关的事物越来越困难。这些人到底想告诉你什么呢？只说一句"他们不相关"，你就不会再改变主意了吗？似乎没这么简单。面对散户投资者，他们则是在赤裸裸地撒谎，声称不同资产类别的价格不会同步变动，而现实却是大多数资产似乎都在相互模拟，而且拟合得近乎完美。我真不知道这些人怎样自圆其说。

这些人或许以为你永远也不会去比较，也不会去咨询深谙这场游戏真谛的内幕人士。或许他们认为，只要告诉你资产配置就是把不相关资产搅合到一起的理论，那么你就会毫不怀疑地认为，他们兜售给你的东西绝对是没有相关性的。30 年前，小盘股和大盘股的价格变动确实不同步。尽管人们用了很多年才接受饼形图，但它不久就被人们普遍掌握，原有的优势很快便消失殆尽。现在，人们逐渐认识到：绝大多数资产都是相互关联的。

现在回到科技股组合，你发现过分依赖科技股导致组合缺乏多样性。仅仅投资一家软件公司、芯片制造公司和一家根本就不赚钱的网络零售公司，并不意味着你已经实现分散化投资。为什么呢？这与投资对象到底是互联网公司还是科技类公司无关；而是在于他们的价格变动趋于一致。而这恰恰是华尔街蒙蔽投资者并让他们毫不犹豫听从自己的伎俩。他们劝你通过投资不同的资产类别或资产板块进行分散化投资。比如说，他们告诉你买进小盘股，分散大盘股，以此来构建投资组合，或是通过健康医疗股抵消能源股的风险。他们告诉你，在标普 500 指数每天下跌 5% 的情况下，这是一种有效的投资策略。诚然，不管什么情况下，总会存在行之有效的方法，但问题是不可能总找到这些方法。但作为最起码的标准，你必须审视自己的投资组合，确保他们在资产相关性方面符合多样性条件。不过这可不像说起来那么容易。啤酒公司的股票价格与啤酒罐制造公司的股票保持同向变动。**假如只看统计数据或是几个月甚至几年内的相关性，那么我们就能很容易发现市场是否与股票在同步变动，决定不同股票是否存在关联性的是市场，而不是华尔街。**

此外，投资者不能把组合看作有价证券的简单混合。而这就要求投资者首先从风险着眼，而不是资产类别。如果我告诉你，国内股票与国际股票在 90% 的时间里相互关联，你是否还热衷于在组合中增加国际股呢？或许还会吧，但至少你不会再把国际股看做实现风险分散化的灵丹妙药了。如果我告诉你，将组合中 20% 的资产分配到新兴市场让组合的整体风险增加 50%。你会调整自己投资组合的饼形图吗？尽管华尔街不希望你提出或是回答这类问题，但我愿意，而且就在此时此地，这是绝对不容回避的问题！

现在，你越来越了解华尔街体系的固有缺陷。尽管风险至关重要，但还有人告诉你，通过多样化的组合可以降低风险。另外，你会认可一个风险随时间而变化的饼形图吗？或者说，他们是否只关注风险的长期平均水平，而对资产在各年度的实际表现却置之不理呢？美洲银行股票在 2008 年的市场表现是不是比麦当劳好呢？

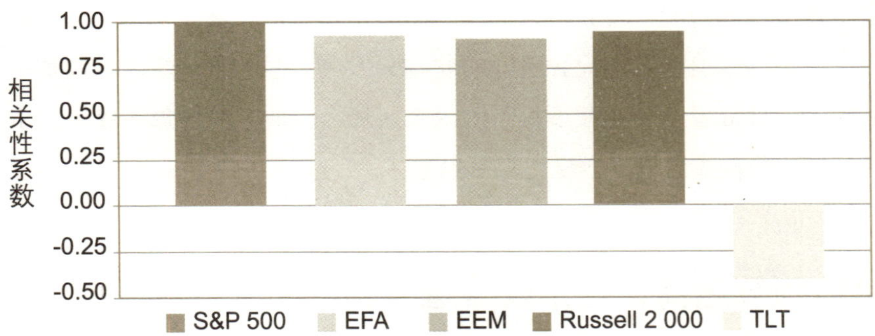

图 2.2　不同股票市场指数变化

注释：国内市场（标普 500 指数）、国际市场（欧洲金融协会）、新兴市场（EEM）、小盘股（罗素 2 000 指数）及 20 年期国债之间的相关性，2000 年 6 月～ 2001 年 6 月。

图 2.2 所示的图表只能说明，在当今世界里，不同股票市场的变化是同步的。按照现代资产组合理论(MPT)的解释，国内市场(标普 500 指数)、国际市场（欧洲金融协会）、新兴市场（EEM）和小盘股（罗素 2 000 指数）理应为投资者提供分散风险的功能。查看市场在 5 年期内表现出的相关性，我们发现，与对组合中能明显分散风险的国库券相比，其他资产的作用远不如我们所想象。随着时间的推移，这些市场的变化正在趋同，我猜想这很可能源于全球化趋势的增强。我真希望这是事实。

我做股票经纪人的时候，前辈曾告诫我，向潜在客户提出的第一个问题应该是：你们通过主板市场还是场外交易买入证券？主板市场指纽约证券交易所，或是通常会支付股息并被视为风险较低的大盘蓝筹股市场。而“场外交易”仅指交易小盘股的市场。在那个时候，被称为纳斯达克的全国证券交易商自动报价系统协会还是一个全新概念，实际上，通过纳斯达克进行股票交易的唯一实体企业就是微软。

我老爸一直告诉我，他很喜欢这家公司，但却从未买进这家公司的股票，原因很简单，微软的股票不是在有形交易所里挂牌交易的。这些股票的发行者通常是风险较高但却令人期待的新公司，他们在大多数情况下不支付股息，并遵循完全不同于蓝筹股投资的策略。在那个年代，有两种不同风格的投资者。他们以不同的视角看待市场，采取完全不同的投资策略，追求资产配置所说的非相关效应。假如我们重新回到那个时候，把投资者划分成互不相干的派系，那么，他们的饼形图或者说资产配置结构，或许就不会显得那么愚蠢了。

风险预算越高，预期收益越大？

在审视形形色色的交易策略和投资理论时，总有些东西让我感到寝食不安。所有交易员都关心风险。和赌博一样，交易员也要知道你到底能承受怎样的风险，可能得到的回报，或者完全就是一个撞大运的人。投资理论的着眼点始终是这场赌博的预期收益。罗闻全博士的研究让我逐渐认识到了这一点，作为麻省理工学院斯隆金融学院的金融工程学者，他在对冲基金领域也是一位令人尊重的领军人物。他一直在不遗余力地推广自己的理论，并提出了“适应性市场假说”（Adaptive Market Hypothesis）。我不知道他为什么把这个理论称为“假说”，个中的道理其实很简单。

生存就是这场游戏的真谛，而游戏则会因为新的投资者参与发生改变。学术界并没有错，他们只是未能迅速适应不断变化的现实。任何合理的事物都有可能随时间的推移而在某个时间点不再合理。我们唯一应该关注的主题就是风险，而不是研究股票市场收益的那些陈旧思想。在经历了那次与伯顿·马尔基尔博士的会谈之后，我又找到了一个新的兴趣点，那就是罗闻全博士在 1999 年完成的《非随机漫步华尔街》一书，尽管这本书引起了颇多争议，但这恰恰是我最推崇的理论。

在构建一个投资组合的时候，你的风险预算有限，或者说你所能承受的风险并不是无止境的。任何人都可以说，他们希望自己的投资收益越大越好，但如果问他们可以承受多大的损失，没有人会说无所谓。

当然，你或许能遇到无畏风险的赌徒，但阅读这本书的读者显然不愿意承担无限的风险。华尔街最擅长蛊惑你接受他们杜撰出来的预期收益，而把你不得不承受的风险放在次要位置上。这也是他们发明饼形图的原因所在。这样，你就可以按照你想得到的预期收益，选择为你量身定做的饼形图。

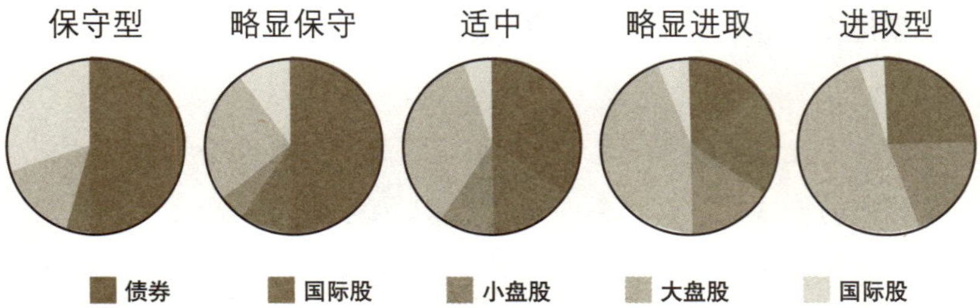

图 2.3　典型的饼形图

注释：图 2.3 是一系列体现长期历史收益率的饼形图，而他们的顺序则是投资顾问或经纪人精心设计的。表 2.1 显示了各饼形图对应策略的年均收益率。

每个投资者都会告诉他的理财顾问：“我还年轻，所以，给我挑选一个最有挑战性的投资策略，我现在还没到急需用钱的时候”，或是会说，“我已经老了，因此要给我选一个保守一点的饼形图”。按照我的经验，大多数人都会选择中间的饼形图，然后再根据市场形势略加调整，比如说，在市场走强时，他们会选择略显进取的投资策略，在市场走低时，他们会选择略显保守的投资策略。但这其中最严重的错误就是，他们都没有把风险放在首要位置上。

一方面，如果投资者对自己愿意承担的实际风险进行限制，那么这笔投资的风险就是有限的。另一方面，对于建立在风险基础之上的预期收益，我们则应该把他视为承担特定风险的回报，或是承受损失的预期，或者说是一种猜想。

表 2.1　年均收益率（1970 ~ 2006 年）

各类投资风格	保守型	略显保守	适中	略显进取	进取型
年均收益率(1970 ~ 2006 年)	8.60%	9.80%	10.60%	11.10%	11.40%

因此，预期收益应该排在次要位置的因素，而不是像华尔街告诉投资者的那样，把选择投资策略放在首要位置。现在，既然风险是第一要素，那么我们为什么不以风险为出发点构建组合呢？我们不妨用一个简单的例子说明这个问题。

你每天都要摄入一定量的卡路里，有的时候也会摄入超过正常标准的卡路里。但对金钱来说，你则需要拥有某种类型的限制性规定，否则，就有可能因为风险而憔悴不堪，甚至使自己的投资难以为继。你去看医生，如果医生告诉你，每天可以通过吃 1 磅精牛排摄入 1 000 卡路里的热量。在这里并没有冒犯素食主义者的意思，因为含有 1 000 卡路里的并不是只有真正的牛排或是里脊精肉。医生甚至会送给你一张精牛肉的照片，这样你就可以按图索骥，拿着这张照片到市场，轻而易举买到符合热量要求的牛肉。

某一天，你看到卖肉的店家，要一份符合你每天热量要求的牛肉。但店家告诉你，他的一磅牛排确实在外表上和照片中的牛排一样，但因为这只牛吃了某种特殊饲料，因而每磅肉含有的热量是 2 000 卡路里。你问店家为什么会这样，他却只能像 CNBC

的嘉宾那样给你一个推理出来的结果！这让你感到无法接受。你对自己非常严格，于是，你让店家将 1 磅牛肉平均切成两块，你只买一半，因为你只需要从这块牛肉中得到 1 000 卡路里的热量。店家翻了翻眼珠，将其中的一半牛排卖给你。这是否算是你的损失呢？

第二天，你又来到市场，准备按惯例购买一磅含 1 000 卡路里热量的精牛排。店家很歉疚地告诉你，牛吃了某种减肥性的饲料，因为今天的一磅精牛排只含 500 卡路里热量。你对店家说，你并不是为了扮演某个角色而来采风的电影明星，你只需要 1 000 卡路里的热量。店家终于明白你的用意，没有给你只切一块牛排，而是切了两块，然后目送着你离开。

这就是投资中的“理性”原则！如果你问任何一个专业交易员，他都不会对此感到不可思议；不管采用什么样的组合，交易员都要对风险进行管理和控制。现在，不妨用另一个例子说明这个问题。

假设你的组合完全投资于股票市场，突然间发生了一个全球型事件，比如说大地震或是某个人在 CBNC 上说了些什么，股市风险顿时比过去增加了一倍，此时，你就应该将组合中投资股票的比例减少一半。至于风险为何增大并不重要，我完全可以让这个操作听起来令人振奋。你采取的对策就是控制和保持自己所承受的风险水平，而不是选择市场时机或者是尝试超越大盘。

那个只有市场才能决定，如果市场疯狂，你就减速。如果市场波动性明显低于以往水平，你就可以承担更大的风险，比如说，持有新兴市场股票或小盘股指数基金等高风险资产。至于如何实现这个目标则是个人选择了，但生存这个基本目标则是永恒不变的。华尔街当然不希望你总是惦记着风险，否则，当风险突然增加时，如果他们再告诉你“坚持一下”，你就会当面耻笑他们。一方面，投资者应该坚持长期的风险预算，而不是长期的静态饼形图，因为僵化呆滞的结构让你的组合比在拉斯维加斯赌场的赌博还危险。另一方面，晴朗的天空则是我们享受阳光的时候。

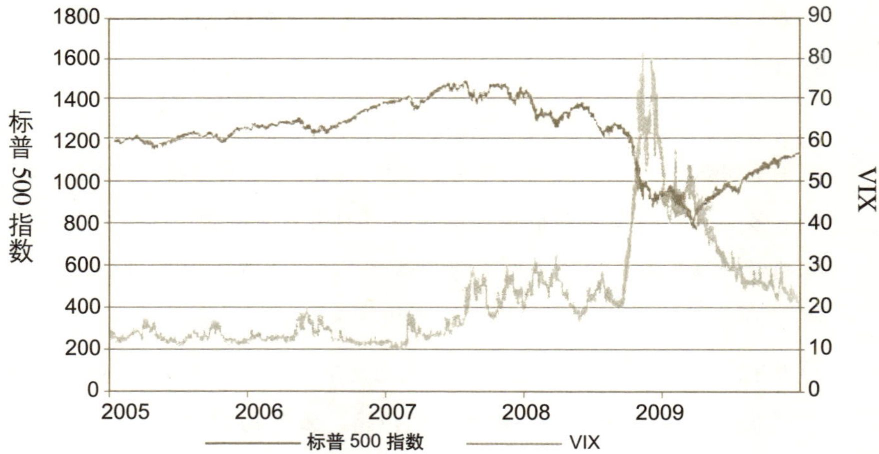

图 2.4　波动性与标普 500 指数

注释：图 2.4 显示了股票市场的波动性。图中最关键的启示就在于，不管什么事情，只要变动性增强，你就应该予以关注。

当市场整体风险水平降低时，不管你是保守型投资者，还是进取型投资者，固守限制利润的策略都让你止步不前。判断投资策略恰当与否的关键在于风险，而不是他们的相关性或预期收益。你并不需要彻底抛弃MPT，因为风险和相关性动态变化。你需要不断更新这个理论，使之与现实同步。在一个瞬息万变的世界里，华尔街憎恨这样的世界，因为这让投资者不再痴迷于他们兜售的产品，更在意当下自己最需要的东西。

我们交易的无非就是恐惧

波动性通常以市场波动指数（Market Volatility Index，VIX）来衡量。这个概念的关键在于，VIX 只关注市场的未来，它是对市场上将有多少人购买期权和期货所的衡量。这听起来有点复杂吧？确实有点，那我们不妨尝试着理解一下。

假设你在河边有一套房子。今年的气候尤其晴朗干燥，你知道，去年同样如此，前年也一样。实际上，这个地区几乎一直如此，连你的祖父都不记得上次下雨是什么时候了。你是否应该为预防洪水而购买一份保险呢？当然不会！还是面对现实吧，那样做只是在浪费金钱。但是这几天却开始下雨了，不过只是很小而已。你对此一笑了之，并没有在意。突然之间，小雨变成无休无止的洪灾。你马上给保险公司打电话要求购买保险，但保险公司同样也知道正在下暴雨啊！而且洪水保险的保费在一夜之间就上涨了 3 倍。

此时，你坚持下去并且祈祷这场大雨尽快结束，还是按保险公司的新价格给自己的房子购置一份洪水保险呢？到底应该作何选择呢？作为一个精明的房产所有者，你马上打电话给保险公司代理人，和对方讨价还价。

如果这场大雨再持续 X 天，你就打算按目前保费购买一份保险，但你保留在任何时候均可退出合同的权利。保险代理人当然也不是傻瓜，他接受你的要求并签署合同，但也在合同中提出条件：你必须提前支付一笔不可退还的费用，作为你退出合同的补偿金。

现在，你很开心，因为你有了两种选择：如果大雨继续下去，你可以购买保险；如果雨停了，你就不必购买保险。保险公司也很高兴，因为他们认为这场大雨不可能持续下去，因此，即使不订立这份保险合同，他们也能白白赚到一笔钱。实际上，你只执行了一个“看跌期权”。

波动指数衡量了有多少人在为未来的投资购买保险，并利用这个信息构造出市场波动的指数。同样，如果投资者对市场信心百倍，那么，期权的价格就会下跌。于是，市场变得更为明朗，没有人愿意为自己的投资购买保险。如果投资者担心市场进一步下挫，则期权价格上涨（相当于开始下雨），于是人们争先恐后地购买期权，以对冲熊市风险。正是出于这个原因，波动指数才为自己赢得了一个“恐惧指数”（Fear Index）的美名。

现在，我们再来看看图 2.5 所示的另外几个饼形图。但这一次，投资组合的构成需要依赖于对各资产类别风险的衡量。

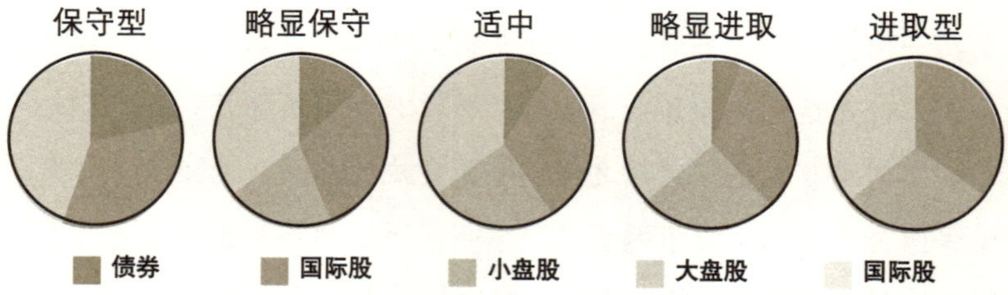

图 2.5 风险调整后的饼形图

注释：仅仅从好奇出发，在图 2.5 所示的最后一系列饼形图中，采用了标准差的平方（方差）乘以各资产类别在组合中的比例，再以乘积的平方根作为该资产类别相对于这个组合的标准差（风险）。

我们可以看到，如果投资顾问在第一次见面时给你这样的解释，你可能会有更多的疑虑：怎样做才能实现预期收益，或者说，怎样做才能确保组合稳定。对于一个保守型的组合来说，大部分风险来自大盘股和国际股。但对于进取型组合来说，尽管每一类资产实际所占的百分比可能有所不同，但整个组合的风险已经平均分布在大盘股、小盘股和国际股之中。从根本上看，少量的小盘股却成为了组合风险的最大来源。

现在，你知道为什么一定要重视风险，而不是只强调饼形图的结构是否与排行榜前列的共同基金相符了吧？分散性投资的作用毋庸置疑，但如果你忘记了随时关注风险，它同样会让你大失所望。如果不能降低整体风险，仅仅把不同的资产扔进你的组合没有任何意义。要弄清楚应该怎样用不同类型的有价证券构建组合，并适合自己的风险预算，资产配置只是迈出了第一步。

尽管“资产配置”这个法宝魔力无穷，但你还是要随时随地地检验和控制它。务必要牢记：你需要的卡路里是有限的，但牛排里的卡路里却是永远变换的，因此你必须瞪大眼睛，每时每刻都要看清风险。

第二部分

打败幕后的操盘手

Wall Street : The Set Up

在一个投资顾问泛滥、研究报告满天飞、国民拿着自己养老金赌博的时代，处于相对劣势的散户到底还能相信谁?

作为一个散户投资者，如何才能在资本市场和监管机构之间的“猫鼠游戏”中游刃有余?我们又该如何从政策市的A股中获利?

第3章

幕后黑手：政府监管股市的谬论

> 如果你想与一个所谓的投资顾问建立起长期稳定的关系，那么，你们很有必要平心静气地坐下来，认真讨论一番他应该对你承担的义务。

20世纪70年代末，为改善市场公平性，美国政府调整了监管规制。但是，在降低市场进入门槛的同时，也带来了很多意想不到的结果，其中之一就是证券经纪公司的利润下降。为了继续让投资者掏腰包，经纪公司只能不断推出新模型。于是，为了应对不公正的价格竞争，证券交易委员会（Securities and Exchange Commission，SEC）应运而生。我们不妨回顾一下这些法律如何导致这个行业遭到不公平惩罚，以及他们如何反击。

监管者就是操纵者？

某些时候，监管者的良好意愿也可能事与愿违。即使整个行业都很清楚自己在说什么，但普通公众还是会因为缺少相关专业知识而无法作出合理决策。他们只想引诱投资者交易，但却从不教育投资者了解监管制度。

在我们进一步了解这场乱局之前，有一点需要认清：SEC 制定的大部分规则都是为了保护消费者。我并不是说要逃避公众的指责，但是经历了 2008 年 SEC 在麦道夫骗局上的彻底失败之后，我们有必要了解 SEC 到底是什么。虽然 SEC 的宗旨是为了确保所有人公平竞争，但这并不能保证你不会成为一个拙劣的消费者。而这正是 SEC 如何通过具体制度让华尔街成为一个好去处的核心所在。问题的关键在于，华尔街的游戏永远都将是一个猫和老鼠的游戏，而躲在这场游戏背后的操纵者，往往是监管者。

SEC：政府的走狗？

经历了 1929 年的股市崩盘和随后 30 年代初的“大萧条”之后，美国国会在 1933 年通过了《证券法》(*Securities Act*)。简单地说，这项法律要求所有公司在公开发行有价证券之前，必须在证券交易委员会注册登记。在通过该项法律之前，这一职责由公司所在的州承担，即便是现在这样做也会让证券市场一团糟，更何况是在当时通信手段还非常落后的情况下。看看发放驾驶证的情况，我们就不难想象那是怎样一种境况了。

目前，这是一个权利依旧由各州拥有的典型事例。为便于记录在案，保险公司销售员仍需要在各州注册。我认为保险行业存在这种混乱局面，因此，哪怕只是肤浅地探讨一番这个问题，也得写一本书。

鉴于法律已出台，因此创建证交会自然也就成了不得已而为之的事情。而 1934 年《证券交易法》(*The Securities Exchange Act*) 则催生了一个以监管证券行业为基本职责的联邦机构。1940 年，SEC 又被赋予对共同基金和投资顾问行业实施监管的职责。2002 年的《萨

班斯 - 奥克斯利法案》（*Sarbanes-Oxley Act*）和 2006 年的《信用评级机构改革法案》（*Credit Rating Agency Reform Act*）又给证交会赋予了新的权力。但次贷危机的爆发表明，最后一项法案是徒有虚名，在全球顶级评级机构的手里，一手酿成这场危机的这些抵押贷款发行人居然得到“AAA”的信用评级。

尽管 SEC 本身也出现了很多问题，犯了很多错误，但我们毕竟需要某种形式的政府机构监督那些执行机构，而 SEC 就是这样的一个典型。同样不要忘记的是，和其他任何政府机构一样，SEC 也受到官僚主义和金钱的影响。假如市场上出现一桩众所周知的金融诈骗事件，你想对其涉嫌的欺诈行为进行投诉，此时，SEC 就是受理你投诉的机构。不过，我在这方面的经验仅限于帮助过几位律师参与证券法案的撰写。

信用评级（Credit Rating）：即有可能是对一个企业或国家信用可靠度的合理评估，也有可能是彻头彻尾的凭空杜撰，但更可能是介于两者之间。但是和那些基本不准确的个人信用记录相比，这种信用评估的执行者则是真实的人，而不是计算机。

一个良好的信用等级表明违约风险的概率极低。而较低的信用评级结果则意味着具有一定的违约风险。信用评级机构不是简单的调查者，他们需要经常性地收集已知信息，并在参照其他有价证券的基础上评估对象。当评级机构下调一家公司或一个国家的信用等级时，就是向外界发出一个信号：全世界的每个人都认为，这个公司或国家出了问题。

尽管 SEC 还有能力惩处作恶多端的坏人，但整个行业显然缺乏足够的监管和治理。为了对股票经纪人实施监管，SEC 还依赖于美国金融业监管局（Financial Industry Regulatory Authority）来实施其各项规定。有些人不喜欢这样的格局，因为金融业监管局是一个具有行业自律性质的私人公司。

但就我在这个行业多年的经验来看，坊间基本认同这样一种行为：在需要采取措施的时候，如果你对一个卑劣的经纪人提起诉讼，那么金融业监管局通常会对顾客方进行处罚。难道这也被操纵了吗？我个人并不这样认为，因为真正的问题在于被起诉的经纪人必须出席金融业监管局仲裁听证会。

放大散户的非对称性优势

1975年的劳动节不仅仅是全球劳动者共同庆祝的节日。正是在这一天，SEC终止了美国固定汇率制的外汇体制。《19b-3号条例》(*Rules 19b-3*)让濒临崩溃的资本主义起死回生，并重新被华尔街的守旧派操纵。在1975年的劳动节之前，证券经纪交易商之间并不存在价格竞争，而是在于为客户提供独有的特色服务。在那个时候，大多数买卖股票的人都不是散户投资者，而是操作养老金和共同基金的机构性投资者。由于所有经纪人交易同一只股票的价格都相同，因此，专业机构提供的市场研究资料就成为他们争夺佣金的决定性因素。在这种制度下，所有经纪人都提心吊胆。

在新体制下的价格竞争中，如果提供成本最低的交易成为决定佣金的关键因素，那么，这种具有专利性质的市场研究否能延续下去呢？此外，这些机构基金经理能否尽到义务，积极寻求最好的执行方式和最低的交易费率呢？

如果国会通过解决这些问题的修正案，市场显然大声叫好。1934年《证券交易法》中的“28(e)”条也被称为“安全港条款”，允许基金经理在交易中支付更高价格。这项在当时非常重要，而在今天则不尽合理的制度。

经纪自营商（Broker-dealer）：同时为顾客账户或自有账户交易有价证券的公司。在为客户执行交易时，公司的身份是经纪商，而在为自有账户进行交易时，公司的角色则是交易商。经纪自营商通过抢先交易（Front Running，也称“扒头交易”，指交易商利用得知客户买卖证券动向的机会，抢在客户发出买卖指令之前进行交易，从而为自己牟取利益的违规行为。——译者注）或利用内幕信息从事有损客户利益的交易，这样的情况一直屡见不鲜。但在非法的抢先交易以及交易商挖掘客户信息进行的自营交易之间，还是存在着明显的分界线的。

在理论上，基金经理通过经纪公司执行交易，依赖独立的研究了解市场动向，但这根本行不通。早在 1975 年的时候，像标准普尔和价值线（Value Line）这样的独立研究机构寥寥无几。这些研究对初级投资者了解股价图或分析公司收益能力意义重大。但有些大客户还需要更多的信息，而通用的报告显然不足以满足他们的胃口。此外，当时的顶级人才还无法抵抗高薪诱惑，最终他们加入了这些经纪公司下属的研究部门，丰厚的固定佣金为这些研究部门提供了充足的资金支持。假设你是一名明星级分析师，这些经纪公司就会毫不吝啬地用钞票为你铺就红地毯。这样，他们就会蛊惑你得出最大程度增加交易量的研究成果。在销售人员拜会顶级机构投资者时，他们带上你的分析报告，让他们的兜售更有说服力。这样的体系在很多方面都令人憎恶。既然我们总是支付佣金，那为什么不让华尔街也为了争取客户而展开竞争呢？

这样做也会带来一系列问题。首先，信息成本问题更多地源于交易商方面，而不是最终买家。在这场游戏中，机构通过投资者的交易创造佣金，从而为市场研究提供经费。这就有可能导致某些基金经理为支付信息费用而进行毫无必要的交易。其次，这对散户投资者是不公平的，由于他们资金实力不足，因而很难让研究公司为他们提供研究报告。第三，固定佣金率本身就不合理。假如你独立研究，因而只需经纪商代表你执行交易即可，这与他们提供的研究又有什么关系呢？既然是投资者独自开展市场研究，为什么还要为经纪公司的研究部门埋单呢？此外，如果这样做的原因是为了人为抬高费用水平、限制对其他有形资源的购买力，最终也将会妨碍独立研究行业的发展。

执行（Execution）：用来描述经纪自营商为你的交易提供“最佳执行价格”的一个术语。这是一个涵盖诸多层面的主观性用语，包括填制交易指令的速度，提供优于报价的价格以及因特定经纪商而收取更高佣金做出合理解释的能力。但今天的电子交易已经把“最佳执行”变成一场由路由器和运算法则组成的军备竞赛。

尽管传统理论依旧有效，但却会给大玩家带来了一种不公平的主场优势。虽然新的体系应对此作出调整，但我们还会看到，不管怎样变化，这场游戏都会依旧如故，只不过是一场换汤不换药的把戏而已。随着资本实缴制度的建立，基金经理就不会因支付较高佣金率而违反受信标准（Fiduciary Standard，基金公司必须将客户利益置于其自身利益之上。——译者注），除非基金经理有合理依据认为，经纪商提供的研究报告确实物有所值。这看起来很容易理解，而与是否诚信无关。当时，监管机构更关心交易商能否为客户的交易提供最佳执行方式，在使用电子交易解决大宗交易涉及的资金划转之前，这始终是一个严重问题。但不管多严重的问题，其中的本质都不难理解：支付更高费用的最终目的必须有利于客户的利益。

羊毛出在羊身上：揭开“软美元”黑幕

在费率固定的情况下，只要交易在现有最优价格条件下执行，无论基金经理挑选哪家证券经纪公司，都不会招致真正的利益冲突。基金经理可以向他的客户解释：在收取的费用中包含了向研究机构支付的咨询费，目的就是为了更好地执行客户交易。业内将此称为“软美元”(Soft Dollars)（指从经纪费用中支出，用来支付其他机构研究成果或其他经纪人所提供服务的费用。——译者注）。也可以采用“硬美元”(Hard Dollars)，或是由投资顾问从客户付费中直接支付上述研究费用，但不管是“软美元”还是“硬美元”，羊毛都是出在羊身上，他们最终都是从客户的腰包掏出来的。我们不妨可以这样看：在采用固定佣金的情况下，基金经理通过“软美元”支付研究费，而不是自掏腰包，这就等于说他们可以把更多的钱留在自己的腰包里。客户对此不置可否，因为在1975 年 5 月 1 日之前，他们别无选择。

现在，既然佣金率可以讨价还价，于是基金经理有足够的理由告诉外界，较高的收费可以给客户带来更多的回报，监管机构至少要在这个问题上对他们加以约束。但“软美元”的存在还是让这个问题变得异常复杂。可以看到，无论当时还是今天，经纪公司先把当年的全部交易费汇总到一起，以此为基础为次年的“软美元”开销制定一份预算。在这么长的时间跨度里，如何才能衡量出每一笔交易都对客户有利呢？根本就不可能。而很多研究部门不核算经费的做法更是让这个问题变得扑朔迷离。正是因为这些问题的存在才促成了独立研究公司的出现，他们让收费成为一个人尽皆知的问题。

那么，这些独立研究公司的经费又来自何处呢？同样是“软美元”。最终，SEC 允许经纪公司以“软美元”的形式对第三方研究机构支付费用。这是一个彻头彻尾的骗术。客户委托证券经纪公司按最终执行价进行交易。然后，经纪公司再把多收的部分支付给第三方研究机构。

之后，基金经理为客户利益服务而拿到这份研究报告。这听起来是不是让人迷惑不解呢？这就是华尔街，欢迎你来到华尔街受骗。

这就是现行制度的运行方式。大多数独立交易的散户投资者，都不知道这个体系到底如何运行。不妨从最微观的层面看一看，普通投资者如何置身于这个“软美元”体系，但自己却浑然不知。假设有两家折扣型经纪公司供你选择。一家经纪公司每笔交易收费 10 美元，另一家经纪公司则每笔收费 15 美元。

表面上看，你可能更会选择第一家经纪公司，因为这样做可以支付较低的交易费。随后，在你浏览了公司网站和用户评价之后，你才发现收费更高的第二家经纪公司才是你应该选择的。

为什么会这样呢？或许是因为你喜欢他们提供的免费研究报告；或许你认为，更先进的交易信息或交易管理软件值得你多花点钱。尽管在形式上与 SEC 的定义有所出入，但他们在本质上都是“软美元”的具体手段。选择以最低价格提供的最优服务，你实际上就已经作出了一个判断：额外收取的费用完全符合你的利益。任何人都不会否认这是一件坏事，通过不受监管的佣金可以为折扣经纪服务的提供者创造一个竞争性市场，但在这个被操纵的世界里，决策者是那些受客户之托的信用基金经理，而不是你。

你的基金经理难道不是按照你的意愿进行操作的吗？实际上，共同基金经理和退休基金经理都属于信托基金经理，而且他们也很容易受到客户影响。这个群体还包括为保险公司理财的基金经理。所有这些基金经理都可以支出和接受“软美元”，用于购买有益于客户的任何产品，但目前还没有任何法律对这些费用加以审计和监督。当然，在 SEC 进行审计时，也会针对“软美元”的情况对基金经理提出质询。

但问题的关键在于，由于《证券交易法》的“28(e)”条仅有可怜巴巴的几项硬性规定，而对现实中的监管则采取了大量个性化的判断标准，这就为经纪公司提供了一个广阔而安全的避风港。尽管几经考验，但这种制度依旧延续下来。现在，我们几乎很难确定，对《华尔街日报》的捐赠是否可以列入基金经理的支出费用中，或者说能否把他看做用“软美元”支付的研究。但最终的结论很显然：《华尔街日报》不应被视做研究资料，因为他毕竟属于公开发行的大众市场出版物，而医疗设备方面的专业杂志却有可能符合要求。至于科技领域和软件项目之类的东西，就更不用说。

归根到底，只要佣金可以讨价还价，那么，这种做法就永远不会终止。保护自己的唯一办法就是事先对你的理财顾问做好调查。今天，SEC 要求基金公司披露大量的法定文件，一旦基金经理在这方面未达到要求，他们至少可以向你提出警示：这个基金经理作出的决策有可能偏离“最佳执行方案”的轨道。

至于给投资者或是基金经理的建议，就非常简单了：如果你打算花钱，那就尽量自己花，不要把钱交给别人代你去花。如果你为了得到某种东西而使用“软美元”或其他抬高收费标准的方式，不管这是不是你自己的钱，务必保证你有利于基金经理的关键性研究。

“披着羊皮的狼”为何会消亡?

互联网的普及彻底改变了散户投资者购买股票的方式，因此，为了把钱从客户的口袋里掏尽，华尔街只好另辟蹊径。既然你可以花 10 美元交易一手股票，那你为什么还要向股票经纪人付费呢？但这个行业毕竟不能让基金经理和共同基金无事可做。于是，他们开始对旗下管理的资产进行收费。由此带来的问题是，经纪公司只愿意提供收费型服务而无需忠于客户的最大利益。

这样做有什么意义呢？按照 1940 年的《投资顾问法案》（*Investment Advisers Act*），像我这样的人可以在证券交易委员会注册，而且只能从事资产管理工作。这就意味着，我只能提供咨询建议或为客户的账户进行经纪型交易。而投资顾问既不能收取佣金，也不能销售产品。也就是说，我只能对提供的投资咨询服务收费。这就从根本上消除了因同时销售证券和提供咨询服务而带来的利益冲突。但也正是因为这样，才导致投资顾问们不会始终忠于客户的最大利益，相反，他们的重心将是经纪公司的利益。这也是我们很难找到合格股票经纪人的原因，根本就不存在大公无私的股票经纪人。这些人通常可以归入我们所说的注册投资顾问（Registered Investment Adviser，RIA）。

今天，那些寻求投资建议的普通顾客根本无法理解如此细微的差别。尽管行业内部热衷于此，譬如在收费业务方面名列榜首的全国个人理财协会，但这始终未能得到应有的关注。我的观点是，只要一切工作按部就班地进行，人们就不会在意道德伦理层面的问题。但是，当伯纳德·麦道夫（Bernard L. Madoff，纳斯达克前主席，庞氏骗局设计者。——译者注）向投资者承诺 10% 的年收益率时，人们还会这样想吗？

1999 年，证券交易委员会开始关注经纪公司关于终止收费型经纪业务的建议。其中的厉害之处在于经纪交易商或者说聘用股票经纪人的经纪公司，是否按 1940 年的《投资顾问法案》申请豁免权。具体而言，经纪人希望免于注册投资顾问（RIA）必须遵守的受信标准，其中包括必须时刻遵守客户利益至上的要求。摆脱外界影响独立为客户服务是注册投资顾问的基本原则。而经纪公司只要按照合理性和适用性的原则提出建议即可，无需考虑客户的财务状况。

这并不等于说，客户可以不顾股票的质量优劣，而是说他们将不再把你的意见作为制定投资决策的基本依据。最终，经纪公司声称遵守《投资顾问法案》对他们来说过于严厉，而且带来重复性监管压力。我可以理解他们的想法，但他们所说的可信吗？

相反，在我看来，与我此前经历过的股票经纪人所面对的约束相比，注册投资顾问所遵循的规则很直接，很清楚。而真实的情况是，客户一窝蜂地涌到经纪公司，希望通过佣金率更低的电子系统进行交易。是时候调整了，否则，经纪人就会发现他们迟早有一天会成为数字时代的打字员。

让华尔街感到懊恼的是，SEC 更偏爱以收费为基础的经纪业务。每个人都知道，为获取佣金而工作的想法会诱使经纪人频繁交易，这就意味着他们为了得到佣金而进行不必要的证券交易。我很清楚你听了这些会怎么想。难道把人们引诱到电子交易平台上，就是为了让他们可以更加无所顾忌地折腾？你该不会告诉我，对冲基金为了获得丰厚的佣金在一秒钟内交易几万次，这还算不上瞎折腾吧！

因为经纪人出售的是为公司创造佣金收入的能力。这并没有错，但这么说显然有点过于直白。最终，华尔街还是软硬兼施地让 SEC 允许新业务披上一件动人的外衣：收费型经纪业务只是重新定价的佣金结构，而非真正的咨询业务。同样让 SEC 让步的还有另外一个原因，一旦未能获得这项豁免权，他们便会威胁彻底废弃这项业务。为了限制经纪人拿客户的账户无节制地交易，SEC 允许他们以受托型注册投资顾问的身份开展业务。

SEC 还提出了有“美林证券规则”之称的《202(a)(11)-1 号提案》，该提案规定，如果经纪公司在提供经纪服务的同时提供了非任意支配性的咨询服务，且咨询服务完全为经纪服务的附属性业务，并对咨询服务进行了完整披露，那么经纪商可免于遵守受信标准的要求。这项规定的现实含义是，尽管经纪商可以像注册投资顾问提供咨询服务，但在从事这项业务时必须得到许可，且必须在披露文件中对相关咨询业务作出准确描述，以规避外界对此提出质疑。

对冲基金（Hedge Fund）：一种私募投资基金，与共同基金的唯一不同之处在于，对冲基金的投资对象不受约束，它既可以做长期投资，也可以做短期投资，也可以借助任何类型的杠杆。对冲基金通常也包含很大一部分基金经理的自有资金，并按超过客户投资成本后的净利润收取业绩费。与通常观念相悖，尽管对冲基金也接受监管，但可以自行决定投资策略。和赛车比赛一样，大多数人都坐在观众席上看热闹，而不想绞尽脑汁地去研究这种游戏。

一切都乱套了。注册投资顾问和理财规划师们开始怒不可遏，在他们看来，这些像饿狼一样卑鄙的股票经纪人现在也可以披上羊皮。于是，代表经纪商和投资顾问的两派游说大军针锋相对地开战了。双方各持己见，毫不妥协。经纪商声称，这只是对原有服务的重新定价，而投资顾问则认为一切咨询业务都必须接受《投资顾问法》的监管。我们又该支持哪一方呢？这就有必要回到始于20世纪20年代的个人投资时期。

“副总裁”的咨询服务靠不靠谱？

到1975年“劳动节”取消对证券交易佣金进行管制为止，在此前几百年的时间里，经纪商一直将咨询服务作为固定佣金业务中的一部分。如果我们选择支付高佣金并继续通过股票经纪人进行交易，这种情况还将持续下去。

在20世纪20年代的时候，我们还找不到正式的股票经纪人或是注册代表。在1939年之前，投资者一直通过客户代理（Customers’ Men）进行交易。这些人不仅善于见风使舵，而且能呼风唤雨，他们总有办法让你就范并为他们创造商机。作为你的主要接洽人，客户代理甚至为你的股票交易提供避税服务。由于他们的工作具有一定的推销性质，因此证券交易所不允许他们接受全权委托账户的交易。

为了保持真正投资咨询业务的纯洁性，证券公司开始建立自己的咨询部门，并与外部的独立咨询公司展开竞争。因此，证券经纪行业原有的客户咨询与代客交易方式开始分裂。对于这些新的咨询部门，他们仅为客户提供一些投资的建议和提示，而交易的决策和执行完全由客户掌握。这与今天的收费型经纪业务基本类似，唯一的区别就是以前支付的是固定佣金。因此，要获得投资顾问的咨询需要承担不菲的代价。投资顾问不可能免费为你管理资产，你不仅向他们支付费用，还支付证券交易所规定的固定佣金。

20世纪30年代末，美国国会指示证券交易委员会对这种做法展开调查。在1940年提交给国会的一份报告中，证交会指出，鉴于所谓投资顾问的业务已远远超出挑选股票的范围，因而有必要对他们实施更多监管。这就需要通过注册登记制度将这些公众眼中的怪人与投资顾问区别开来，于是，《投资顾问法》应运而生。

全权委托账户（Discretionary Account）：证券公司管理的一种账户。它允许经纪商或投资顾问在没有接到客户指令的情况下买卖有价证券。大多数注册投资顾问管理的账户都是全权委托账户，但股票经纪商很少有资格管理此类账户。客户是否采取这种账户可以反映出他们的投资习惯，即他们是喜欢把资产管理业务全权委托给外人，还是喜欢亲自打理并适时征求专业建议。

而其中的“202(a)(11)”条将投资顾问定义为“为了利益而通过直接或间接出版物方式，从事向他人提供咨询，提供关于证券的价值建议或建议投资、购买或卖出证券的人，或是为了获取利益而发行或出版关于证券分析报告作为其部分业务的人。”而这也是最令人费解的部分。

由于国会只是希望通过此法案对不受 1933 年《证券法》监管的那部分人实施监管，于是，他们又为“投资顾问”的定义提供了一个特例：以从事投资顾问活动为次要业务，并不从投资咨询中收取额外费用的经纪人和交易人，不属于投资顾问。

因此，假如投资顾问为客户提供了投资建议但只收取佣金，那么他提供的这种咨询服务就必须接受“受信标准”的约束。这有什么意义呢？ 1999 年之前，完全可以区分开针对投资咨询服务和资产管理的收费方式。任何投资顾问都可以清楚地说明，他们的收入直接来自客户，且以管理的资产规模为基础，而不是佣金。

但到 1999 年，这种情况发生了大逆转。此时，经纪交易商强行占据注册投资顾问的经营模式，直接造成了当前的混乱局面。从那以后，一个普普通通的股票经纪人也可以把自己标榜为投资顾问、咨询顾问或是至今仍然流行的说法——“副总裁”，违背投资顾问业务的本意向客户收取隐形费用。

这显然与国会在 1940 年签署《投资顾问法案》的初衷相违背。很显然，实施《投资顾问法案》的本意是将销售股票过程中所提供的咨询业务与专业的资产管理业务区分开来。这就出现了问题。

证交会认为，国会起草的《投资顾问法案》包含了“特殊补偿”，在当时实际上就是指对资产管理进行的收费。不仅如此，《投资顾问法案》还对《证券法》中规定不属于经纪商的投资顾问进行监管。我知道他们目的何在。

从历史上来看，经纪商也为客户提供顾问及其他服务。那么，为什么仅仅因为改变了向客户的收费方式，就要求他们接受另一套制度的监管呢？

在我看来，收费方式并不重要，重要的是投资顾问所能达到的标准。包括本人在内的对1999年提案持反对意见的人都认为，1940年《投资顾问法案》对投资顾问实行的“受信标准”不应适用于按资产收费的经纪型客户。

在经历了旷日持久的争论之后，证交会终于调整了该提案。最终的“202(a)(11)-1(a)号”修正案规定，为客户提供顾问业务的经纪交易商，如果不对管理资产收费就必须将客户视为咨询性客户。唯一的要求就是，咨询服务必须是完全附带性的，并对客户提出明确的免责声明：该账户为经纪账户，而不是咨询账户。按照SEC的规定，经纪交易商应声明如下：

> 您的账户为经纪账户，而非咨询账户。我们的关注点可能与您不尽相同。因此，请对相关情况予以澄清，以确保您知晓自己的权利以及我们对您承担的义务，包括我们对利益冲突的披露以及最大限度维护您的利益。我们所提供的服务由您付费，在某些情况下，也可能由第三方根据您接受的服务付费。因此，我们的盈利及我公司销售人员的薪酬可能会因产品和时间而变化。

资料来源：SEC Release Nos.34-51523；IA-2376；File No. S7-25-99，2005年4月12日。

我们还可以对此再作分析。首先，外行人根本不清楚经纪账户或咨询顾问是什么。所有账户在本质上都可以视为经纪账户。你还能通过其他方式交易证券吗？在做经纪人的时候，每当我推销这些账户时，对方就会直截了当地问我：你是否还提供咨询服务？我同样会毫不犹豫地回答：当然会，我将一直为您提供投资建议。

此后，客户还会提出什么问题呢？上述声明中的第二句表明，我们的利益或许不尽相同，因此客户应主动向经纪商咨询这些问题。随后，经纪人就开始调戏那些不擅长法律用语的客户了。

声明中所谓“最大限度维护您的利益”，他并没有说经纪商不会最大限度维护客户利益，而是仅仅说，客户应该询问自己的权利是什么，以及经纪商应承担哪些义务。

上述声明中并没有指出，经纪商无需遵守受信标准。最后一句话表明，经纪商及其销售人员的收入可能是变化的。于是，客户就会好奇地问：你们销售某只基金是不是会比销售另一只基金更赚钱呢？事实就是这样的。他不仅没有提醒客户如何实现最大利益，反而引导客户关心别人能赚多少钱。这就是华尔街惯用的伎俩。

每个人都知道，经纪商需要得到报酬。但经纪商却并没有遵守最大限度维护客户利益的受信标准，而是向客户推销五花八门的产品并承诺他们能得到丰厚的报酬。

我的观点很简单。咨询服务业已有了长足发展，并成为一种比经纪业务更完善的经营模式，但人们对这项业务应该遵循的职业标准认识依旧模糊。

只要注册投资顾问着手解决这个问题，经纪公司就会从中作梗、操纵游戏，让公众混淆投资咨询与经纪业务的区别。银行理财产品、信用卡、抵押贷款和保险产品，都可以成为经纪公司压榨销售员的工具。有些投资者和投资顾问会说，他们有能力规避这种游戏的影响。但是如果不从维护客户最大利益的角度出发构造企业结构，怎么能保证不发生此类事情呢？根本就不可能。

尽职尽责的投资顾问是否是天方夜谭?

作为一个投资者，怎样才能跳过那些投资陷阱呢？和投资顾问站在一个战线上。这就要求投资者首先必须对投资顾问有一个清晰的认识。鉴于当下的监管环境正在发生改变，找一个能真正维护投资者最大利益的专家或许是个不错的选择，如果能避免这个投资顾问作出次优选择，那就更好了。

在这个领域里，尽管推行道德标准似乎像是天方夜谭，但也并不像我们想象的那么困难。

如果你能找到一个对自己的赚钱手法开诚布公的注册投资顾问公司，那么，你就已经拥有了一个很好的起点。如果你的基金经理获得报酬的唯一途径就是你支付给他的费用，那就说明你已经走上正轨。这是否意味着，依靠销售佣金型产品获利的人就令人讨厌呢?

这倒未必。你之所以为投资顾问创造佣金，确实有某些具体原因。资产配置规划中的保险合同就是主要原因之一。当然，佣金也是投资顾问在这个市场中存在的动力。

尽管我没有直接参与保险产品的销售，但它的确已成为高端理财规划中的一部分。但根据我的个人经验，我认为保险产品的使用不当，出售给毫不知情的投资者更是不恰当的。

考虑到保险产品只是一个投资者与公司签署的契约，因此，可以把它看做一种特殊类型的资产。尽管经历了数百年，但要得到保险产品依旧会支付最基本的佣金。不过，这绝不表明我们不应采用保险产品。只是要慎重选择向你出售保险产品的那个人。特别是在如今各类保险产品泛滥的时代。

如果你想与一个所谓的投资顾问建立起长期稳定的关系，那么，你们很有必要平心静气地坐下来，认真讨论一番他应该对你承担的义务。只是空洞地谈论他关心你的利益，显然还不足以成就你的投资。投资顾问必须清楚自己是在为谁工作，以及在为客户打理钱财时应该承担的法律义务。我们经常发现，经纪商总会乐此不疲地解释他们的角色是销售员，但事实上，他们的真正职责是推销名符其实的好东西，只有这样你才愿意做他们的客户。

现实的投资中投资顾问往往都会用天花乱坠的投资报告来迷惑投资者。但最诚实的回答往往也是最有效的回答！如果他们不愿意澄清自己的角色，那你就遇到麻烦了。

第4章

金钱诱惑下的研究机构

> 编造故事是股票经纪人和市场分析师赖以生存的本领。而研究报告就是他们欺骗客户最有效的工具。

大多数人并不清楚经纪公司兜售的到底是什么东西。但也没什么好郁闷的；我也是到经纪公司工作了 4 年之后，才有人告诉我经纪公司到底是做什么的。

初来乍到华尔街，我进了一家小型证券经纪公司，老板告诉我，只要是其他大型经纪公司作出买入建议的股票，我就可以推销。我请教上司怎样才能找到这样的信息。同事们居然用疑惑地眼光盯着我，似乎对我的问题感到有点震惊。他们把我带到了一台装有彭博资讯系统的计算机终端面前。

在 20 世纪 80 年代的时候，彭博资讯是全球最权威的发布财经信息的机构，他们为这个领域树立了一个标杆，尤其是债券价格方面的信息。尽管彭博资讯目前依旧被很多经纪公司广泛采用，但这些资讯对普通投资者几乎毫无帮助。向彭博资讯订阅一个月的信息就需要花费近 2 000

美元，除非你想一炮走红，否则你完全可以选择其他费用更低的财经信息来源。

一方面，这些计算机终端让人心烦意乱，让人一刻也不想停留。另一方面，假如你依靠交易债券谋生，那你就必须有一台这样的终端机。

归根到底，他们给专业投资者带来的烦恼似乎不亚于华尔街给普通投资者带来的烦恼，那里有太多的噪音了！

有了这种无所不能的金融工具，我就可以在买入清单上加入想买进的股票代码并进行相应的操作，随后便万事大吉。我准备一份资料清单，列出与该公司近期有关的全部新闻及各种研究报告。我的工作就是寻找那些估值被上调或是下调的股票。

噪音（Noise）：在研究市场时遇到的不相关或是欺骗性信息。对交易员来说，媒体和互联网产生的全部信息中，99% 都可以被视为噪音。而经纪公司的研究报告更是噪音中的噪音。

估值上调（Upgrade）或下调（Downgrade）：指市场分析师调整对有价证券或某个市场的评级。在实践中，上调评级通常是市场达到顶峰的信号。上调一只股票的估值可以让真正的市场玩家将持仓的股票出售给伺机而动的观望者。

在做多一只股票的时候，你会希望分析师上调这只股票的估值。而下调则通常出现在股票触底时，此时，分析师需要为自己曾经做出的推荐挽回一点颜面。但假如你不进行短线操作，无论是估值的上调还是下调对你都没有影响，而大多数研究无论是对长线投资还是短线投资都没有价值。

你也可以直接根据研究报告分析，但我最担心的是，华尔街怎么会知道一家公司的经营状况到底如何呢？其他经纪公司是否也会上调这家公司股票的估值呢？是否有人关注这只股票呢？整个华尔街是否都看好这只股票呢？所有这一切都需要你认真浏览所有近期的新闻报道。实际上，没有必要仔细研读研究报告的每一个细节；因为报告第一页上就已经清晰无误地写着“买入”、“卖出”或者“持有”等推荐结论，后面注明了撰写这份研究报告的公司名称。在那个时候，彭博的终端显示机器不可或缺。当时还是20世纪90年代，每一只股票都对应着一个特定的按键！如果这只股票有卖出交易，你就可以赌定，它绝对不是网络股，但没有人会关心这些。

今天，我们可以从很多免费的财经网站获得这些信息。我最喜欢的网站依旧是“雅虎财经”和大街网（www.TheStreet.com）。雅虎绝对是获取新闻来源和股票报价最快捷的地方。该网站不仅更新速度快，而且用户人数众多。为什么不关心一下大家都在看的东西呢？此外，雅虎网站也是查询股票历史价位的最佳免费网站，他提供的某些股票数据甚至可以追溯到1962年。

在大街网的用户中更多的是交易员，因此，该网站更适合查询股票的动态信息，包括盈利公告、经济指标以及其他交易商的评论。尽管我可以向你推荐很多提供各种相关信息的财经网站，但简单明了、易于查询浏览才是最关键的。过多的信息只会让你迷失在网络中，几个小时也找不到自己需要的东西。

在我从事股票经纪人的短暂生涯里，我始终未能找到这样一只股票。我想买进但却没有大型公司作出买入推荐的。尽管我相信这样的股票肯定存在，但遗憾的是我从未遇到过。直到进入一家规模大一点、独立进行市场研究的经纪公司之后，我才发现其中的奥秘。在你买入这些证券之前，必须要经过公司的内部层层审核调查。在我先前就职的那家公司，我们根本就没有正式的研究部门，上司只是告诉我们，为公司提供研究报告的外部机构足够出色。

坦率的说，我已经够忠诚的了，因为我没有义务对这样的一堆垃圾负责，我就是在一大堆垃圾中挑来挑去。当然，整个行业对研究机构采取的是自律性管理，无需经过任何外部审查监管。这就确保我们始终都能享受到主场作战的优势。

“中国墙”也无法阻止的“猫鼠游戏”

尽管这么说有点过于直白，但只有从字里行间仔细揣摩，你才有可能彻底觉悟：报告所讲的和你做的，并不完全是一回事。当华尔街大肆宣扬某只股票可以买进时，实际上就是应该买进这只股票。这么说很清楚吧。不过，在这个“买进”推荐的后面，你还会面对一长串的选项：强烈推荐买进、确信买进、乐观买进、持续买进……我自己也经常被搞糊涂。通常意义上的“买进”表明，如果你已经持有某只股票，那么你仍然可以继续持有这只股票，同时它也表明经纪人可以向你出售这只股票。“强烈推荐买进”（Strong Buy）的含义是，你应该当机立断地买进这只股票，不要问任何问题，只需大量买进。“确信买进”（Conviction）则是强烈推荐买进的一种更加讳莫如深的说法，他通常有一些情节精彩的研究报告，这些报告为投资者勾勒出一个个无比美妙的故事。“乐观买进”（Opportunistic Buy）的含义是，尽管目前股票不错，不过它已呈现过热迹象。但如此便宜的股票，你怎么会不买呢？“持续买进”（Buy-buy）则意味着，在作出买进推荐后，机构投资者或交易商手里的股票已经供不应求，市场几乎是在狼吞虎咽般地抢购他们的股票。假如没有大批买家突然买进股票，你又怎么能卖出大批的股票呢？

“卖出”是华尔街最罕见的一个词。网络股泡沫的破裂迫使政府对证券行业的用词作出了强制性规定，但对他们如何引诱投资者开立账户却未作限制。投资银行不喜欢自己公司的市场分析师对股票作出卖出推荐，因为这样的话，他们就无法得到投资银行费。此外，卖出推荐显然算不上乐观。它只能表明，这只股票出现了某些情况需要你规避，就像瘟疫或是禽流感一样。在大多数情况下，卖出推荐的对象通常是已经濒临退市、无人问津的股票，因此，卖出推荐自然也不会在市场上激起多大的涟漪。但作出这种卖出推荐的公司却能因此得到公正公平的评价，因为这就不至于让他们的所有推荐都是清一色的买进，让他们的推荐在结构上显得均衡得体。卖出推荐就相当于股票推荐中的“少数民族”。但某些无惧风险的投资者总能找到值得他们投资的股票，他们会置冷嘲热讽于不顾，在卖出推荐的“垃圾堆”里寻找潜力股。尽管我也明白这样的道理：别人的“垃圾堆”里或许就藏着你正在寻找的宝藏，但低迷的经济环境依旧是你必须面对的挑战。有时候把他们扔到一边，静观其变或许是更理性的做法。此外，在大多数情况下，被推荐卖出的股票也的确非常糟烂。

不管披上怎样的外衣，“持有”（Hold）最根本的意思还是卖出。在一个公司面对压力不得不作出抉择，不得不吐出“卖出”这两个字之前，他们还是会三缄其口，最终选择“持有”这一个更中性的术语。在大多数情况下，持有推荐就是在向投资者解释：不应该增持这只股票，但也不应该卖出。这无异于操纵民意。因此，面对持有推荐时，你一定要当心了。你为什么要持有一只有问题的股票呢？难道你不想持有强烈推荐买入的股票吗？强烈推荐买进、确信买进或是乐观买进的股票怎么能变成推荐持有的股票呢？是什么让这只股票变成需要持有的股票的？大家都清楚。在持有一只你认为需要“持有”的股票时，这只股票不是到了收获利润的时候，就是快要崩盘。要么买进，要么卖出，但绝对不要停留。不过，假如你是长期持有某只股票，那么就不应该让这些推荐影响你的决策。因此，如果你打算关注买进、卖出或是持有之类的投资推荐，那么我建议你只关注第一种，彻底抛弃后两种。

因此，尽管作出“持有”推荐的研究报告似乎很常见，但他对我们没有帮助，也不能为我们提供有价值的信息。在我工作的交易所里，很多人的推销手段似乎都很成功。既然已经有大机构为我们做这件事，为什么还要关心怎么做呢？我加入拥有独立研究部门的贝尔斯登后才明白其中的道理。就是我们都知道的那个贝尔斯登，其倒闭引发的一系列连锁反应，标志着金融危机正式开始。在入职后的第一天，我接待了新上司推荐的一位客户。那位客户一开口便问：“你推荐什么产品？”我告诉他有几只股票的业绩很精彩，而且我也打算为客户买进这些股票。

他的反应出奇地冷静。“这些公司的研究报告从何而来？”我满脸茫然的告诉对方，我对这个问题一无所知。他马上说，“不，绝对不能这样，你既然到了这里，就只能做一件事——推销贝尔斯登自己的研究报告。”我几乎颜面扫地。从来没有人向我这么清楚地解释过这个问题。真是这样的吗？难道我的存在只是为了兜售一个从未谋面的分析师作出的买进、卖出或是持有推荐？至少这个分析师也和我同处一座楼，同为一家公司卖命吧。但也不要妄下结论，难道这比以前更糟糕吗？以前似乎也好不到哪里。

初进这个行业的时候，我就已经能够独立工作，而且也尽我所能为公司作出了成绩。我承认，自己的确没有接受过多少培训，但这也促使我更加勤奋地自学。我也不算是初来乍到的无名之辈了，我完全能认识到，分析师的结论与公司投行部门之间存在着某种心照不宣的联系。

故事（Story）：编造故事是股票经纪人和市场分析师赖以生存的本领。一个故事可以是一系列有说服力的数据，只要披上合适的外衣，就可以诱惑一个理性的人忽略必不可少的尽职调查，冲动地买进某只股票。凭借精彩的故事，证券公司可以制造出一种让你必须马上进行交易的紧张氛围。一个精彩的故事让你当机立断。一个拙劣的故事则让你再三掂量之后，还是决定放弃。故事的素材往往是传言、统计资料或是图表，甚至也可能是酒吧里的轶闻或者纽约“尼克斯”队主场包厢里的小道消息。

大型投资银行往往通过为企业筹集资金、重组合并或是帮助公司收购其他企业来盈利。当然，他们也提供其他服务，包括向投资者直接出售股票。但是，如果你找不到帮自己出售股票的人，你就无法通过发行股票进行融资。我们用一个非常简单的逻辑解释这个过程，投资银行的职责就是寻找那些即将公开上市的公司，然后再让经纪商寻找愿意买进这些公司股票的投资者。借助于这个过程，投资者腰包里的钱在扣除支付给投行的中间费用之后，就进入了已上市公司的保险柜。

既然如此，如果投资银行确实看好这家上市公司，由他们亲自为该公司发售股票，难道不是一件两全其美的事情吗？我认为可以，但监管机构却说这造成利益冲突。在1929年的股市危机之后，政府意识到，将投资银行通过自营业务掌握的内幕信息与股票发售机构的经纪业务隔离开来，是一个保护投资者利益、维护市场公平的好方法。于是就出现了一个仅存在于想象中的东西——“中国墙”（Chinese Wall，即防火墙，在交易商和股票买家之间存在一堵看不见的隔离墙。——译者注）。请不要问我这种说法在政治上是否合适，在华尔街，没有人关心这堵墙是不是在中国建造。这实际上是一种恭维中国人的说法，因为表明只有中国人才有能耐建造这堵看不见的墙壁。

这种说法或许还算精确，因为中国对国内新闻媒体的控制的确很有效，而华尔街显然从不擅长这个，在这里每个人都像是碎嘴的闲妇。在美国，一家公司既向公众或卖方分析师提供信息，同时又向实体公司、共同基金或买方分析师提供信息。最终，他又变成了一场在华尔街和监管机构之间“猫和老鼠”的游戏。

但在2000年的股市大跌之后，这种做法遭到重创。触及的核心问题不仅明确，也十分具体：证券公司在回天乏术的情况下，仍通过购买研究报告欺骗客户。几家公司的内部电子邮件证实，很多内部人士都抱怨这种行为。我还记得贝尔斯登的几位股票经纪人就曾激烈地辩论过，他们质问公司的分析师，在互联网股票已跌至不足20美元的情况下，为什么还要给出200美元的目标价位。当然，他们只想看到一个更低、更符合当前行情的新价位，因为客户已经对公司的盈利能力和诚信发出了质疑声。这场灾难最终使得一项强制性协议诞生：2003年签署的《大和解》（*Global Settlement*）。证券交易委员会、美国证券交易商协会、纽约证券交易所，及其监管机构在 2007 年合并为美国金融业监管局，及全美最大的十家证券公司共同达成妥协。这项协议解决了大型投资公司存在的利益冲突问题。简而言之，协议各方希望通过这种方式解决公司既通过发布研究报告向投资者推荐买卖股票，又同时参与投资银行业务的矛盾。这就等于说，你既要制造一种产品，还判断消费者对这种产品是否有购买需求。

逃脱不了的输局：明星分析师也只能充当替罪羊

尽管华尔街的大多数从业者心知肚明，当一家公司所有人员同时推介和研究某家上市公司的时候，公众就会毫不怀疑地认定：该上市公司通过了行业审核。但他们得到的只有那堵看不见的“中国墙”。10 家公司因此类行为被合计罚款 14.5 亿美元。从这个简单的事例中我们可以看到，华尔街对发布欺诈性研究报告、夸大公司业绩并误导投资者、通过首次公开发行向公司高管进行贿赂等丑行。这没什么好笑的，政府还天真地以为他们已经把华尔街整顿规范了，而华尔街当然不希望政府有别的想法。最终，华尔街选择了两个倒霉的分析师作为替罪羊：杰克·格鲁伯曼（Jack Grubman）和亨利·布洛杰特（Henry Blodget）。

他们都不是平庸之辈。在网络股泡沫时期，杰克·格鲁伯曼曾是通信行业赫赫有名的分析师。他因对现已破产的环球电讯和世通公司发布大量的利好报告而臭名昭著。作为通信行业分析师中的超级明星，格鲁伯曼当时就职于所罗门美邦证券公司。

他成名于 2000 年，当时，他在接受《商业周刊》采访时声称：“以前被视为冲突的行为，现在看来却产生了一种协同效应。”千万不要告诉他“中国墙”的事情。“客观？客观的另一个代名词就是信息不充分。”而格鲁伯曼在他作为明星分析师的职业生涯中做的最有价值的事情，就是他在 2002 年针对各种股票推荐制度写给投资者的一封电子邮件。他在邮件中写道：

你知道，所有人都以为我上调 AT&T 的评级是因为我看好 AT&T。实际并非如此，我需要桑迪帮我把孩子送进纽约 92 号大街的私立幼儿园（实际上，进这个幼儿园比进入哈佛大学还难），而桑迪为了把里德赶出董事会，就需要阿姆斯特朗投自己一票。一旦我们两个人都如愿以偿（桑迪成功地清除对手，我能得到孩子顺利进入幼儿园的保证），我就会像以前那样，重新对 AT&T 作出利空建议。阿姆斯特朗永远也不会知道，我们两个人像玩弄木偶一样玩弄他。

如果你对这段内容感兴趣的话，还可以看看格鲁伯曼最初写给桑迪·韦尔（Sandy Weill，花旗集团董事长，花旗集团在当时也是所罗门美邦的股东。——译者注）的备忘录，他在这份备忘录中罗列了很多近乎血腥的细节。格鲁伯曼最终遭到纽约州大法官艾略特·斯皮策（Elliot Spitzer）的严惩，被处以 1 500 万美元的罚款并终身禁止从事证券行业。但这笔赤裸裸的交易对格鲁伯曼依旧物有所值，得到 3 000 万美元离职补偿之后，他马上就进入马尔基尔保险集团（Magee Group）。他的新东家主要为电讯企业提供战略咨询，只是目前还不得从事 IPO 和投行业务。

亨利·布洛杰特有自己的手段，而不是为了让孩子进入最好的幼儿园就胡说八道。布洛杰特说到底就是一门心思地哄抬股价。他因为预估亚马逊的股票将达到 400 美元而出名。事实也的确如他所料。

随后，美林证券将布洛杰特招致麾下，从此他一步登天成为了当时首屈一指的顶级分析师。在绝大部分网络股上涨的那个时代，布洛杰特成为了一个重要的推手。如果你想通过互联网公司的 IPO 盈利，这也是美林证券当时做的事情，布洛杰特肯定是你最应该雇用的精英。有了他百战百胜的辉煌业绩，任何一个通过美林证券上市的公司都知道，只要依赖他们的研究部门，公司的前途将会更加光明。但危机随之而来，艾略特·斯皮策和一些绝对可以写入历史的电子邮件最终将布洛杰特送上审判席，他被终生禁止从事证券行业。

也就是在同一天，美林证券给 Excite 公司（当时的上市代码为 ATHM）给出了第二高的评级，布洛杰特在一封内部电子邮件中说道："ATHM 绝对就是一堆狗屎！"同样的事情也发生在网景公司（我不知道是否还有人记得这家公司吗？），当时，布洛杰特在发送内部评价报告时说，"我真不敢相信，连这样的公司都能成为 POS 机。"这并不是某个华尔街上市公司的代码，POS 机随处可见，他们就是用来套钱的。至于为什么出现这种情况，他的另一封电子邮件让我们略见端倪："除了维护我们的机构声誉之外，这家公司（InfoSpace）对我们的投行业务非常重要。"

从那时起，我很难再相信与美林证券合作过的任何人。至少到现在很多事实已经证明，这家公司在很多方面根本不值得信任，这其中也包括他们的财务状况。在 2008 年的金融危机期间，美洲银行接管了美林证券这台"POS 机"，次贷危机让美林证券大伤元气，此时的美林证券只能无奈地选择合并或是破产。显然，贪婪和错误的决策也出现在你的身上，但尽量不要让他们带走你的灵魂。不过，美林证券依旧还在盈利，至于布洛杰特，他依旧还大放厥词。他已经在财经新闻领域开始了新的探索，他的处女作是关于玛莎·斯图尔特（Martha Stewart）内幕交易案件的报道。随后，他又撰写了一系列关于华尔街弊端的文章。

目前，布洛杰特是一家互联网"商业内幕"（Business Insider）网站的 CEO 兼主编，他们还写了几篇关于我的文章！我们必须撇弃前嫌，给这家伙一点赞赏。的确，他本应坐牢，因为他的行为已构成欺诈罪。但是缴纳了 400 万美元罚款后，布洛杰特实际上并没有被禁止从事证券行业。他依旧可以自己做投资交易，也可以为普通投资者提供投资建议。下一次在雅虎上登录视频网站"TechTicker"的时候，你可以关注一下他的主人是谁。美国人喜欢给人一个改过自新的机会，即便是一个骗子，也会得到宽容。

归根到底，经纪公司提出一个投资建议，客户到底是一名对冲基金经理还是散户投资者并不重要。因为经纪公司无非是在向他们兜售用金

钱买来的分析报告。游戏还没有开始，就已经输定了。我已经向各位解释了，你将如何受到这种欺诈性行为的误导，现在，再看看我们为什么总是难逃这样的陷阱。

如何将报告中的信息转换成手中的钞票?

每年年初，某些最大的投资银行都会推出一套又一套的新花样，目的就是撒下诱饵，让你继续品尝这场一无所有的大餐。到了 9 月份 ，随着新招聘的职员陆续进入曼哈顿，之前离职分析师的空位也渐渐被填满，这场大戏的序幕就此拉开了。很多分析师在这里工作一两年之后，要么是迫于压力离职，要么是主动选择离开，他们会重新回到学校深造，尽管这会让他们的债务负担变得更加沉重。因此，每到学校开学的时候，华尔街的老板就不得不四处找人填补空缺。

显然，为了不让投资者认清华尔街的真面目，这些公司花费大量精力。不过，面对日渐老练的投资者，这些初出校门、不谙世道的年轻人变得越来越有心无力，在失败和折磨中度过一两年之后，他们毅然决然地离开这个是非之地，回到学校去攻读 MBA 学位，在学业有成之后重整旗鼓，继续他们之前的行业。

此时也正是撰写当年市场前瞻报告、牛市氛围初现的时候。你或许不会把这些报告纳入每年度的计划之中，但和其他行业一样，华尔街实际上也在按部就班地运行着。

从事这个行业并不是件容易的事，他们需要花费大量的心思把手里的垃圾货推销给普通投资者，他们还要高瞻远瞩，对未来一年的事情做到未卜先知，对 1 月份将要发生的事情更要做到心中有数。此时也正是公司发布上年度年报的时间。因此，如果某些公司的年报数据一塌糊涂，他们的投资者自然会心存不满，这个时候，其他公司就可以乘虚而入，以最吸引大众的投资策略抢占竞争对手的市场领地。

这些报告的撰写者就是那些诱使你做交易的证券公司。无论是巴克雷银行还是高盛，很多证券公司都在撰写这样的报告。此外，还有一些规模较小的专业型投资银行则专营银行股和政府债券。**虽然任何人都可以发布这种毫无价值的报告，但最大差别在于，谁更有能力把这些信息变成实打实的钞票。**了解这个大背景可以让我们窥清这个行业的真实面目，从中我们能看到一家公司的基本状况及其未来发展趋势。这些报告在本质上属于全球性宏观策略报告，主要内容是解析全球未来的发展趋势，尤其是强调长期经济趋势、政治趋势以及投资者可能面临的风险。

被屏蔽的内幕，被操纵的报告

在我看来，这也是最有趣的东西，这种宏观策略报告试图将所有行业市场综合到一起，并进行复杂的分析。但是，这些报告对你来说就像一堆垃圾食品，尽管方便食用，却无益于健康。当然，我们确实能通过了解其他市场及其过去的运行情况发掘某些具有价值的信息。

此外，这种宏观性分析让我们从总体上了解，一家证券公司对特定市场的客观认识或是主观偏见。比如说，如果一家大型证券公司在宏观层面看空股市，那么，这家公司就认为大宗商品将成为未来一年的主流，那么他们又如何看待棉花与铜之间的差异呢？

> **全球宏观策略（Global Macro）**：通常指根据全球经济数据制订投资决策的一种管理模式。在实践中，他是交易商抢占市场时放出的烟雾弹。通常，依赖全球宏观策略进行投资决策的交易商会采用涵盖范围最广的指数，该指数由股票、债券和大宗商品构成，而他们的策略极有可能是做多，不过也有可能做空。典型的例子包括标普 500 指数、10 年期美国政府债券、石油和货币等。采取全球宏观策略的交易商显然比只交易小盘股的证券公司更受推崇。当然，我也是全球宏观策略的支持者，而且是坚定的支持者。

由此一来，投资者逐渐开始接触到形形色色的证券公司及相应的市场。大型证券公司通常有专业部门负责特定市场的产品交易，有可能一个部门只负责政府债券，另一个部门则负责新兴市场的股票。大多数公司都有自己的专业分析师，他们对发现的盈利机会作出评论和推荐。但不要忘记的是，分析师靠交易赚钱，他们最终还是想引诱你进行交易。如果你从他们的报告中发现了一种你感兴趣的金融产品，按理说你会主动联系他们，让他们为你买进这种有价证券。

在这种情况下，我最喜欢做的一件事就是了解我并未涉足的另一个市场。在选择买入股票进行研究时，经常用到的参照信息就是债券交易商对这些公司的评估。债券交易商最关心公司是否拥有良好的信用等级以及其还本付息的能力。

如果突然失火，最先看到烟雾的肯定是债券交易商。当然，即使被很多债券交易商彻底抛弃的股票也可能起死回生。此外，我一直热衷于关注货币市场和其他市场之间的关系。尽管货币市场的变化快于美联储的会议，但如果一个国家的货币质量优于另一个国家，那么，这个国家的债券市场和股票市场通常会与货币如影随形。

这些报告主要针对寻找交易目标的专业投资者。如果你不是一个善于在海量信息中寻找线索的专业投资者，那么，这些报告可能会让你当机立断作出决定，而这正是华尔街梦寐以求的事情。归根到底，如果你打算利用这些研究报告寻找投资对象，那你想的就太天真了。在翻开一本报告之前，首先你必须清楚自己的计划是什么。

换句话说，你不能像第一次走进超级市场的饿鬼一样，对任何东西都如饥似渴。如果我正在考虑调整对冲基金目前交易的产品，看一看研究报告或许有所启发。和一个波澜不惊的市场相比，市场跌宕起伏的年份可能意味着更多的交易机会。你看重的是行动，而不是分析师的夸夸其谈，更不需要他告诉你该怎么做。

不管怎么说，我还是喜欢阅读这些报告。既然摆在你面前的报告可以告诉你在未来 1 年里投资什么最靠谱，为什么不多替自己想想呢？事实上，每一份报告的目的都一样，唯一的不同就在于撰写报告的人希望你买什么。对于机构投资者来说，研究报告更具诱惑性，因为这些报告与上一年提供给大众投资者的版本大不相同。

因此，这些打着研究机构旗号的报告，显然可以为专业投资者提供更客观的信息。其中的一部分原因在于，相对于提供给普通公众的信息，监管机构对这些提供给金融专业人士的信息采取了相对较为宽松的限制措施。鉴于政府监管的基本目的在于保护普通投资者，因此，证券公司内部的合规审核部门根本就不允许公开披露某些特定的信息。遗憾的是，由于很多律师不得不参与非专业投资者的事务，这也人为造就了一个双层制度。

还有哪些因素是你没有注意到的呢？这很难说。我认为最主要的问题就是适应性。你不可能跟大多数散户投资者大谈货币交易，也不可能向他们宣传大宗商品交易。通常，净资产不足 100 万美元或年收入不足 20 万美元的投资者都不被看作资深投资者，因此，无论是货币市场还是大宗商品市场，对大多数散户投资者来说都不合适。制度就是为了防止人们对市场盲目跟风，但还是有很多骗子诱惑普通投资者，使得他们在市场上伤痕累累。

某些针对对冲基金的投资策略显然不适用于普通投资者。例如，专业研究机构可能推荐做多一只股票，并同时做空另一只股票。通常，证券公司不会向散户投资者推荐做空业务。作为普通投资者中的一员，你所能得到的研究资料是有限的，分析师提供的评论也不多，至于针对其他市场的信息就更少了。

因此，即使到了年底，绝大部分的报告也不会被公开发布。每年夏季，这些报告中的大多数都会根据最新数据进行更新和修订。和从事其他行业的职员一样，秋季对专业投资者来说是一个忙碌的季节，经历了暑假的休整，他们必须在冬季的假期到来之前拿出漂亮的成绩单。不妨跟踪一下那些报告使用者的情况，看看那些人在使用什么样的报告，以及他们如何被送到你的手里。

提供选股秘笈还是诱导你进行高频交易？

所有研究报告都只有一个目的：向投资者推销证券交易业务。这就是卖方研究报告。之所以需要这样的报告，是因为销售人员需要这些令人心动的数据和分析，只有这样，他们才能说服对冲基金、机构投资者和散户投资者选择他们的证券交易业务。每完成一笔证券交易，卖方的证券公司都能赚到一笔钱，因此，我们就会看到，这些颇具煽动性的研究报告不遗余力地诱惑投资者：交易会给你带来多么诱人的收益。通过蛊惑各种各样的投资者，华尔街创造交易，并从中赚到佣金。正因为这样，要想得到一家证券经纪公司的选股秘笈，你就必须先成为他们的客户。

为什么会这样呢？因为那些撰写投资通讯的人并不是证券经纪公司的老板！有些投资通讯确实让我受益匪浅，汤姆·麦克利兰（Tom McClellan）每天都会从技术角度对市场作出精彩剖析。此外，海琳·梅斯勒（Helene Meisler）在大街网站上发表的专栏《股票先锋》（*Top Stocks*），他为那些采用股价图进行交易的投资者提供了很好的思路。

做空（Short）：通常用于描述抛出某种有价证券的投资策略。在做空操作时，首先需要向其他证券经纪公司借入有价证券，然后再以相对较高的价格出售这些借来的证券，并在以后某个时期按较低价位回购后偿还。做空可以彻底摧毁一只对冲基金，因为与最大损失只是丧失全部资产的做多策略相比，做空的损失没有上限。这种策略让你在市场高企时追悔莫及，因为你是在“做空大盘”。但如果交易商在抛出股票后他便开始一落千丈，做空者当然会幸灾乐祸，他们会说，“嘿，我已经做空了”。设计这种策略的目的，就是让交易商在不同行情下都能有钱可赚，不过，即便这种投资策略不会让你短期丧失记忆，也会让你的婚姻关系遭遇危机。

但是，对信息来源进行限制也是投资成功的关键之一。当你在这场名为“投资”的游戏中越来越得心应手时，你就会有选择性地只看某些人的研究资料，尽管这些人或许根本就不交易自己研究的证券，但这并不影响他们的判断。实际上，你只不过想听听他们所讲的故事而已。即使你不接受其他交易商的观点，或是与他们采取不同的交易风格，但听一听他们的想法还是会让你受益。

毕竟，你付钱购买这些家伙的信息他们才能赚钱，所以他们自然会好自为之。我更喜欢这样直截了当的方式，至少这不会让他们别有用心。这些信息也适用于散户投资者，这一点与大型机构撰写的研究报告有明显区别，后者的研究只是作为卖方的宣传材料，用来吸引投资者。

他们通常派出一大批年轻分析师对公司开展调查，发掘新素材，挑战当前市场上的主流投资理念，当然，他们这样做绝对并不是为了发现真理，而是为了混淆视听，从而引诱投资者进行更频繁的交易。尽管高频交易让这种研究缺乏吸引力，但总要给这些贪婪的野兽留下一杯羹啊。

从一开始，我们就在和对冲基金打交道。请记住，对冲基金只是由富有的投资者或是由机构组建并聘请基金经理经营的私人合伙公司。尽管对冲基金仍受监管，但在买卖对象的选择方面依旧比较自由。基金经理们趋向于采取高频交易和杠杆交易。也就是说，他们比其他类型的经纪公司更具投资潜力。

大多数对冲基金不会只服务一家公司，他们只进行所谓“买进卖出”之类的交易，唯利是图是他们的本性。因此，我们有必要认真地揣摩一番。每一家向对冲基金进行投资建议的证券公司，最终都会抛弃对冲基金。

如果基金经理认同这个投资建议，他会通过证券公司完成这笔交易，这样他就能获得高于机构经纪商（Prime Broker，指为机构投资者、特别是对冲基金提供结算、保管、融资及股票借贷等服务的证券经纪商。——译者注）所提供的佣金率。证券公司的销售员往往会这样说：

> “你好，李，我是长岛证券公司的里克。我们公司设有一个专门研究银行股票的研究机构”（这或许只是一个再平常不过的部门，但一定要说成有多么地与众不同）。
>
> “我们的首席分析师强烈推荐买进 XYZ 公司股票，这只股票明天就会大涨。我们认为他还会继续上涨。”

此时，他们打算把自己的研究报告送给这位基金经理，希望从这家对冲基金公司拿到一份大订单，并收取每股 5 美分左右的佣金，而你的机构经纪商却只能收取每股 1 美分到 2 美分的佣金。如果你确定完成这笔交易，后台部门就会将这笔股票移交给你的机构经纪商。这就像是在亚马逊网站购物，三天之后，你购买的商品才能送到你手上。各位，不知道你是否清楚呢？这些机构需要把源源不断的垃圾资料推荐给对冲基金，只要有交易可做，他们就有钱可赚。

至于这些提供给对冲基金的报告，当然都是他们一手操纵下的产物，因此，对一个长期投资者而言，没有任何理由阅读这些垃圾报告。这些报告常常都是以真实或是虚构的素材杜撰出来的动听故事。很多投资报告就是根据一份优异或是拙劣的季度收益公告给出做多或者做空建议。如果阅读这样的报告，你是自寻烦恼。因为他只是换一种说法告诉大家：你很无聊，所以需要交易。

但也不是没有好消息：你不必担心随后事态的发展。因为机构的销售员最终会再次抛出这只股票，当然，他们极有可能亏损，也有可能侥幸赚上一笔。但让人无法接受的是，他们经常会问你：“你到底想做什么呀？”似乎你就是那个最想进行交易的人。正是通过这种方式，他们让你不再关注是否赚钱。显然，他们并不是想指导你怎样交易并承担责任，只是让你落入他们事先设计好的陷阱，然后再让你坚信：你是按照他们的研究报告作出交易决策。不过要切记，任何经纪商（无论机构经纪商与否）都不是真心诚意地提供投资建议，他们只是为自己的研究报告吆喝，最终诱使你进行交易。

并不是每个人都买他们的账，我对经纪商的销售员始终有自己的原则。现在，我只坚持自己的交易策略，并远离这些饿狼。千万不要同情他们，因为我的机构经纪商让我赔了很多钱。

机构投资者是他们的下一个猎物，这些机构投资者既有可能是退休基金或者共同基金，也可能是保险公司。面对这些老练的投资者，卖家布下更多的诱饵。有些机构投资者能获得上市公司提供的 IPO 新股或是其他客户无法买到的新发行的证券。你想得到别人买不到的市政债券吗？你最近和我们做了多少交易呢？如果你对一家证券公司缺少关注，那么，证券公司的销售代表只需一顿高档晚餐或是一张 NBA 球赛门票就可以把你搞定，让你对他们给予充分的关注。但到头来，你最终会为自己的决策付出代价，因为倒霉的永远是投资者。如果销售代表不断用这样的方式诱惑你，你还能保持客观吗？

可以看到，这也是普通美国公众最习以为常的行为模式。很显然，羊毛最终还是出在羊身上，因为股票经纪人支付的高尔夫球费，最终还是由你买单。问题的关键在于，这些费用主要来自其他对冲基金和基金经理。专业人士通常不会亲自操盘，而是由更专业的机构替他们代劳。这显然是公众永远都不可能享受的福利。

大多数散户投资者都没有能力操作此类业务。只有你真正认识这场游戏的本质，你才有可能成为游戏中的胜利者。但我还是觉得最好不要参与此类游戏。华尔街永远只会解答你没有提出的问题。那些所谓的研究报告都是一派胡言，所以，还是把他们扔到街头小报摊的垃圾桶里吧。

第5章

顶在你脑袋上的枪：401(k) 并不完美

> 美国人就是在用自己的退休金进行赌博，而政府又在强迫他们赌博。通过创建 401(k) 计划，政府可以逃避养老金的负担，并操纵着一个不公平的系统。

1906年4月8日，一场大地震将旧金山的大部分地区夷为平地。电话和电报线路彻底损坏，这让旧金山与美国其他地区尤其是华尔街的联系暂时中断。仅仅过了8天，纽约证券交易所（NYSE）的市值就损失了10亿美元，相当于股市下跌了12.5%。一周之后，华尔街才醒悟过来，终于知道什么才是真正的灾难。与1929年的股市暴跌相比，当时人们对经济影响的直觉性反应非常缓慢，而在1929年的时候，人们可以通过无线广播了解每天的市场动态。

我们可以想象，从那以后整个世界的联系发生了翻天覆地的变化。在那时候，人们还不可能通过智能手机拍下自家房屋大火熊熊的情景，或是通过网络将旧金山遭到地震破坏的情况告知远方的朋友。今天，全世界能立刻知道美国股市在2010年5月6日经历的“闪电式崩盘”，整个过程仅用了20分钟，而且人们也可以实时了解到随后的股市反弹过程。

现在，全世界的人都可以迅速知道这只有 20 分钟的股市崩盘，这算是一种进步吗？技术造就了一种完全虚假的信息意识。在这里，我将阐述某些个别事件如何让投资者误入歧途。

很多市场预言家喜欢对 20 世纪 50 年代的投资者平均持股时间评头论足：那时的投资者竟然可以持有一只股票长达 8 年。而今天的投资者持有股票的平均时间仅为 6 个月（见图 5.1）。显然，60 年过后，投资者都变成了股票交易员。我们真的不知道到底发生了什么事情。难道是因为过于关注“猫王”而没有时间交易股票吗？还是他们彻底忘记了手里的股票？

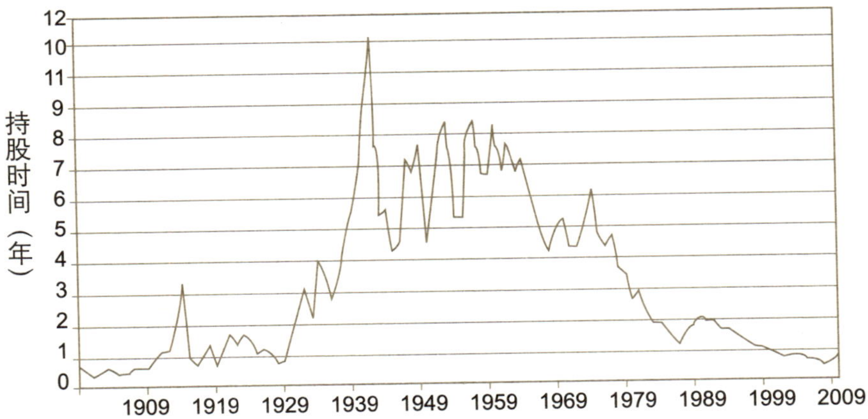

图 5.1　石器时代的交易员

资料来源：http://www.nyxdata.com/factbook

本章将探讨这个问题，我认为，3 个特殊因素导致了如今的投资者不再对手里的股票长期持有。在深入讨论这个问题之前，我还是有必要提醒读者，股市并不是从 20 世纪 50 年代才开始的。实际上，在 1900 年以后的 30 年之间里，投资者平均持有股票的时间很少有超过两年的。这又意味着什么呢？或许我们生来就是做交易员的料。我只是想知道，我们怎样才能回归本性呢？是什么让我们走过了这个完整的循环？其中原因众多，比如说，我们为了退休养老而进行投资，人们可以简单地交易共同基金，而这又加剧了整个市场的交易频率，并让散兵作战的股票投资者演化为集团作战的基金推手。

我们是如何踏进股市这潭浑水的？

除了蹩脚的汽车和令人作呕的发型之外，20 世纪 80 年代还发生了哪些事情让人记忆深刻呢？当然有，那就是美国国会不知不觉地把上好膛的枪顶在美国工人的头上。你会责骂那些居心险恶的 CEO 扼杀了工人的养老金计划吗？

他们当然难辞其咎，但是在法律允许他们这么做之前，这些吸血鬼的双手就已经被牢牢地捆住。我们需要知道，散户投资者如何在股市的陷阱中越陷越深。20 世纪 20 年代，股票带给人们的印象还是投机性的，他为贪婪者勾勒出一幅创造财富的幻景。但是到了 20 世纪 80 年代，公众几乎都迫不得已地踏进股市这潭浑水。

那么，我们最初是如何踏进这潭浑水的呢？还记得曾经那些其乐融融的时光吗？只要你为公司工作，老板就会自动地将一部分工资存入你的养老金账户。可惜我没有赶上啊。这的确是一个不错的想法，但是在我 3 岁的时候，冥顽不化的国会议员们在 1978 年的《税收收入法案》（*Revenue Ac*）上画了一条勾，这从此改变了美国工人的命运。这项法案的核心在于："符合要求的雇员可以通过选举，授权雇主将缴费委托给信托计划进行管理"。就这么简单。

在字面意义上理解，这项法案允许公司将缴费委托给一个可以递延纳税的投资计划。但其中也有一点细微的差异：这笔钱不依赖于投资计划的未来收益或支出。这就是养老金的原理，即：现在拿出一笔钱用于投资，比如说目前工资的 50% 或 100%。以便于在未来能享受到一定的福利。很多教授或是那些幸运地生活在现实世界之外的公职人员，当然愿意重回那段无限美好的时光：退休之后，政府会按一定比例向工人们支付养老金。

正因为这样，为了能在退休后拿到有保障的现金流，他们才对自己必须工作的年限非常敏感。《税收收入法案》第“401(k)”条款指出，即使现在留出这笔钱，也未必表明你在将来一定能得到有保障的现金流。这些只是放在账户的钱，你需要时间等待。从公司角度而言，他们不必再承担工人退休后的生活负担。我们不妨可以回想一下通用汽车公司在向退休工人支付养老金时遭到的质疑。由于通用汽车经营不善，盈利不佳，因而支付养老金的压力越来越大。于是，通用汽车不得不申请破产，从头再来。

到 1979 年，强生公司已开始采纳“401(k)”计划，从那以后，美国工人就被各种各样的年金计划搞得蒙头转向。他们当然感到怒不可遏！那些聪明伶俐、看着“宝宝不哭”婴儿香波广告长大的美国孩子们，现在必须接受一个他们不愿意看到的现实：他们的父母不得不为自己的退休生活进行储蓄。

这当然让这些孩子们嚎啕大哭。不到几年的时间，其他企业也体会到其中的奥秘。他们可以借此摆脱昂贵的养老金计划，把负担甩给工人。既然有这样的好事，为什么不好好利用呢？而且还有一个好处，他们可以毫不负责地甩掉这个包袱。**大多数人都不可能像专业投资者那样深谙市场的奥秘。如果没有退休基金经理的帮助，普通大众根本就不知道该如何计算和如何投资，更不用说为这笔钱在未来 30 年作一个合理规划，因此，他们几乎完全没有成功的机会。**

这也是令共同基金经理们最激动的时刻：因为这样的话，他们就可以通过合法的理由强迫普通投资者购买自己的产品了。这就像是每个人都可以驾驶汽车一样，太妙不可言了！更让这种局面雪上加霜的是，在 401(k) 计划取代养老金几十年之后，普通工人已经开始把这看做某种形式的福利待遇了。公平地说，401(k) 计划的确是共同基金行业及其销售人员的福利。为了不落伍，他们必须加快步伐，以便于为每个人提供产品。如果从小企业主的角度思考一下这个问题，你就会发现 401(k) 计划根本不符合逻辑。

退休基金经理（Pension Manager）：养老金是一种安排或者说承诺：一旦你不再工作，它就可以为你提供收入。这笔钱由雇员在工作期间存入，然后由专业基金经理代为投资。基金经理不仅保证基金增值，还必须对养老金领取者的当前及未来债务进行管理。按照这种方式，基金经理的目标并不一定是增值，或许只是为了确保在未来能足额支付按某个既定公式（而且是通常以工人的工资为基数）计算的一笔开支。州和市政养老金采用的公式似乎更神奇，因为目前他们大多数都不足以向退休雇员支付这笔钱。据说，纳税人不知出于何种原因而想贡献出一笔钱，用于支付政府雇员的退休金。在这种情况下，如果是一家私人公司，干脆就申请破产，然后让政府为他们买单。

每个人都在拉拢小企业主，他们假扮成电话公司的人，谎称要向你推销廉价长途电话。完全可以想象那种情形有多艰难：一个信托顾问告诉你，一定要设立 401(k) 计划，否则你就永远也请不来高级人才。但面对如此昂贵和难以背负的退休计划，再加上合规性要求，小企业主难免要问：为什么要这么折磨自己呢？有些人认为，这是保障退休雇员生活的好办法，还有一些人则把 401（k）计划看作是与竞争对手争夺人才必须提供的福利。

或许这就是问题的症结所在。这并不是一个替代雇员未来收入的计划，相反，卖给你的只是一种职工福利而已。虽然医疗保健的确是一种福利，但就总体而言，401(k) 计划依旧是一头野兽。毫无疑问，小企业是美国创造就业的重要渠道，但我们在这个问题上却犯下了一个系统性的失误。

对中小企业来说，401(k) 计划让他们陷入永不停止的混乱之中，更糟糕的是，它还是一种浪费雇员时间的愚蠢办法。401(k) 计划通常由 4 个参与者构成：第三方管理人、托管人、账户管理人和投资管理人。要存下一点钱，节省一点税负，你就得向这些人支付费用，当然还有油嘴滑舌的基金销售员。

不要误解我的意思。如果你经营的是一家大公司，当然可以通过规模经济效应分担 401(k) 带来的压力。对那些希望获得更好保障的人才来说，大公司的吸引力是无法拒绝的。但是如果你想吸引那些在大公司就职的人才，为什么还要重新动用养老金呢？教师喜欢自己的工作，他们根本就不想放弃这份工作！但作为小企业主，你还有其他选择。你可以了解一下其他替代措施：简易雇员养老金、个人退休账户、雇员储蓄激励计划、个人退休金账户或是其他形式的养老金信托，或其他更好的选择。

前两者易于建立，而且实际运作免费。你的账户管理人或注册会计师可以帮你完成计算工作，当然，你也可以亲力亲为。对于雇员主要是医生或律师等高收入人才的小公司来说，养老金信托或许更符合实际情况。这个信托基金可以是单一账户，并由专业基金管理人管理，和一大群小规模信托相比，你在一个大型信托的顶级基金经理面前几乎没有什么讨价还价的能力，第三方管理人每年可以对账户进行处理。你为雇员提供的管理越专业，这个信托计划的盈利能力就越强。难道你真的希望让雇员自行决定他们的投资吗？

如果你足够幸运，可以为其他人提供就业机会，那就帮他们一把，给他们创造一点真正的福利，不要伤害他们。你会发给他们一把枪用来保护自己吗？虽然警察需要配备枪支，但他们需要多年的训练才能正确使用枪支。但即便他们在正确使用枪支时，公众感到不快。因此，工人因基金经理的日交易导致的账户巨亏而进行的抗议，自然也就变成了家常便饭。

至于为什么警察的退休基金是由经过培训的专业人士来管理的，你应该就不会大惊小怪了。这让他们有更多时间治理驾车超速，而不是一门心思管理他们的 401(k) 账户。我的想法很简单。为人们提供一种无需真正培训的投资工具，就像是送给他们一把子弹上好膛的手枪。在某些情况下，当老板就意味着领导其他人，而做领导的第一步，就是为员工提供理财教育。如果你现在还不是老板，那就像老板那样给自己一个目标吧。

日交易（Day Trading）：这是一个经常被所有频繁交易的人误解的行业术语。日交易者就是在同一天里买进并卖出相同有价证券的投机者。有些人希望买入证券后坐享其成，他们更倾向于通过风险管理保护其资本的安全，因此，他们当然会对这种频繁交易的投资方式嗤之以鼻。这个词可以用来描述你身边已经失业但却希望坐享其成的人，他们不是积极寻找工作，而是整天用个人退休账户进行交易。

归根到底，美国人在用自己的退休金进行赌博，而政府又在强迫他们赌博。通过创建401(k)计划，政府逃避养老金的负担，并操纵着一个不公平的系统：懵懵懂懂的投资者不得不违背自己的意愿，和那些经验丰富的专业交易员进行交手。尽管共同基金可以助他们一臂之力，但在这种几乎无可选择的环境下，这种助力微乎其微。对投资缺少认识的公众根本就不知道现在该储蓄多少，更不知道该如何为退休生活进行投资。两者相叠加，足以预见婴儿潮一代人的退休生活将会怎样的凄惨。

被操纵的共同基金鸿门宴

一旦我们接受了华尔街这顿共同基金的鸿门宴，整个基金交易体系必将进入一个全新层次。早在20世纪80年代，买进共同基金绝对是一件令人痛苦的事情。

一方面，你不得不填写一张支票，然后还要打电话指示基金公司下订单，随后，即便遭遇市场危机（或是大涨）你也无需转移这笔资金。另一方面，如果你聘请经纪商替你完成这项工作，那么你就必须从初始投资中拿出一大笔钱作为他们的佣金，当然，还有投资期间被称为“12b-1”费的运营费等。

这一切似乎并不是基金公司有意为难你。虽然他们希望只涨不跌，而且你投资于基金的时间越长，他们的收入也就越多，但这毕竟是一厢情愿。1984 年，嘉信理财提出了“共同基金市场”（Mutual Fund MarketPlace）的概念。公司网站显示，这种产品最初包括 140 只免佣金基金。考虑到投资者可能在账户中同时持有多只基金，因此，尽管投资者在交易时还需支付少量费用，但操作过程已简单得多。

从根本上看，这意味着你可以像股票账户那样经营一个共同基金组合。通过这种方式，我们并不直接持有每一只基金，而是把所有基金合并到一个经纪账户之中。把所有股票放在一个账户里，这就像是用一个保险柜存放你的所有财物。但直到 1992 年，这个令人期待的概念才变成现实。“OneSource”系统的创建让“共同基金更便捷，更便宜，更适于普及”。嘉信理财在发布这个消息时非常谨慎。该交易系统在面世后第一年就吸引了超过 80 亿美元的资金，我们必须严肃对待这个新事物。这种创新告诉人们如何敲诈共同基金，让他们在货架上一无所获，并把成本转嫁给最终用户。如果不是因为证券公司在多年营销中始终坚持平民主义态度，我的口气或许还不至于如此刻薄。

我们不妨从细节上看，所谓的“无佣金买进任何基金”在现实中到底如何运行。尽管监管机构要求充分披露信息，而且大多数公司也都能充分披露，但嘉信理财毕竟是这种经营模式的创新者，因此有理由享受第一杯羹。

为简单起见，我们可以把这种模式再细分为两个类型：不收取交易费的基金和收取交易费的基金。在实际操作中，我们把第一种类型成为 NTF，也就是无交易费基金（No-transaction-fee Funds）。某些所谓的投资顾问偏爱这种产品，是因为他们可以每年从中收取 1.5% 的费用用于管理共同基金，购买 NTF，而且你永远也看不到任何佣金或交易。如果你让基金经理买进法人股，只要投资顾问开始交易，不管是何种交易，你都要支付费用。如果你的账户资金量很小，交易费也可以合并支付，但如果超过 2. 5 万 ~5 万美元这级别，这些费用就会对你的投资业绩产生影响了。

"12b-1" 费：根据 SEC 的规定，此类费用指共同基金在营销及销售基金份额过程中所支付的发行费，包括广告费、打印费、邮寄销售材料费以及分发招股说明书费等费用。最重要的是，他的支付对象是负责推广基金的经纪商。"12b-1" 规则允许将上述费用直接支付给销售基金的经纪人。

此外，如果向你出售基金的不是场内交易的经纪商，那么，负责完成交易的折扣经纪公司会获得这笔款项。只有这样，你才能通过在线方式免费完成某些基金的交易，而其他基金则会收取佣金。不管怎么说，你总要付费。

无交易费基金（NTF）需根据基金公司所持资产的 0.4% 向客户收取管理费用，此外，为了获得嘉信理财交易系统交易的基金，客户还需缴纳 1 万美元的席位费。这与超级市场收取的货架占用费有什么不同呢？当然不同，而且我认为这种差别还很明显，因为席位费增加了投资者的总成本。在嘉信理财的官方网站上，他们清清楚楚地声明："对于从基金资产中支付的任何费用，均包含在运营费率（Operating Expense Ratio）之中。这就是说，费用直接由基金的股份持有者承担。"

天啊，费用由基金公司的股东来承担，这就意味着你要"购买参与权"，而共同基金则把这笔费用掺进运营费里。于是，你肯定会对高昂的基金费用勃然大怒。公平地说，和这些魔鬼签约的是基金经理。在过去 20 年的时间里，越来越多的公司加入到这个本来就已非常残酷的竞争中，因此，为了获得优势，所有公司都费尽心思，他们甚至为了让投资者免费购买基金而甘愿代客支付"入门费"。有些基金经理甚至向客户承诺不收取任何入门费。

“大玩家”制定的游戏规则

2003 年，长叶基金投资公司（Longleaf Partners）就已经对嘉信理财的做法感到忍无可忍，当时，嘉信再次将收费标准提高了 40 个基点。在发给股东的一封公开信中长叶基金声称，嘉信理财存在“重复收费和过度收费”问题。嘉信理财规定，除通过某个指定的机构投资顾问之外，禁止客户直接购买长叶基金。但唯一的问题就是，怎样才能成为这个指定机构的成员，却由嘉信理财一手操控。

对于先锋基金和美国基金等实力雄厚的大玩家来说，他们对 NTF 根本就不屑一顾。如果一定要向嘉信理财支付 0.4% 的费用，先锋基金怎么还能向市场提供价格最低的产品呢？不过，这些实力雄厚的基金也不能一毛不拔，只不过付费标准更低一点。一个大玩家根本就不会有这样的需求，何况他们拿到这样的优惠价格也并不难。

如果你采用收取交易费的基金，对于此类基金，你使用自己的经纪账户进行交易时必须先交纳一笔交易费，不管怎么说，嘉信理财还要对基金收费的。嘉信声称，这笔费用通常为 20 美元，但有时可能高达 30 美元。我的天啊，我可不希望玩共同基金，否则的话，单是加入他们的俱乐部，嘉信就会毫不留情地向我收取 30 美元。不过，他们还是做了一点补偿，有些基金可以选择根据由嘉信持有的资产金额支付 0.25% 的费用。当然，不要忘记了 1 万美元的一次性席位费。更糟糕的是，他们接下来的补充就让我更受伤了：“上述两种费用均不包括在股东支付给嘉信理财的费用当中。目前，嘉信理财为客户提供了 3 175 种收费型基金都可供您选择。”

因此，假如我们认可，嘉信理财和华尔街海盗一样，一定赚到很多钱，那么其中是否隐藏着某些危害呢？当然会有。只有嘉信理财迫使基金公司必须缴纳这笔费用，基金公司选择这种途径，而不是选择成本过高的其他营销策略，这样你才能了解嘉信推荐的基金产品。因此，整个过程无不在嘉信理财的一手掌控之中。

在和折扣经纪公司打交道时，他们想尽一切办法告诉你，他们的网站可以帮助你作出合理的投资决策。于是，你现在要么在懵懵懂懂中独立作出投资决策，要么接受专业投资机构别有用心的建议。了解共同基金时，首先你会发现，在纽约证券交易所，共同基金的数量甚至比股票数量还要多。答案很简单："面对几百种共同基金，要为你的投资组合找到合适的基金，似乎变得比以往任何时候都复杂，这需要投入更多的时间和精力。由免佣金或交易费的 OneSource 基金撰写的《OneSource 共同基金备选目录》就是一种非常聪明的解决方案，他可以让你更自信地作出投资决策。"

谢天谢地，目前的形势还算乐观，我可不想让自己变成傻瓜。这些没有交易费的基金给投资者带来了一份信心和轻松，也让我们可以再次走出黑暗的地狱。当看到《OneSource 共同基金备选目录》最后一段"免责条款"的时候，你会发现，直白的语言再次向投资者申明他们已经知道的东西："超过 3 500 只基金被选入了《OneSource 共同基金备选目录》。只有包括嘉信附属基金在内的这些基金，才有资格进入'共同基金备选目录'。《OneSource 共同基金备选目录》所示基金或其关联机构需向嘉信理财支付费用。"

因此，假如一只基金想达到进入这个目录的标准，并获得投资者的好评，他仍需付费才能参与这场比赛。嘉信理财这种合乎市场逻辑的做法至少告诉我们，尽管这些模式的目的确实是为了给客户提供最优质的服务，但为嘉信这个大超级市场创造财富才是最首要的目标。我们总可以找到打赢这场游戏的方法，但在本书第 8 章介绍的交易所交易基金（ETF）出场之前，你还要静下心来，认真地读下去。

《雷曼黑皮书》让投资顾问深谙忽悠之道？

对那些已经习惯通过 401(k) 计划进行投资的人来说，满足他们的需求，相当于满足市场的需求。尽管基金的发行方式带来了一些隐形费用，但共同基金的简单明了以及分散风险的能力还是让很多人受益。而且创建于 1974 年的个人退休金账户已对公众充分开放。但并非每个人都接受共同基金。美国有几千名证券销售员，要改变他们冷漠无礼的推销方式，显然并非易事。我很清楚这个过程，因为我就是被改造者之一。

在初次踏入这个领域时，我认识的每个人几乎都是股票经纪人。我们竟然可以自诩为股票经纪人！在那个时候，这绝对是一个让人羡慕的行业。尽管在线经纪商可以按更低廉的费用进行交易，但投资者还是想找一个帅哥或是美女当面聊一聊，在他们眼里，这些人就是他们窥探华尔街的窗口。

当时，坊间流传着一本臭名昭著的证券推销教材，名为《雷曼黑皮书》（*Lehman Black Book*），这本书让我们受益匪浅，因此，很多人都深谙忽悠客户之道。当然，这可不是雷曼兄弟写的书，也不是一本禁书。它通常是一种三孔的活页夹，里面夹着推介程序、推销脚本故事和辩护台词的复印件，这些素材涵盖了几十年以来经纪行业的经验总结与精髓。

在这么多年的从业经历中，我见过最漂亮的推介程序竟然总结了 20 世纪 60 年代以来的所有推介资料，其中不乏雷曼兄弟和贝尔斯登等行业巨头的资料，甚至还有臭名昭著的德崇证券（Drexel Burnham Lambert，1990 年因过度涉足垃圾债券交易而破产。——译者注）。到 2008 年金融危机之前，除了德崇证券之外，这份资料涉及的其他公司都是华尔街的投行巨鳄。而在 2008 年的危机中，曾经辉煌无比的雷曼兄弟和贝尔斯登则黯然退出了华尔街。

这本“黑书”蛊惑人们购买有价证券。所有程序都要力求简单。如果你夸夸其谈，客户就会感到蒙头转向，不知东西。这样他们最终放弃购买。不要忘记，推销员通过电话推销股票，而不是与客户进行面对面的交流。不过，现在已经方便多了。首先，直接收取佣金的旧式股票经纪商已经极其罕见。为什么会这样呢？这与证券交易委员会和金融业监管局密切相关。在经历了网络股崩盘之后，市场迫切需要立法来限制高昂的佣金收费等诸如此类的业务。而对于提供全方位服务的股票经纪商而言，他们为了自身利益会与折扣经纪展开激烈竞争。尽管不受欢迎的牛仔式销售员已成历史，但今天的模式为何也让你望而却步呢？如果说市场初期的问题在于信息有限，那么，如今互联网世界带来的问题则是信息超载。

“信息超载”是一个多层次的问题。首先是购买研究报告的机构投资者。在 1975 年劳动节之后，传统的研究部门不断发生变化，因此，为了通过交易获得更多利润，证券经纪商之间为了获得第一手消息展开激烈竞争。这并不是什么令人吃惊的事，因为任何一个明智的专业人士都有能力分辨出哪些信息对他们有用，以及他们是否会为了这些信息花费银两。当然，最终买单的还是客户。

分散化投资或多元化投资（Diversification）：通过同时投资于多种类型的资产而分散投资风险。但是这种策略的前提是构成投资组合的各种资产不具有相关性。即使你买进两只股票，而不是一只股票，那么，假如这两只股票的价格变动完全同步，也无助于降低风险。分散化投资曾在网络股盛行时期广为流行，当时，很多投资者自欺欺人地买进十几只网络股，进行所谓的多元化投资。今天的投资顾问通常认为，持有十几种投资于相同股票市场的共同基金就是分散性投资。

第二个让华尔街掉入信息陷阱的是新近诞生的独立投资顾问。注册投资顾问是投资咨询行业另一个增长最快的领域，而且他影响了整个行业为普通投资者提供咨询的方式。我对此的看法是，如果一个人既要经营企业和管理客户，还要在每天下班后阅读堆积如山的研究报告，如此重负会让他们崩溃。信息超载的最后一个层面，就是那些每天行走于市井的普通民众，通过网络，人们能了解大量的财经新闻，如此海量的信息流显然是 10 年前无法想象的。尽管我们在先前已经了解了机构研究的本质，但我们还是有必要认识一下，到底是哪些因素改变了人们对信息的传统思维。其中的关键不仅仅是互联网，还有一项因素与之息息相关——现实的人。

共同基金的批发机构就相当于投资行业的医药代表。经过在证券行业多年的摸爬滚打，我终于学会了如何让这些人为我所用，但在最初的那段懵懂时期，我根本就不清楚这场游戏的本质。现在，当我们回头审视股票经纪商是如何演变为现实主义者的时候，我们发现，信息超载无疑是造就这种演化中的根本动力。

20 世纪 90 年代，我还是证券行业的一个新手，当时，证券批发机构已经和我的第一个东家，一家证券经纪公司接触。第一个走进办公室的销售员向我们推荐了约翰·汉考克地区银行基金（John Hancock's Regional Bank Fund），这只基金的主要投资对象就是那些可能被大银行收购的小银行股票。不知道是什么原因，我们发现每个人的办公桌上都摆着小食品，显然是这个销售员买来的。真是个不错的小伙子。他向我们分发了一些彩色资料单，我们业内人将这些东西称为样张，在互联网上则被称为“情况说明书”。

我根本就不清楚，他为什么会出现在这里。他推荐的是正在发售的共同基金。难道他走错门了？ 难道他不知道自己走进的这个“拘留所”是做什么的？我们就是要把股票卖给那些想买股票的人。我只是觉得这个人的观点很有趣，而且他们的基金经理整合银行业的能力也确实令人称道。但不管怎么说，还是没有人在意他说的话，每一双眼睛似乎都盯着桌子上的三明治。就在这个人起身离开时，突然又回头提醒我们一句：基金可以支付 5% 的佣金。赶紧吃三明治吧！在发现他的话引起我们的注意之后，他开始介绍自己的投资计划。

建立投资组合还是手持几只热门股？

直到现在，这些人一直都在销售股票，这也是投资者组合中风险最大的部分，但收益现在并不在这里。如果他们想让客户掏出自己的保命钱，就必须涉足 401(k) 转存账户（Rollover）。真得需要这样做吗？当时，由客户独立经营（Self-directed）的 401(k) 账户还不多见，即便是在今天也一样。通过独立经营 的 401(k) 账户，投资者可以根据自己的意愿独立购买股票，这就有可能让他的退休储蓄金承受灭顶之灾。但是大多数情况下，人们只能通过所在公司的退休服务机构做这件事，从他们提供的一大堆垃圾中，购买“适合”的共同基金。既然如此，人们为什么不选择一条更快捷的途径呢，直接向这些不谙世道的投资者推销他们已经熟悉的共同基金呢？我们都知道，对于那些四处搜寻热门股的人来说，要把热门股卖给他们是一件再轻松不过的是事情了。

事实也的确如此。我们所经营的大部分资金均采用应税账户进行管理，我们很少见到来自 401(k) 转存账户的资金。我们的交易就是一场金钱游戏。我们所提供的这种名为“操盘”的服务，人们无法通过其退休金账户得到。为了笼络更多客户以便控制更多资金，批发商建议我们销售共同基金。由于投资多种股票，因而，共同基金的营销风险更低。但我们告诉批发商，我们也投资很多种股票！他惊讶地表示赞许，但我们又接着宣扬多元化组合的优点，按他们的定义，所谓的多元化组合就是投资于多种基金，而不是股票。

正常情况下，我们所说的多元化组合至少包括 5 ～ 10 只股票，现在看来，这样的组合依旧受到投资者欢迎。虽然说我们当时不太关心，或者说不太懂行，但还是明白他的基本思想，那就是要保证资金的安全性。不用说，我们根本就不关心基金到底是什么，因为所有基金在我们看来都一样。很多图表都可以说明基金业绩与标普 500 指数的对比情况。某些基金的表现优于标普指数，有些则略逊一筹。但批发商却只会让投资者看那些在当时或是近期有优异表现的基金，因为只有这样，才能让投资者对当下最热门的投资感兴趣。当然，我的同事们也不是傻瓜。我们都知道，这些所谓的共同基金根本就没什么特殊之处。

我们又做了些什么呢？那就是先做一些试验。结果出乎我们所料，这种方法真得像魔术一样，当那些原本把我们看做股票贩子的人，为了投资所谓安全的共同基金而掏腰包时，我们的收入也就滚滚而来了。但问题是，只投资于股票的共同基金归根到底还是股票，而且这一大堆股票的风险与我们销售的任何股票都一样。诚然，建立一个多元化的组合总比手持几只热门股好得多，但这毕竟是我第一次用宏观的角度关注投资者。相比较而言，当时人们对基金的了解还远不及股票，你无法在广播中得知共同基金的实时报价。而且共同基金也不提供任何盈利公告。但是客户还是把基金看作单一的投资产品。他有自己的报价方式，价格每天都在涨跌。尽管客户还是以对待股票的方式判断共同基金，但他们拥有的信息量却少得多。

我们的公司是年轻人的天下，我的同事都是高效率的人才，因此，这里充满活力，新事物在这里很快被接受。于是，我们的办公室很快就迎来更多经纪批发商的客人，而他们带来的故事似乎也越来越复杂。最先让我们感到新奇的是成长股与价值股的概念。这些人不厌其烦地向我们解释，某些具有巨大潜力的股票是如何实现高增长的，还有一些股票则价格低廉，可以支付可观的红利。不过在我看来，所有股票都是一样的！这些宣传成长股和价值股的家伙，都是一路货色！他们不辞劳苦地过来，就是想说，我们的客户应该买进的不只是一种基金，而是两种不同的基金。

原因很简单，他们把两张图表摆在你面前，然后告诉你，在未来 30 ~ 40 年，成长股会在某些年份表现更优，而价值股则会在其他年份取得佳绩。不要不好意思，你尽管可以告诉他，所有股票到头来都是殊途同归。也不要碍于情面，尽管可以问他们，为什么只买进代表整个市场的指数，然后就永远只能自甘平庸呢？同样，要毫不犹豫地提出任何问题，因为他们有足够的信息让我们昏昏入睡。买进两只基金，你就是在帮自己的客户了。

这里没有什么秘诀。这个行业的宗旨就是永不停息的制造所谓的机密消息，然后，再把这些机密信息透露给客户，于是，当客户刚好采纳了适当的建议而大赚一笔时，他们就会以为，这个行业里肯定存在某种通用的法则。但问题是，每周都会有新的花样。不过，我身边的很多人都对这些秘笈一头雾水。他们开始不断地问，什么时候可以卖出，什么时候可以买进那些东西。我自己也不知道，只是感觉客户至少应该持有基金达到一定的时间。实际上，我从未想过什么时候抛出一只基金最合适，也没有人告诉我这样的事情。批发商很清楚：客户应该卖出另一家公司的基金，然后买进他们的基金。就这么简单。好了，这件事已经没有什么值得讨论的了。

彻底崩盘的网络股消灭了老式经纪商，并为收费型咨询业务铺平了道路，在这之前这种模式还基本处于守势。简单地说，**大多数经过改造的股票经纪商，也就是现在的投资顾问对选股技巧还知之甚少。因此，最简单的办法就是让专业机构帮他们做这件事，自己只负责买进基金。由于共同基金的收费并非经纪商财务记录的表内项目，因此，客户根本就不知道他们如何被收费**。和快餐一样，共同基金允许投资顾问把一大堆资料和产品书一股脑地扔给客户，这自然会让客户大受欢迎。而站在生死线上的则是，一大批高声呐喊的批发商，他们需要寻找机会与投资顾问“同甘共苦”。

事情就是这样发展的。一个人出乎意料地直接造访我的办公室，真不知道他怎么绕过门卫。他说自己是XYZ基金专门针对我们公司的指定代表。这种事情或许下一周就会在我家里发生。他们会找我吗？是否另有所图？有的人还提出请我吃午饭或晚餐，总之，他们用尽各种各样的手段，目的无非就是走进我的办公室，推销他们的基金。他们的工作就是和我拉关系。如果客户对他们的基金感兴趣，购买他们所代表基金的概率就会大为增加。聪明的批发商给客户提供一系列基金产品供挑选，但他们还是想方设法地向客户推荐他们内部掌握的热门基金。这会让股票经纪人觉得，自己获得了一份不为别人所知的内幕消息，自己就是客户眼中的明星。

尽管他们无意欺骗或是冒犯你，但其中的大多数人的确不了解投资的首要原则。他们只是销售员而已。这之所以成为当今市场的一大难题，完全是因为投资顾问也不比他们好多少。每一方都在不遗余力地试图获得最大利益。当客户打来电话咨询自己的组合时，投资顾问就需要杜撰一个动人的故事回答他们。而批发商的收入则取决于他们所拉拢到的顾问数量，以及这些顾问通过代售批发商销售基金带来的资金流入量。

为了保护这些人，他们得声称自己的工作就是为专业人士提供产品培训。为了参加所谓的尽职调查会议，我曾飞遍全国各地，而且住的都是当地最好的酒店。这些会议确实可以起到培训的作用，但无不是宣传某一类基金家族（Fund Family）如何能解决你的问题。不管怎么说，我确实从中得到了价值，而且还在这个过程中结识了一些志同道合的人。就是因为这一点，我只能说，不管多糟糕的东西，总能从他身上找到闪光点。

我的确从某些基金家族中得到我想要，但在更多的情况下，他们还处于组合理论的最前沿，尚未得到应有的关注。不过，即使我认同的基金公司，大多数也依旧在我行我素地雇用着很多白痴，尽管公司的产品可能很诱人，但可惜的是，这些人对产品几乎一无所知。这的确让人丧气。因此，在大多数情况下，我都会直接联系他们的基金经理。这在实践中很有用，因为一般的投资顾问根本不知道该向基金经理提出哪些问题，其实，这原本就是他们吃饭的本事。我的话似乎有点过于刻薄，不过我不在意，虽然我还是全国广播公司的常客，但已经是华尔街的过客了。

第6章

流动性赌场：资本游戏的终极较量

> 如果说流动性是市场的根本，那高频交易者就是不可信的假偶像。资本市场游戏的背后说到底还是流动性的较量。

20世纪60年代，国会开始对固定佣金率展开调查，而调查的核心就是交易中的不公平操作方式以及针对客户交易指令的“最佳执行”。在过去40多年里，我们已经建立有史以来最大的计算机赌场。为了了解创造出让几十亿股票通过电子网络飞来飞去的环境，我们首先必须了解这个赌场是如何建立的。

现金为王：价格发现到头来还是流动性在作祟

如果你找不到交易的另一方，交易就不会发生，也就不会有市场。要明白这个道理，不妨听听我小时候亲身经历的一个故事。当我还是个孩子的时候，我喜欢在奶奶的家里看“价格猜猜看”节目。最吸引我注意的是，主持人鲍勃·巴克尔总喜欢提到“制造商的推荐零售价”。

后来，奶奶患上了严重的关节炎，年少的我就承担起帮奶奶买日用品的工作。每次出发，我都要带上奶奶交给我的采购清单和她从社会保险账户取出的现金，我走遍了加州莫德斯托市的所有“拉雷”超市，为的就是能以更优惠的价格购买日用品。但我发现了一个问题，当地市场商品的价格经常与我在电视中看到的不一样。既然巴克尔已经给出了标准，我就得打破这个标准。于是，一个价值投资者诞生了！在当时，我还不了解流动性在这些商品定价中所发挥的巨大作用。供给和需求的变化每时每刻都在我们身边发生，尤其是超市走廊尽头的收银台，在那里，商店经理始终都在绞尽脑汁制定更吸引顾客的价格。

很多年之后，我加入了另一场名为“资本市场”的游戏，它在很多关键的地方与以往的投资有所不同。我们需要了解市场如何为有价证券定价，为什么说你一直在购买的不是产品而只是价格，以及我们的习惯如何受到近期历史的影响。

流动性（Liquidity）：不仅代表投资者买卖有价证券的意愿，也是保持市场正常运转的血液。流动性出现不足，市场就会爆发极端性的震荡甚至是暴跌。当超市门前排满长队、货架上空空如也的时候，人们就会恐慌。如果你找不到交易的另一方，你手中的证券就有可能一文不值。

你是否曾问过某个人，尤其是股票经纪人，市场为什么在某一天下跌呢？你是否得到了“卖家多于买家”这样的答复呢？这个答案反映出人们对市场运行方式存在根本性的错误认识。在人类历史的每一个市场周期里，都会有一个买方和一个卖方。双方需要在市场中达成交易。否则的话，交易停止，一切归于停滞。正因为这样，当某种有价证券在短时间内的价格变化率达到 5% 或者 10% 时，证券交易所强制交易商停止交易。如果价格震荡过猛，并导致风险增加，就会使得流动性不复存在。

那么，到底哪些因素会导致价格发生变化呢？如果愿意按当前市场价格卖出的人多于按既定价格买进的人，价格就会下跌。我们不妨这样思考这个问题：假设你今天以 100 美元的价格卖出自己的房子。如果只有一个人走进你的房子，并提出只愿支付 50 美元购买你的房子，那么，这就是你卖出房子的价格。如果有两个人都愿意为你的房子支付 100 美元，那么价格就会上涨，直至其中的一个人退出竞争为止。

在上述的两种情况中，交易价格以买方愿意支付的价格为基础；一种是买方通过竞争设定的价格，一种是市场价格。当市场快速下跌时，比如说 2010 年 5 月 6 日的“闪电式崩盘”，很多交易指令都按市场价格设定。但由于当时按市价提交的买入指令不足，所以导致股价下跌，直至市场出现买方愿意支付的价格，这种情况才停止。

这就是股市在那天没有跌落为零的原因。因为在某个时刻，买方开始提交买入指令，或是市场达到按特定价位买进股票的限价，从而增加了买入指令的数量。因此，当下一次有人告诉你卖方多于买方的时候，你可以告诉他，两种的数量是一样的，只不过买方的流动性更为充分。然后，你就等着看他目瞪口呆的样子吧。市场的运行依赖于出价（Bid）和要价（Ask）。

出价是一个人为购买股票而愿意支付的价格，要价则表示一个人愿意以怎样的价格卖出股票。两个价格的差额便构成了价差（Spread）。当为股票出价的人提交买入市场订单时，他们的流动性就会减少。交易商称之为“拍板成交”，如果没有人愿意按当前价格出价，如果你把股票卖给房间内出价最高的人，那么，假如你准备继续卖出股票，买方就应该是出价略低一点的人。

如果有更多人走进你的房间，并且都想按相同的价格出价，那么，市场就是稳定的。唯一让他们改变价格的就是，流动性或是当前的出价或要价发生变化。市场交易指令带走流动性，因为他们减少了市场上有效的买入或卖出数量。那些提出出价和要价的人被称为流动性供应者（Liquidity Provider）。

这就是我们始终在购买价格，而不是公司股票的原因所在。如果我们不是收购整个公司，使之退市并清算资产，那么，我们就必须把买到的股票重新投放到市场中，并再度抛出。谁说过一只股票按任何价格都可以交易？流动性只是一种买卖有价证券的意愿。那么，哪些因素在过去 10 年的时间里发生了变化呢？

首先，由于指令传递方法的无效性，导致流动性更加隐蔽。当你提出一笔大额交易指令后，你的经纪商就会忙得不可开交，他们会疯狂地打电话给其他公司，希望能找到尽可能多的买家或卖家。整个过程是这样的：你把资金交付给共同基金，由基金经理负责经营。基金经理向经纪商提交一份购买 10 万股定点公司股票的指令。对方到底是共同基金、注册投资顾问还是对冲基金都无关紧要，关键是通过资金的集中管理，可以进行大额交易。

不管你独立持有个股，或将个股委托给基金经理进行集中管理，这都影响到你的投资。市场绝对不关心你到底是何许人也。现在，我们就深入理解下这个价格发现的过程。

价格发现（Price Discovery）：这是一个买卖双方通过互动决定资产市场价格的过程，也称为价格实现，由此形成的价格是市场的实际价格，而不是有价证券在你心目中的价值。你或许会发现，如果价格很低，就不会有人愿意购买你的股票。你或许还会发现，要购买股票你就必须支付一定的溢价，否则，就不会有人愿意把股票卖给你。

做市商（Market Maker）：传统意义上而言，做市商必须接受公开交易所的监管，他们需要保留一定数量的资金和证券给投资者进行交易。做市商买入股票的出价低于他们卖出股票的要价。这种所谓出价与要价之间的价差，就构成了做市商的利润。但是如果一只股票的价格始终保持单向变动，即价格持续上涨或是下跌，做市商就会亏钱。

交易所就会为做市商承担出价和要价的责任，以便为市场创造出流动性。采用电子通信系统的做市商和高频交易商，他们的操作方式类似于传统的做市商，而且也不需要在市场形势恶劣时坚守下去。这就会造成虚假的流动性。纽约证券交易所也是最后一个拥有指定做市商（Dedicated Market Maker）的交易所。

当经纪商提交你的这份大额交易指令时，由于市场价位不匹配，导致没有足够的买家或卖家提交相应指令。卖家可能会等待市场下跌，然后在预期的较低价位上买进。买方可能会因为向卖方转移流动性而支付过高的价格，也就是说，买方的竞争"抬高了要价"。对于大额指令来说，首先需要搜索公司的内部客户，看是否有人愿意买进 10 万股定点公司的股票。

这个过程被称为"指令撮合"(Crossing The Order)。通过快速有效的比对，经纪商在双方接受的价位上将买方和卖方撮合到一起。否则，经纪商必须四处打电话，在公司外部客户中进行搜索。他可以打电话咨询其他经纪商，然后再找到做市商，看他们是否做这笔交易。

随后，经纪公司联系场内经纪人，开始在公开市场买进股票。但此时最明显的问题是，现在已经有太多的人知道，有人在今天大量买进定点公司的股票。仅仅因为你知道这个信息，并不意味着你一定要抛出股票。借助于老式的交易体系，价格发现实际上就是寻找某些交易商的大额交易指令在执行的过程中，存在于速度、价格和保密方面的漏洞。

内幕中的黑幕：暗盘交易

和华尔街的大多数事情一样，这个名字听起来有点神秘而且让人不安。但是，暗盘显然不是你晚上回去可以裸泳的游泳池。实际上，真正含义是，在通过电子系统进行股票交易时，无需在美国证券交易所（如纳斯达克和纽约证券交易所）的公开界面上披露交易的规模和类型。难道什么也不显示吗？一切都是秘密进行的吗？华尔街上会不会有内幕人士操纵的地下黑市呢？这肯定是新事物，而且必须加以禁止，对吗？不对。

首先，我们不妨对暗盘的内涵进行定义，然后从历史角度对其加以分析，最后，我们要看看暗盘将给投资者带来哪些影响。暗盘属于一种"另类交易系统"（Alternative Trading System，ATS）。进行交易的主体以及交易指令的总规模都是隐藏的，或者说"处于暗处"。很多参与者聚集到一起，把他们的交易指令"集中"起来。这或许并不像你想象的那么神秘。

第一个电子化的另类交易系统始于 1969 年，被称为"Instinet"。这个系统目前依旧存在，并且仅为专业交易商所使用。另类交易系统也被称为"电子通信网络"(ECN)。电子交易并不是什么新鲜事物，但匿名交易显然还很陌生。过去，当一个交易商需要买卖大额股票时，经纪商就会适时参与，为执行指令提供条件。经纪商不仅知道正在交易的是哪些股票，还需要给其他经纪商、做市商及发布交易指令的交易所打电话。一旦信息被泄露出去，人们利用这个信息进行股票交易，这样将导致市场的波动性加强。此外，这种交易的费用也很高。不过，2006 年执行的新证券法致力于鼓励竞争性定价。因此，我们的创新或许能在新世界里找到用武之地！

进入世纪之交，暗盘交易如雨后春笋般在世界各地兴起，这让人们无需在对外公告的情况下进行大宗股票交易。很多看到这个商机的公司开始采用高速计算机执行交易指令，不仅能够匿名，而且成本更低，速度更快。但这毕竟只是市场的一种渐进式创新，并没有彻底消除几十年以来的市场壁垒。他带来的变化只相当于建立一个可以帮助我们买到最优惠机票的网站。不通过公开的证券交易所进行大宗股票交易，可以避免股票市场上出现大规模停滞或断档现象。

这有什么意义呢？作为一个处于零售端的散户投资者，你根本无从知晓这些股票在暗盘交易中到底是什么价位。因为你最终还要借助于交易所交易系统，因此，交易所的交易系统只能让人们感觉到市场对他们隐藏了这些信息。尽管这是不争的事实，但暗盘交易同样受到证券交易委员会（SEC）的监管，借助于不断增强的流动性，暗盘交易同样有助于保持市场稳定。

既然如此，普通投资者为什么还要关心这些呢？主要是出于担心。我们担心自己不了解这个发生在我们面前却不为我们所知的事实。首先，我们对这个双轨体系感到忧心忡忡：一个是服务于华尔街的大人物，另一个则是针对普通的投资者。暗盘操作通过隐性的流动性，维护市场有序运行。此外，这些暗盘交易目前也需要与公开交易所争夺交易指令。不要忘记，监管机构要求经纪公司必须以最有利于客户的最优价格执行指令，因此，“黑市”完全有可能打爆公开交易所。

其次，我们担心公开价格因暗盘指令遭到破坏。尽管价格是每天公开披露文件中最重要的交易数据，但有关交易量的详细信息却是非公开的。至少在现在，因为未向普通投资者披露交易执行情况而导致信息泄露的可能性还不大。

第三，我们担心这会带来更高的成本。你是否还记得，在1982年买进1 000股股票的成本是多少吗？借助于30多个另类交易系统以及市场中的激烈竞争，普通投资者拥有股票的成本远远低于以往任何时候。我只说过这一次：以削减成本为目的的监管确实发挥了作用！这可远比暗盘交易神奇得多！

目前，高速处理器与复杂的算术程序相互结合，可以迅速接受交易指令并传递给交易地点。高速意味着你能以更隐蔽的方式买卖定点股票的指令，由于其他人不可能根据你的指令和批量信息提前交易，因而价格发现的功能得到更好的发挥。所有这些竞争都会影响到交易价格。为了尽可能地增值，现在，经纪商必须建立新的运算规则，从而保证在不改变价格的前提下扩大交易规模，加快交易速度。鉴于交易场所众多，因此，今天的交易速度和价格竞争基本已经达到极致，很难再有改善的空间。而电子市场交易和另类交易系统不仅有助于提高交易效率，而且还能一定程度上减少信息泄露。

在大多数人眼里，“另类交易系统”就是暗盘交易。如果我们能理解其中的意义，而不是仅仅盯着现实，那么，这种暗盘交易被扭曲滥用的情况便一目了然了。尽管监管机构要求交易充分披露，但我的公司每天都会进行暗盘交易，不过，假如我们对不公平交易听之任之，就会伤害客户的利益，最终也将损害我本人的利益。

不公开交易指令更有利于散户获利?

我一直听到有人说，暗盘交易给散户投资者带来便利。何以如此呢？当零售型交易商接受交易指令后，发送给能满足暗盘交易条件的交易机构。于是，为了获得源源不断的零售型交易指令，包括暗盘在内的所有交易机构之间就有可能爆发激烈的竞争。此过程的第二个问题是，暗盘交易系统不公开交易指令。我真不知道该怎么说。当大批量交易股票时，我会让经纪商用计算系统对指令进行切割，并在极短时间内在各交易机构进行测试。

通过这些所谓的“不成熟指令”(Child Order) 可以发现，在这些交易机构中，会有哪些人对我的这笔交易感兴趣。这个过程很有效，因为我并没有公布我的指令或身份，所以只能通过这种方式寻找交易目标。在纽约证券交易所，场内经纪人通常让投资者按不同价位填写和提交指令，这和我们刚刚提到的方法有什么不同呢?

在我走进社会的第一家公司工作时，我们的交易台上总会摆着一大堆等待输入交易系统的指令。这些交易指令同样不需要对外公布。有时，我告诉交易员，这些指令是“不受限制的”(Not Held Order，即场内经纪人可以根据独立判断执行的指令。——译者注)，他们就可以在当天执行指令，从而不对价格形成干扰。这与暗盘交易几乎没有任何区别，唯一的差别就是执行速度更快。价格发现的实质在于我希望交易员以多快的速度执行我的指令。当然，如果我一点也不着急，他们就可以整天守着我的指令，寻找最适合我的猎物，等待让我最有利可图的价位。但是，假如急于成交，我就可以让交易员更主动一点。现在，我们可以通过自动交易工具，在消极性的暗盘交易与主动吸收流动性的公开交易所之间实现转换。

全国最优买卖报价（National Best Bid and Offer，NBBO）：证券交易委员会规定，经纪商必须以最优卖出价或买入价执行客户的交易指令。此外，这还是大多数人在查询股票价格时可以看到的报价，通过公开交易可以实现的最优卖出价和买入价。

暗盘交易的核心就在于，不仅让你的交易价格位于NBBO价格区间内，而且不得改变NBBO。利用NBBO买卖股票既是一门艺术，又是一门技术。此外，这对那些想拉拢对冲基金和大型机构投资者的经纪商来说，也是不可缺少的价格标准。

人们对传统交易所之外进行交易的规模始终争论不休。实际上，有价证券交易中的大部分都不在传统交易所内完成。不过，人们真正应该提出的问题是，到底有多少交易量是公开披露的，以及有多少交易量是没有披露的？尽管这个数字的精确数值每天都会变化，但迄今为止，大约有10%的交易量没有公开披露。

通过这个数字，我们看到，尽管交易商一直不愿意公开交易量和交易价格，但最终绝大部分股票还是按公开的价格进行交易。换句话说，尽管最终还是要公告交易量，但我们还是无法知悉哪个另类交易系统在交易哪一只股票。虽然另类交易系统不公布实时交易价格和交易量，这也让他们成为事实上的暗盘交易商，但他们还是可以通过“全国最优买卖报价”（NBBO）系统提供的数据推导出这些交易价格。所有交易都必须按 NBBO 或是在其范围内进行。不要忘记，另类交易系统（ATS）也要接受证券交易委员会的严格监管。

幕后操纵的高频交易

要了解另类交易系统为什么如此受欢迎，我们首先需要了解什么是高频交易（HFT）。尽管这个行业喜欢对散户投资者和机构投资者大肆宣扬所谓的低成本和快速交易，但现实却并非如此。如果价格下跌，华尔街就必须找到提升价格的方法，而高频交易就可以创造一种新型的顾客群体。那么，这种交易会给我们带来哪些影响呢？

作为一种交易策略，高频交易是指投资者持有证券的时间仅有几分钟，甚至只有几毫秒。除此之外，他们借助计算机程序每秒完成几千笔交易。这些策略已取代传统做市商，成为为市场提供流动性的主要方式。但这也恰恰是风险的来源。虽然高频交易的做市商依旧还是经纪公司的客户，但我们将会看到，他们可以在不承担流动性义务的前提下发挥同样的功能。搭便车也许是公平的，却有可能摧毁这个体系。2010 年股市的“闪电式崩盘”就是最典型的例子。

选择交易系统地点至关重要，高频交易商喜欢随时带着计算机进行操作，这就“低延迟交易”（Low-latency Trading）。尽管数据依旧通过光缆纤维传送，但速度毕竟不可能超过光速。因此，在交易所或是另类交易系统主机附近进行交易或许更有助于保证高频交易成功。“保荐准入”（Sponsored Access）是另一种符合逻辑的思路，允许高频交易者利用经纪商的交易会员资格直接进行交易。如果把服务器放在经纪商指令管理系统旁边，那么，高频交易者就可以直接进入交易系统，似乎他们自己就是经纪人。

这真是太疯狂了！按照这样的说法，交易所岂不是把市场参与者标识符（Market Participant Identifier）或电子标记直接出租给高频交易者，这样，得到这种特权的交易者自然会在交易中抢得先机。显而易见，人为造就了一个双轨市场。而且这也会导致交易所会员无法对正在进行的交易进行监督。保荐准入的核心要点就是交易所成员必须遵守风险管理和监管体系。

有一种版本的“保荐准入”融入了由第三方提供的风险管理系统，这就意味着，在交易指令由高频交易商传递到交易所之前，还有第二个人进行审核，以确保不要把 1 000 万股误当做 1 000 股输入系统。

但是我认为这种方式在整体上不合理，因为在本质上还是一种双重方式的结构。这丝毫不能提高市场的流动性，也无助于对交易策略进行管理。归根到底，“保荐准入”就是收买交易所，获得提前交易指令的优势。

闪电交易（Flash Trading）是高频交易商欺骗市场的另一种形式。在通常的“光速”交易中，投资者发出购买某只股票的交易指令，经纪商将这个指令传达到交易所。请记住，整个过程都发生在不到一秒的时间里。就在这一秒内，交易所需要确定是否有人愿意按最优报价卖出这只股票。同样需要记住的是，这场游戏按所有交易所，而不是某个交易所的最优价格执行指令。

假如某个人愿意按这个最优价格沽出股票，该交易指令就可以在这个交易所执行。否则的话，该指令马上被传达到其他发现这个价格的交易所或交易机构。这绝对不是建议，而是法律的规定。如果你选择的交易地点不具备很高的流动性，那么，你就只能另寻他处了。

对于闪电交易，交易所还可以授权高频交易商执行自己无法执行的指令。通过这种方式，幸运的交易商可以花钱买到交易指令的权利，或是再将交易权通过正常途径转移给其他交易机构。这同样是一种操纵。不能只因为你花的钱更多就可以随意改变主意，享受其他人无法享受的特权。

如果是这样，那些已做好准备并愿意提供流动性的交易机构又如何生存呢？这让少数人获得可以在幕后操纵的机会，从而在短期内改变竞争格局。在长期内，他决定了交易商在公开市场交易的动机。1978 年，允许进行闪电交易的法规最早被执行，但这已经是采用高速交易系统之前很久的事情了。现在，该是我们堵住这个漏洞的时候了。

谁是“最优价格”的决定者?

这也是 1975 年《证券改革法案》的核心所在：创造一个能共享证券交易实时信息的全国性市场体系。尽管技术发生了翻天覆地的变化，但我们巩固信息交易、促进证券交易的宗旨却没有变化。证券产业自动化公司（Securities Industry Automation Corporation）提供的通信系统确保了美国三大交易记录系统的正常运行。那么，到底谁在为此付费呢？专业交易商。我每个月都要为几家交易机构填写一张支票。如果你交易，就必须支付这些费用。

电子交易方式的发展，在一定程度上保证了这些闪电式交易能在“全国最优买卖价”系统内得以实现。“全国最优买卖价”系统是一种计算系统，而不是一个实体性组织。统一证券行情协会（Consolidated Tape Association，CTA）、统一报价系统（Consolidated Quotation System，CQS）、期权报价管理局（Options Price Reporting Authority，OPRA）和店头市场（Over-the-Counter，OTC），这些都是为股票和期权交易提供交易信息记录的组织。如果没有这些组织，我们就无法对价格信息进行集中存储。全国性的市场体系为不同交易所之间的信息共享创造了条件，让另类交易系统（ATS）的交易机构为争夺客户而展开竞争。

了解了基本原理，问题自然浮出了水面。如果让高频交易商对交易指令拥有不对称的信息优势，那么，他们就一定要为自己发送的指令负责。因此，必须对他们取消指令进行监督，而不是只关注他们实际执行的指令，这让整个系统更公平。高频交易商不能坐在那里什么也不做，然后还可以用根本就无意执行的指令愚弄市场。“认购意愿”就是一种需要监督的欺诈形式。大多数情况下，市场可以通过“认购意愿”寻找所需的流动性。但我更喜欢和势均力敌的对手做交易。高频交易带来的问题就是在根本无意执行指令的情况下，有些高频交易商依旧可以使用“认购意愿”。为什么说这是一个问题呢？答案就在于执行速度。

如果他有一台计算机，可以用光速制作“认购意愿”，寻找接受者，然后又立即收回，那么，这些“认购意愿”对外人来说几乎就不存在了。“认购意愿”寻找那些希望相互交易，但又不会扰动市场的人。而虚假的“认购意愿”则为了操纵暗盘交易，让参与者露出马脚，暴露交易细节，高频交易者就可以利用这些信息进行超前交易。

这显然不公平，这也不是真正的暗盘交易。既然投资者进行了闪电交易，或是发出了“认购意愿”，他就必须承担与之相对应的义务。而最让机构投资者难以接受的就是与自己交易的人只是想利用自己。如果他的经纪商建立了有效的监督系统和智能化信息传递系统，这个问题也就自然而然地解决了。

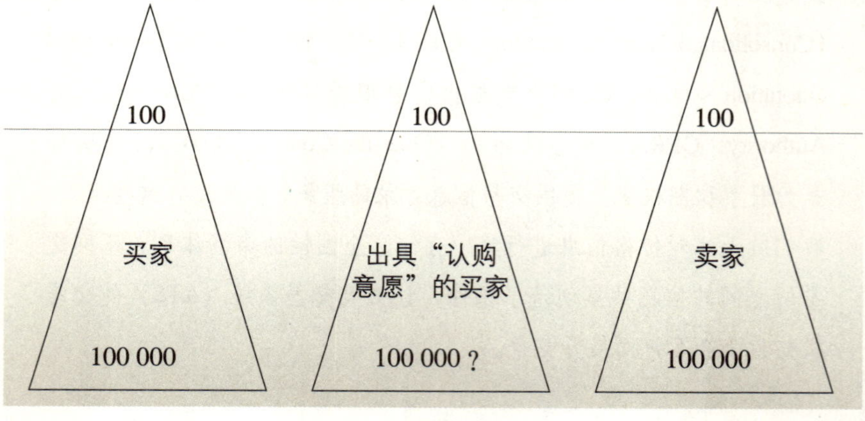

图 6.1　10 万股？又是一派胡言！

如图 6.1 所示，露在水平面以上的冰山顶相当于被隐藏的总交易量，这就让电子通信系统可以对来自全球各地的交易指令进行拆分组合，从而在不影响市场的情况下找到最优价格。而像吸血鬼一般的高频交易者就在我们面前，他们绞尽脑汁，试图用这些被隐藏起来的交易指令将执行价格再提高几分钱，然后迅速抽身。这完全有悖于维持价格稳定的初衷。

就长期而言，整个行业完全有理由将这些人驱逐到交易体系之外，因为他们破坏了最优价格的基本执行原则。在短期内，如果有人只关心创造佣金，高频交易就是最好的办法，直至他的电子交易系统堵塞为止。因此，最应该担心恶意高频交易的恰恰是电子交易系统，因为只有他们才能彻底摧毁电子交易系统。

高频交易后面的错觉

在经历了 2010 年股市的“闪电式崩盘”之后，我们意识到，高频交易商为有价证券创造了一种错觉。在正常环境下，高频交易就是一种新型的做市商，其工作就是每天买卖有价证券，为市场创造流动性。但是当形势不妙时，操作者就会不管不顾地关掉机器，一走了之，流动性也随之而消失。

证交会在对 2010 年“闪电崩盘”的调查报告中指出，“由于仍然缺乏来自基本买家或跨市场交易套汇者的有效需求，高频交易商之间开始频繁快速买卖交易合同，通过反复增减相同的持仓，创造出一种虚假的交易量效应。仅在 2:45:13 ~ 2:45:27 这短短的十几秒时间里，高频交易商就交易了超过 27 000 笔合同，这就占据了全部交易量的 49%，而同期净买入的合同却只有 200 笔。”

值得期待的是，我们将高频交易带来的虚假流动性大白于天下，尽管要揭露这些骗局往往需要几个月的时间。高频交易还将继续偏重于波动性较大的市场。我对高频交易的感情很复杂。尽管他们带来了新的交易执行技术，但一旦监管缺位，他们只能同甘不能共苦的本性将无益于任何人。

今天，你面对一群为我们提供基础交易程序的证券从业者，而不是那些只有在交易所严格监管下才会各司其职的所谓专业人士和做市商。如果说流动性是市场的根本，那高频交易者就是不可信的假偶像。

第三部分

逃脱被操纵的游戏

Surviving the Rigged Game

在瞬息万变的经济形势下，你是否还敢在30年期的国债上下赌注？当你身边的资产都可以转换成ETF的形式时，你是否还认为ETF具有投资价值？

当中国大妈血拼华尔街抢购黄金时，你是否还认为黄金是一种理想的保值产品？股利为何会影响你的最终收益？所谓全民参与的信用合作社，为何也只是一场华丽的骗局？

第7章

跟随市场还是相信投资顾问?

如果你不想为获得专业人士的建议而掏腰包，就更没有必要为新手的投资建议掏腰包了。

每个人都有自己的行事风格，但只有在华尔街混的人才会谨慎行事。要想在证券行业出人头地，你就必须学会如何阅人。了解个人行为动机，知道哪些事情让你快乐或是悲伤，哪些会让你怀疑或是信任别人，这显然有助于帮助从业者兜售他们的产品。在与股票经纪业务彻底决裂并转而从事基金管理后，我必须学会摆脱华尔街的影响，独立地认识客户。尽管我的研究还算不上透彻，但至少我应该提醒那些可能因受到蒙蔽而误入歧途的人。

你还要对未来30年利率下赌注?

我不想对华尔街的待客方式评头论足，我只想告诉大家，这个行业可能对我们身边的某些事物作出误判。而造成误判最关键的因素就是人的预期。华尔街总有办法把你的预期变成最可怕的敌人。一位老客户把我推荐给他 88 岁的养父。他找我就是为了让我推荐投资策略，除了赚钱之外，他几乎没提出任何问题。这不意味着我没有问题，我还是照例提了很多问题，但我有信心断定，这个 88 岁的老人对专业理财人士充满着期待。我的工作就是为他的投资出谋划策，并弄清楚他愿意承担风险的类型，也就是我所说的风险预算有多大。他几乎是不加思考地说，“我是一个靠收入做投资的人”。

这就意味着他的收入在很大程度上依赖于投资组合。在这种情况下，一般的股票经纪人不难应付，他们马上会推荐一长串适合这个年龄段投资者的固定收益证券。一旦你认真揣摩这些投资建议，每个选项都让你眉头紧锁。如果经纪人擅自改变客户的真实信息，这是不恰当的，沿着这个方向你只能作出错误的选择，或是削足适履让客户适应你出售的产品。

存单（Certificate of Deposit）：即你向银行提供的短期贷款。银行需要暂时借用你的钱，这样他们就能用这笔钱发放贷款并赚取价差。银行拿你的钱赚取利润，而且还有联邦存款保险公司为他们的赌注撑腰。存单就是一种让你永远也赚不到真钱的方式。和短期国债不同的是，银行存单无法在全球全天候交易。

因此，在你选择购买存单而不是短期国债之前，务必保证不要在短期内匆忙赎回。如果你只想给自己的钱找一个保险柜，可以购买国库券。你想在上海交易 6 个月期的国库券吗？随时可以交易。但如果你想在上海通过当地的银联机构卖出存单，那就看你运气了！

我在此澄清一下他的要求。老人说，一旦投资之后，他暂时不会抽回这笔投资。他的目标就是让投资组合的增值速度超过存单，只有急需用钱时他才会取出这笔钱。对于这个年纪的人来说，这种意外的需求大多就是指突然摆在眼前的医药费。

但是这绝对不是收入型投资者。在和他详谈了一会儿之后，我终于意识到，他需要的是一种保守型组合，这并不等于说他需要的就是债券。因此，在低风险情况下实现增值就是他的投资目标，那么，他为什么还有其他想法呢?

因为大多数客户都认为债券安全，因而，他们往往会武断地得出这样的结论，认为收入型投资与成长型投资（资本增值投资）是两个相反的概念。在他们的心目中，收入就相当于债券的副产品。我认为债券和股票一样不安全，因此，我了解了老人过去的投资经验。这让我对他的风险意识有了一个基本了解。

他是这样告诉我的：1982 年，他曾购买一些 20 年期的美国国债。为什么要选择 20 年期呢? 他可不愿意在胆战心惊中度过 30 年。太让人佩服了。现在，这个老人站在全新一代人的视角来看待投资年限这个异常重要的问题了！现在的投资已远远不同于那个时代了。在这些债券中，一半的利息率为 12.5%，另一半是 13%。而在当时这已经是相当不错的回报率了，看图 7.1，你就清楚了。

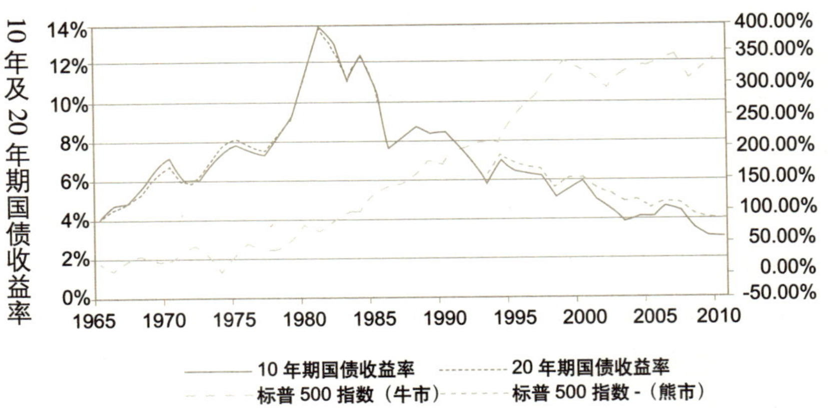

图 7.1　10 年及 20 年期国债收益率与标普 500 指数对比（1965 ~ 2010 年）

资料来源：10 年期国债收益率、20 年期国债收益率及标普 500 指数价格，1965 ~ 2010 年。

如果能锁定一个可观的利率，债券的回报率就太容易让投资者满足了。如果你又对择时交易情有独钟，那就等于在不经意之间告诉华尔街，你已经对这种投资品种痴迷不悟。再好的东西也会有瑕疵。这就相当于你在1999年投资标普500指数，但还是赔了一大笔钱。假如你在2002年购买了标普500指数，你肯定能大赚一笔。

注释：20年期国债从1987年起停止发行，而后又在1992年重新恢复。

1982年，这笔10年期国债的收益率高达14.5%。于是，老人毅然决然地卖出这笔国债，拿到了真金白银。除了能够幸运地选择最佳投资时机之外，他更是有着常人无法比拟的良好投资心态，在默默地等候了20年之后，他终于得到了丰厚的回报。谁能想到未来30年的利率将会进入缓慢的下跌通道呢？实际上，2008年的国库券利息率已创下了自1962年3.95%以来的历史新低。我想解释的是，老人的确很走运，他赶上了一波持续30年之久的债券牛市，而他自己却浑然不觉。我认为他比我更高一筹。他在那个时候就已经认识到风险的重要性，并且从未想过要一直持有债券到期。现在，他又进入了人生中另一个完全不同的阶段，他没有时间再为任何一件持续20年，更不用说30的事情下赌注了。要是我的所有客户都知道这一点该多好啊！

现在，我该怎么做呢？只能实话实说。我告诉老人家，我的做法非常简单。眼前这个市场变化的速度已超过了他人生中所经历的任何时段，如今88岁的他应该更清楚这个。我又指出，尽管我知道他所说的“收入”是什么意思，但现实意义上的“收入”并不是他所想的那样。华尔街告诉你，债券就是资产保值的最佳工具。我们很容易接受，当债券市场连续上涨30年时，无疑会让我们感到一种特殊的安全，这30年毕竟比1982～1999年的超级牛市还要长50%。随后，我提出了一种保守型的风险预算方案，包含了股票、债券以及其他非相关类投资品等要素。

但我们还是要随时对风险进行评估。只有这样，才能使得你的资产呈现保守性和低风险的特征。老人非常看好这种策略，他最后说，这正是他最初想告诉我的事情。

我讲述的这个故事很简单。你可以告诉一个专业人士你需要的是什么。然后，他们或许只是简单地把某种特定产品兜售给你，而不是你最想得到的投资理念。在做股票经纪人的时候，假如有人告诉我他们想赚很多钱，我会向他们推荐高风险投资。你怎么可能在赚大钱的同时却不需承担巨大的风险呢？我需要在法律框架内开展工作，而且对我推销的产品进行充分披露。请记住，股票经纪人的收入源于销售产品，而不是提供咨询建议，但这或许根本就不是客户真正期待的东西，或是说这根本就不是他们的真正需求。这就带来两种极端方式：要么过于保守，要么仅依赖于一种资产类型，比如说建立纯粹性的债券组合。

如何在被操纵的市场品尝属于自己的“蛋糕”

我有一位非常忠实的客户，我们合作多年，她最初聘请我出于一个原因：以前的股票经纪人总是把她当做一个老无所依的老妇人。我也只能说，我在这方面当然比她好，我这么说显然一点也不过分。我第一次见到这位老妇人的时候，她已年过 70 岁，令人难以置信的是，作为投资者，她已经拥有了 30 年的出色业绩。尽管网络股崩盘让她的组合遭受一点损失，但她还是想找一个顾问，帮助她建立一个全股票投资组合，而不是减缓整个组合的增值速度。她仍把我称做股票经纪人，考虑到她以前不得不与很多傻子合作的经历，我觉得这对我来说也算是一种“奉承”吧。她的投资思路很清晰：这是她自己的钱，也是她的生命，而且她在赚钱方面并不差。

此外，她还有其他收入来源，比如说养老金。在当时，她根本就不需要从投资中抽回资金作生活开支。我当然愿意接受这份差事，而且最让我惬意的是，即使大盘不景气，她也不会埋怨我，更不用说起诉我了。她经常喜欢给我讲以前股票经纪人的故事：那些人总是喜欢拿她的年纪做参照，每次都会按正常标准减去 100 后得出她持有股票的“正确”数量，但丝毫不减少她手中债券的数量。老妇人不明白股票经纪人为什么这么做，她不喜欢组合中的股票，也不希望在自己的组合出现这么多债券。

随着时间的推移，她和儿子开始出现分歧。尽管她儿子的年纪也差不多和我父亲一样大了，但这家伙依旧大手大脚，经常入不敷出。目前，她（即我的客户）总是不厌其烦地帮她儿子度过难关。按照我们最正常的思维，这应该是老妇人的自愿选择。尽管在我们的大多数会面中，老妇人都不止一次地用“欠债不还、游手好闲”这样的词语形容儿子，但是，如果你不能用钱来帮助自己的家人，那钱还有什么用呢？尽管这种情况已经持续了几年，但她的儿子丝毫没有悔改之意，于是，为了帮助手头拮据的儿子，老妇人开始动用投资账户的资金。几年的时间就这样过去了，而我们的话题也发生了变化，我们开始讨论如何断绝这个不成熟成年人的财源，使得我的客户不再长期用投资资金救济自己的孩子。

最终，她还是提出了低风险组合的问题——请注意，她说的是较低风险的股票，而不是债券。最终，她作出了一个我永远也想不到但绝对是具有超凡远见的选择。她最终决定让我全权负责这笔投资的日常管理，并完全接受我的投资策略：建立一个风险适度的组合，这个组合将包含一定数量的债券，并采纳不涉及热门股的风险管理策略。

当然，老妇人也有自己的小秘密。她单独开立了一个投机账户，她甚至用该账户投资于“仙股”这种疯狂至极的东西。但我的态度也非常严肃。不过公平地说，她也只是把全部资金的 2% ～ 3% 用于这些“原始”的投资，这显然比赌博更有趣，因为现在她可以在最热闹的赌桌上下注。

这很管用。这不仅让她充分释放藏在内心深处的投机欲望，我也能顺利行使自己的全权受托职责。华尔街总是想把你关在暗无天日的密室中，让你自我毁灭。但我的客户知道，这是一个被操纵的地方，她不仅想得到属于自己的那块蛋糕，还要坐下来品尝这份美味。通过仙股的赌博式投资，她可以体验到华尔街提供的那种投资中的刺激。坚持“核心”型组合设定的风险预算，让她远离麻烦，而不需要投资顾问告诉她老年人应如何秉承安全至上的原则。在确定调整投资策略的那次关键性谈话中，她的最后一句话就是：“一定要用钱买到快乐！”我向她保证，绝对会为她构建一个风险适度并让她满意的组合。

仙股（Penny Stock）：即小额股票。如果你只想挣几十元，仙股最适合你！在传统意义上，仙股就是指市场交易价格在 2 美元，甚至 1 美元以下的股票。仙股的定价方式很诡异。仙股的发行者通常是已经不再持续经营的公司或企业，他们的股票居然还能在市场上流通，的确令人费解。我有两个客户喜欢投资仙股，因为他们天生就好赌。不过，他们显然不是在认真投资，更多的只是因为想寻找一种代替赌博的消遣方式。

核心（Core）：投资组合的绝大部分都严格遵守风险管理的基本原则。核心组合通常为特定市场的加权平均组合。不管你的组合采取保值策略还是成长策略，这个核心都反映了一个投资者所具有的基本风格。

找准适合自己的“投资助手”

我喜欢接纳年轻时就已经积累了大量财富的客户。绝大多数年轻人根本就不聘请专业基金经理管理他们的资金，这是一个让人纠结的问题。有些人很幸运，他们或许可以继承一笔财富，或是在人生的初期便体验到了创业成功。这两种情况下的年轻投资者都倾向于承担更大的风险，虽然这有可能让他们凭运气得到的横财就此失去。过去如何得到一笔财富并不能影响未来如何打理这笔财富。

一位潜在客户在全国广播公司的节目上看到我之后，主动联系到我的公司。他通过电子邮件把自己的投资组合发给我，在填写了相关的数据资料表之后，我们随后便为这位客户安排了一次访谈。尽管他的投资金额还没有达到与我们单独见面的标准，但他的年龄和持有的组合让我非常感兴趣。按照常规，我要查看客户账户以往的操作情况，这样，我就能在会面之前大致了解对方的想法。

我问这位客户以前如何管理自己的财产。他给我讲述了一个关于美林证券经纪人的经典故事：这位经纪人给我的客户买进共同基金，收取费用，但却什么都没有做。这个懒惰的经纪人居然没有把事情彻底搞砸！现在，我的这位客户在独立管理自己的账户，目前他持有 20 只股票！第一眼看上去，这些股票都属于常见的高风险股票，或者说是我们在电视里看到的所谓热门股。最后的事实是，在过去几年里，他一直通过观看 CNBC 的交易节目和《华尔街日报》构建自己的投资组合，总之，为了守住父亲留下的这笔遗产，他的确花费了大量时间和精力。

既然他已经知道该如何打理这笔遗产，为什么还希望由我们帮他管理呢？我热爱交易，而且我认为我有机会通过这种方式谋生，这是我的幸运。但他已经感到疲倦，他经常有筋疲力尽的感觉，他希望能重新找回属于自己的正常生活。在被问及更关注个股还是成本更低的 ETF 时，他说没有关系。这显然不是我愿意听到的回答。有谁愿意煞费苦心地守着一大堆高风险股票，还要每天收看吉姆·克莱默（Jim Cramer，CNBC 财经评论人。——译者注）的节目，去关注他们是否喜欢这些股票呢？这显然不是我想与之为伍的人。

华尔街卖给他一大堆金融产品。最终，我们得出了一个结论，向全套服务经纪人付费、委托他们购买成本高昂的共同基金显然行不通，他希望看到不同的产品。在他看来，“华尔街一定会帮助你”。有了可以在线收费的经纪人账户、无休无止的噪音和让你不得不面对的枯燥乏味的媒体攻势，你就已经是在帮华尔街赚钱了。因此，凭借网络的功能，客户可以在没有股票经纪人的情况下独立进行交易，并为经纪公司创造佣金，因此，这些经纪公司的经营成本更低，风险也更小，这只不过是经纪公司赚钱的另一种渠道而已。他们不让任何投资者逃脱自己的掌心。

我认为，考虑到经营一个单纯的股票组合需要投入大量时间，因此，他已经是一个非常出色的投资者了。实际上，这个人已经摆脱了华尔街那些平庸乏味的投资顾问，选择了另一种更合理的策略。但这并没有解决他的问题。他希望为自己的家人和后代管好父亲留下的这笔遗产。在他的血液里，他绝对不会盲目追随市场。那些每天痴迷于交易和价格的人，显然不会有这样的判断。大批量营销的模式本身就意味着，通过在线经纪公司控制市场和客户才是最好的办法。

显然，真正让他感兴趣的并不是股票经纪人。这个故事让我们明白，即便有能力，大多数人也不会喜欢每天守着自己钱财的生活。对客户来说，这同样值得深思：在我的这个行业里，大多数销售员根本就不该享受这么好的待遇，当然，这并不是说你要完全自行决策而不去求助于顶级证券经纪人。即便是我本人，也花费了很多年时间，才找到一家称职的注册会计师公司管理我的账户。这个行业为什么会如此与众不同呢？

所谓的专业人士怎样自欺欺人？

要么追求一夜暴富式的财富传奇，要么坚持安全至上的投资原则，这都体现了人类本性。每个人都想赚钱，却不想遭受任何损失，难道你不是这样吗？如果不是因为我们在财富面前得意忘形，这个世界上怎么会有庞氏骗局呢？我的朋友经营了一家经纪自营公司，我曾应邀参加该公司组织的一场小规模会议。我的朋友每天打几百个电话推销他代理的股票。这段时间他的业绩一直不错，但他还是非常谦虚地把他获得的成就归功于我。

说句实话，一个成功者把自己的一部分成就归功于你，难道不是一件很惬意的事情吗？现在，作为一家拥有超级销售员的经纪公司，这个一流的经纪人居然还关心我新成立的对冲基金。当时，我没有准备将自己的基金对经纪商放开，而且向尚未建立合作关系的人展示产品也并不可取。不过，这倒可以说明我在选择合作伙伴方面的谨慎。这位朋友首先向我介绍，他的产品系列如何引入了核心型基金经理（Core Manager）。不要忘记，我的朋友经营的是一家公司。他不亲自管理资产，而是将资产管理业务再行转包。因此，他显然跟我不是一路人。公司提供核心管理服务的团队主要负责买进共同基金，并声称在市场看好时能胜过大盘，而在市场下行时则能保证你受到很小的损失。

这就是相对型业绩管理者（Relative Performance Manager），因为他们的目标就是战胜标普 500 之类的指数。但是他们也不放过一夜暴富的机会，不过，我对这种事情一点也不感兴趣，这也不是我做的事情。我问他们在追求相对业绩方面有哪些特殊之处。

他回答："这很简单，当大盘上涨 20% 时，我追逐上涨 40% 的东西。当大盘下跌 15% 时，我要保持不赔不赚，甚至还要赚取 5% 左右的利润。"天啊，这难道不正是我寻找的目标吗！我只有一个问题难以理解：既然你已经遇到这样的投资机会，为什么还要煞费苦心地求助于核心型基金经理呢？

我会告诉你其中的原因：根本就不存在这样的机会。想想，即便曾经出现过这样的事情，它也不可能持续很长时间啊！我的很多同行对此都心知肚明，这就是为什么他们的大部分投资都要跟随市场，而这样的投资不可能得到很好的业绩。他让所有人都知道，他的目标就是要找到那只能下金蛋的鹅，但是在内心深处，他非常清楚地知道，即使真能找到这样的基金经理，那也只能说明这个人以往的业绩良好，但绝不能代表他在未来依旧能延续这样的业绩。他委婉地承认了这一点：在他的客户中，这种理想化的基金只占极小一部分。

这足以证明，他自己也知道这样的成就不会持续很长时间，而且他进一步指出，这种策略迟早会走到尽头。他很清楚，假如他真能找到这样的基金经理，他就会抛弃风险巨大的共同基金。值得称赞的是，他已经清楚地认识到，如果某些事物因过于美好以至于在现实中难以存在，那最好还是少买一点为妙，以防殃及鱼池，让客户的所有资金陷入水深火热之中。

尽管不针对某一个特定的人，但下面的介绍至少可以让你知道如何应对客户。归根到底，一个投资者最应该做的事情就是管理自己的预期。

瞒天过海的销售诡计

如果你和一个股票经纪人或保险销售员讨论保护资产的问题，那么，你最终得到的答案只能是使用年金产品。这的确是个不错的想法，但还有其他方式，而且是成本更低的方法。此外，尽管年金产品销售异常火爆，但人们对它的了解其实很有限。我们首先认识到，无论是投资顾问还是基金经理，他们都不是法律意义上的专业人士。尽管我对资产保全策略了解甚多，但是所有和投资计划参与者打交道的人，却是客户的法律顾问。在这方面，任何人都不可能超过专家。股票经纪人想做的就是让其他人只知其一不知其二，这样，他们就可以最大程度简化产品的销售过程。如果不与税收和法律方面的专业人士合作，那么你的投资顾问就很难把自己的想法解释给其他专业人士。这显然不是一个好兆头。

你真有决心改变坚持 15 年的投资策略？

这种策略要么让你被彻底忽视，要么让你变成焦点。除非经纪公司为了创造某种形式的收入，否则，坚持买进并持有策略的投资者就会被他们彻底抛弃。他们通常这样说服投资者：某只股票形势不妙，因而必须用其他股票加以取代。如果你准备买进并持有某只股票，请自便，不要向华尔街上的任何人求助。这其中自然也包括我，或是住在你隔壁的那个股票经纪人，即便他曾经是你最好的朋友，此时也会对你置之不理。我们提供建议当然不是为了赚钱，但是如果客户希望你能看看他们的组合是否妥当，作为投资顾问的你却告诉他们：你们最初的想法很不错，不要再改变你们的投资策略了。难道还会有这样的客户吗？

我曾经遇到过这样的客户，但他们根本就不接受我的建议。在经过前几年两位数的持续下跌之后，我的一个客户在 1994 年抄底买进花旗银行的股票。他投资股票就是为了长期持有。在连续升值 8 倍之后，一些银行股终于在 2007 年底开始暴跌。花旗银行首当其冲。我建议他抛出一部分。为什么呢？他一直坚信，短期内股市的波动没有任何意义。但随着亏损的增加，形势也日渐严重，我一直建议他重新调整资产配置，甚至是买进一种银行指数基金，通过分散投资降低整个组合的风险。在 2009 年 3 月，当时的股市几乎已经触底，这个客户又问我该如何应对，因为他真的不想看到自己的财产“灰飞烟灭”。我的回答是，他几乎刚刚走过一个轮回，也就是说，他在之前 15 年赚到的钱如今又彻底失去了。显而易见，这样的经历让人很痛苦。要说服一个曾一帆风顺的人调转航向，必定是一件非常困难的事情。客观地说，要让一个专业人士准确识别一艘船即将彻底倾覆，而不是暂时颠簸，同样是一件难于上青天的事情。有些股票的确会继续上涨，但还有一些则会转涨为跌。

我在这里所说的传道者，主要是指和你探讨股票的人。对股票经纪人来说，高佣金当然是他们最喜欢的事情了。我经常遇到这样的人，他们试图找个人给自己提一点建议，或是向专业人士讲述他们自己的想法。通常，这样的客户喜欢阅读有关股票的信息并独立判断，然后通过电话委托经纪人交易。我的公司里就有几位这样的客户，但他们目前正在改变这种做法。我们教给客户的第一件事就是要他们收回自己的想法，并将他们的核心组合交给我们管理。所谓专业人士的小道消息或是那些毫无价值的一次性策略，只会干扰我们的注意力，使得我们远离客户的投资目标。除非有一个值得信赖的注册投资顾问随时为你的投资提供建议，否则，你或许就会成为经纪人实现当月销售目标的牺牲品。

为自己设置合理的预期目标

我有时也会看看大家是怎么做的。如果你有机会上电视，那么，电视机前的人们就会知道，作为专业人士的你知道一些其他人不知道的东西。事实上，这只能说明你知道怎样才能上电视而已，这对你的组合毫无意义。还有一种常见情况是，人们认为这些股票经纪人“总是对的”。我身边的人经常告诉我，某个人有神奇的预知能力，而且从未出过错。但是当我问他们为什么用自己的钱验证这种能力时，却很少有人给我一个合理的答案。有些基金经理的确取得了超过平均水平的业绩，但大多数却只能在深渊里挣扎。你想制定一个可以达到的高预期，而不是一个超越极限的目标。但大多数经纪人只是在用不切实际的投资策略蛊惑投资者，至于他们所描绘的图景，基本上也不存在。假如你能遏制探索未知世界的欲望，失败就会离你远一点。

寻找成本最低的投资等于浪费时间?

付出决定回报。但这并不等于说，要价高的投资顾问一定就更好，但是当你在华尔街上寻找成本最低的投资时，只能得到两种结果：不是诱饵，就是浪费时间。我就职过的一家公司曾提出过很多对投资者毫无意义的项目。通过远低于其他竞争对手的收费，这家公司希望能以最低费率为客户提供投资建议。

但问题是，他们提供的投资建议同样也最不靠谱。他们每年都会走走样子，以便让客户确认当前投资状况（以及投资策略的匹配性），然后草草地做几笔交易。这就是他们的工作，仅此而已。你完全可以自己动手，一个只有两个月经验的新手根本就不能给你带来任何帮助。如果你不想为获得专业人士的建议掏腰包，就更没有必要为新手的投资建议掏腰包了。你是在浪费时间，当然，不包括那些正在寻找客源的公司。

第8章

现实 or 虚幻：如何选择最适合自己的 ETF？

> 证券交易所需要的是和那些每天只交易指数的投机者进行竞争，它的唯一目的就在于从期货交易中寻找获利机会。

在华尔街，有什么东西是每个人都经常听到，但却很少有人真正理解的呢？交易所交易基金（Exchange Traded Fund，ETF）是一篮子有价证券，这些有价证券不仅跟踪某个指数，还要在交易日里像股票那样进行交易。要理解华尔街如何操纵这个原本最有价值的工具，我们首先要理解这种工具如何运行。在这里，不管多好的东西，最终都会成为华尔街的工具，并让你处于不利之地。

作为一名职业基金经理，我总是很健忘，尽管客户想了解这个市场，但他们不可能熟悉市场的每个细节。但是每当某个改变整个行业的重大事件发生时，我就会看到令人不可思议的现实：大多数人被蒙在鼓里，而且完全不知所措。

当坊间将交易所交易基金宣扬为唯一一个最重要并适合所有投资者的工具时，这种情况更是发展到顶峰。随便翻开这个行业的交易资料，都会让你相信，ETF 很快将席卷全球，成为首屈一指的投资品种。世界上的第一只 ETF 于 1989 年诞生在多伦多证券交易所，最初，ETF 主要是用于交易而不是投资。

但到了 1993 年，现今各类 ETF 的“鼻祖”相继诞生了，这就是标准普尔的 ETF，该基金跟踪标普 500 指数，它也是世界上认同范围最广的股票指数。该基金的交易代码为 SPY，但交易商则把它简称为“蜘蛛”。

ETF 是如何将散户圈进狼窝?

既然如此，他们最初为什么要发明 ETF 呢？原因很简单，证券交易所需要和那些每天只交易指数的投机者进行竞争。就是这样，它的唯一目的就在于从期货交易中寻找获利机会。现在，由于成本低廉、具有节税效应以及可在开盘时段进行交易，这种基金已经迅速在很多组合中牢牢占据了一席之地。

但是这并不代表所有 ETF 都具有这些优点。现在，ETF 还作为一种包治百病的灵丹妙药向所有投资者公开出售，而且适用于各种投资风格，从长期的被动式投资，到针对黄金和石油等大宗商品的纯投机性高杠杆投资，无一例外。同时，ETF 还让大多数散户投资者有机会参与以前无法涉足的领域，它消除市场进入壁垒，让投资者无所顾忌地敞开思维，或许可以带来意想不到的效果。

以 2 倍甚至是 3 倍的杠杆率做空市场的 EFT 曾风靡一时。现在，我要告诉大家：专业交易商绝不会采用这种工具。必须承认的是，我们还有很多办法实现这些交易，而且也不会给我们带来不必要的麻烦。华尔街主要是为零售型投资者设计了这种投资工具，而不是针对专业型投资者。不谙世故的投资者和他们的投资顾问在使用这些工具的时候，根本就不知道它们到底是什么。如果说这还不足以让你谨慎，看看下面的讲述，你或许就会恍然大悟。

既然ETF已经成为现实，那么，华尔街到底通过它们达到什么目的呢？毕竟，自折扣佣金的竞争出现以来，从来就没有这么低廉的费用成本。问题的关键在于，华尔街为什么如此迫切地向公众推销这么便宜的产品？不要忘记，这个行业降低费用绝对不是为了帮助你；这只是华尔街一贯的伎俩。归根到底，它不过是另一种破坏性的资本工具而已。

随着佣金像过去30年内计算机价格那样直线下跌，经纪公司也逐渐开始发现，赚钱正变得越来越困难。此时的计算机显然可以比1980年时的计算机做更多事情，但经纪公司是否也是这样呢？还是面对现实吧，真正的天才将被吸引到对冲基金领域，因为这里受到的管制更少，自由度也更大。经纪公司对此显然心知肚明，因此，他们不得不另辟蹊径，用更具吸引力的产品诱惑你，而成本低廉的ETF就是其中之一。

尽管这都没有错，但仅仅让公众相信ETF的低费用就是投资成功的秘诀，显然还不足以吸引他们。为什么这么说呢？因为ETF只是一些模拟指数的一篮子证券而已，因此你必须为投资者提供更多的秘笈。就像公司把退休负担转嫁给养老金一样，华尔街也在推销有史以来最复杂的ETF，这样就可以让投资者承担全部风险，而他们就可以在承担极低风险的情况下掌握全部资产。除此之外，每次在买卖ETF的时候，你都要支付一笔佣金。

通过剥离共同基金的主动型管理要素，ETF就可以有效地把毫无准备的散户投资者圈进狼窝。如果你为自己的共同基金选择一名平庸的基金经理，那确实也起不到多大作用，但人们至少可以提前准备，寻找一个稍微有点水平的基金经理。

这个行业普遍认为，这些成本低廉、毫无规划而且完全可以独立操作的一篮子证券或产品都有利于投资者。这种新的投资方式以模拟消费品为核心。大多数人试图通过与沃尔玛开展竞争而获得更低廉的价格，或是走另一条道路——开发高端产品，通过质量和风格吸引消费者的关注，而所有其他方式都只能是死路一条。

一篮子证券（Basket）：在你还是一个孩子的时候，你或许已经可以买一大堆连环画了。这句话的意思是说，你拿到了一本当时所有连环画的汇编本。ETF 的概念与此类似，你拿到了可以代表所有交易所交易的样本性基金，但如果你看看篮子的里面，真正深入探究一番的话，就会发现实际情况并非如此。在交易频繁的大型 ETF 背后，大多数所谓的“一篮子证券”都隐藏着不可告人的秘密，它们往往是些业绩拙劣、费用高昂的股票。在俚语中，“篮子”（Basket Case）这个词的含义还包括“废物”或是“没有希望的人”，因此，它也指痴迷于 ETF 的交易商。

现在，我们已经对这个领域有了一个总体认识，那我们再深入探讨一下，这种产品将会在哪些特定领域掏空投资者的腰包。

购买指数等于跟踪市场？

当人们说大盘又上涨或者下跌 100 点时，难道你不想知道这到底意味着什么吗？我们不妨回头看看，股票市场指数的真正含义是什么。

1896 年，查尔斯·道（Charles Dow）创造了世界上最古老，同时也是最受关注的指数，即道琼斯工业指数（Dow Jones Industrial Average），也被称为“道氏指数”。1957 年，另一家公司又开发出标普 500 指数（S&P 500），它目前也被视为最具权威性的指数。但是指数的本质不过是一个市场基准或参照点而已。它既不是从天而降的神来之笔，也不是政府一手造就的法典经纶。

实际上，标普 500 指数就是由标准普尔公司（Standard & Poor）的工作团队开发，作为一家信用评级机构，标普公司向投资者贩卖信息。这是一种很有价值的产品。专业人士可以使用这些指数衡量自己的投资业绩。但你为什么需要关注这些指数呢？购买指数的对象是其他开发指数型共同基金的公司以及跟踪该指数成分股的交易所交易基金。因此，在你投资于“跟踪市场”的某种产品之前，务必弄清楚这个市场到底是什么，以及有谁在衡量这个市场的收益能力。

ETF 背后的“一篮子证券”阴谋

最初的日子总是最美妙的时光。如果你想在一个交易日内或在短期内交易标普500指数，只要购买SPY即可。市场还有针对ETF的期权产品，因此，如果你想通过一种简单途径了解如何对冲自己的投资，同样只需选择 ETF 就行了。如果把 ETF 委托给指数基金，投资者甚至根本就不需要了解它们到底怎样运行。关键是它们确实可以发挥作用，确实具有流动性，而且很快就成为纽约证券交易所最热门的有价证券。

最初进入经纪公司的时候，我第一次听到 ETF 这个概念。同事让我研究一下，如何用刚出现的“NASDAQ 100 ETF”（即 Qs，这个名字源于该基金的交易代码为“QQQ”，在 1999 年开始交易。——译者注）对科技股组合进行对冲。在那个时候，我们根本没考虑过 ETF 到底是怎样运行的，或是它的结构如何，因为我们原本就非常熟悉 ETF 所跟踪的“一篮子证券”。

2000 年，巴克莱证券把改造 ETF 的使命完全交给了散户投资者，于是，原有的一切都发生了变化。尽管此前的一切都没有错，但在此之前普通投资者不能普遍持有 ETF，也不了解 ETF。而即将发生的就是一场以指数化或者说被动投资为主题的革命。

ETF 创造了一种比共同基金成本更低、比持有多只股票风险更低的投资模式，这使得长期投资者能通过成本更低、操作更便捷的途径实现价值增长。这种模式在现实中取得了非凡的效果，“一篮子证券”的概念也持续升温。

我们可以看到，华尔街还用更漂亮的“猫捉老鼠”式游戏引诱投资者，而 ETF 在很大程度上就是这样一种游戏。一旦涉足这个领域，你的面前就会出现越来越多的选项，直至你彻底忘记自己最早制定的计划。我们不妨用一个最基本的例子来看看。

那些销售 ETF 的人告诉我们，被动式投资策略的成本更低，效果更显著，而且还具有节税效应，但这只存在于你买进并永久性持有一只指数型 ETF 的情况下。

然后，他们又向你兜售主动式投资产品，而这些产品的风险都不可预测。我经常听到这样的宣传，而且大多数情况下也的确如销售者们所言。不过，市场上太多的共同基金只是一门心思地以打败相同的指数为目标。但在这场竞争中，注定有某些人落在后面。只看到了稳定增长的 ETF 却没有看到积极交易的共同基金，你最终将无法看清整个市场。只是因为人们都在使用 ETF，并不能说明他们持有 ETF。这和投资者不断买入并卖出共同基金没有任何区别。**ETF 行业始终在拷问我们三个悬而未决的问题：你是否相信市场是有效的呢？你是否相信某些基金经理总能打败大盘呢？你是否相信自己能找到这样的基金经理呢？**

又是一个骗局！揭穿这种骗局让我们发现这个游戏的本质。首先，我认为普通投资者根本就不了解市场是否有效这个问题的真实含义。即便是学术界，这也是一个含混不清的观点，迄今为止还找不到任何具体标准来衡量市场的有效性。市场在某些时候确实有效，但有时也毫无秩序。这完全取决于你在什么时候进入哪个市场。这个问题背后的真正含义在于，任何人都不可能打败市场，因为每个人都能得到市场的全部信息。这没有错。

但我们只是被动地让所有信息从我们身边溜走吗？这显然不是资产管理或是制定投资决策的目标。在任何一个市场上，每个人都想尽方法赚钱，当然也可能赔钱。投资于一种每个人会比较的基准，难道这就是我们要的答案？现在，这绝对是一个再坦诚不过的问题了。因为它告诉大家：你无需竞争，只需甘做平庸，让胜利者和失败者站在这个天平两端。

市场效率（Market Efficiency）：学术界用来批判很多荒谬金融理论的一种手段，它的基础在于每个人的行为都是理性的。我只在麦当劳体验过真正有效的市场效率，除此之外，我再也没有见过如此有效运行的市场。你点一份乳酪牛肉三明治，就会得到一份乳酪牛肉三明治，结果完全符合你的预期。它表明，互联网的存在使得信息可以同时进入每个人的思维，于是，我们每个人都能立即作出正确的理性决策。使用这个理论的人等于在说，我们都在想相同的事情。

第二个问题似乎更吸引那些对华尔街感到愤愤不平的平民主义者。它的要点就在于让人们思考，某些基金经理能否始终如一地将基准收益率抛在身后，它提出了一个将你排除在外的不公平的系统。显而易见，有些人确实能在长期内取得超过大多数人的回报率。这个问题的真正含义在于，站在我们面前的任何一个胜利者，不可能永远不被运气所眷顾。这在某种程度上是正确的。沃伦·巴菲特并不是在每一年里都能取得超过大盘的成绩。我的意思并不是说这个市场上有很多一无是处的基金经理，但这样的人的确大量存在，而且这显然不是他们所说的市场基准(Benchmark)。人们总是把市场看做道琼斯工业指数或是标普 500 指数，而从不提到绝对收益策略或者纯风险预算。他们引诱你相信，只有基准才是唯一重要的东西，只有被动的 ETF 才能拯救你。

最后一个问题不过是在引诱或是赶走投资者。如果直接问你是否能找到这样的基金经理，确实显得很冒昧。但我们面对这样一个现实，大多数顶级天才都已经转投到对冲基金行业了，在那里，受到的监管更少，薪酬更高，这些明星级交易员更快乐。尽管业绩良好的基金的确不在少数，我身边的很多朋友都在经营着这样的基金，但它们大多投资于市场的某一特定板块，或是不适用典型市场基准的特殊策略。购买共同基金就相当于聘请一个人帮你理财。如果他们只是想超过指数，按照这个基准选择股票，那就只能祝他们好运了。推销 ETF 的某些针对性问题自然诱使投资者放弃共同基金。一个合理组合的设计源于低廉的成本与公开透明的持有情况。各位可以看到，我一直在使用 ETF。尽管它们的确有效，但你还是要对指数进行管理。它们提供给客户一种追踪特定指数的能力，但秘密却不在于此。

散户怎样选择 ETF 才能获利？

这才是我对公众的 ETF 情结感到困惑的根结所在。人们深信 ETF 是公平的，不仅成本低，而且还能抵御基金经理的高收费盘剥，但他们的信任有点过度了，以至于忘记华尔街已经把决策权交给了自己。这难道真的就是你希望得到的？你真的希望构造一个组合，然后把自己的退休生活寄托于此吗？或许如此吧，但我所看到的是，人们只是在接受报纸上看到的观点，然后便据此购买一只 ETF。比如说，当前的能源价格正在持续上涨，那我们为什么不把组合的一部分投资于“能源行业 SPDR”指数基金（Energy Select Sector SPDR，交易代码 XLE。——译者注），然后便跟随大潮坐等获利呢？而这个 XLE 到底又是什么呢？将 SPY 带给我们的人，还把构成标普 500 指数的公司划分为 9 大类，或者说 9 个板块。石油、天然气以及能源设备和服务都属于构成指数整体的能源板块。对大多数人来说，购买 ETF 的成本依旧低于购买该板块全部股票的成本，而且 ETF 的优点也在这个板块中得到最大程度的体现。但问题在于大多数人根本就不了解它到底包含哪些元素。

在整个 ETF 中占有比重最大的是埃克森美孚（Exxon Mobil）和雪佛兰（Chevron），它们分别占有 30% 的份额。因此，这意味着你只是将自己的大部分财产投资于这两只股票。持股比例排在前 10 位的股票占整个 XLE 的 60%。这听起来似乎不足矣覆盖整个市场。坦率地说，我交易 XLE 完全是为了便于跟踪美国最大的石油公司，因为我认为石油板块还将继续上涨，但我对应该持有哪些股票绝对没有任何特定的偏好。在很多时候，我根本就不知道或者说不关心哪些股票进一步上涨，因为构成一个板块的个股都是相互关联的。我一直在向散户投资者灌输这种观点。

我喜欢 ETF，喜欢这种基金低成本、快速交易的特点。如果你想用自己的钱进行投资，一定不要痴迷于新热门板块，也不要跟风调整组合构成。你最应该检验组合与整个市场的长期关联性，而整体市场通常以标普 500 指数为基准，这样我们就可以判断，一只有竞争力的 ETF 能否为你的组合创造真正的价值。

有一个名为的 Wolframalpha.com 网站在这方面为你提供帮助，它是我们了解风险和收益的起点。假如你一开始就把打败华尔街作为自己的目标，在某些情况下你就不得不依赖于它所采取的工具。“Wolfram Alpha”本身就是一个旨在计算并为所有人提供系统性知识的网站。它对你又意味着什么呢？如果你通过一种快速而且免费的工具对股票、ETF 或指数进行基础性计算，这个网站或许助你一臂之力。和旨在编录全部互联网网站的谷歌一样， Wolfram Alpha 的目标就是收集可用于衡量市场的所有数据。

不同板块 ETF 的投资差别

首先登录网站：www.wolframalpha.com，输入交易代码“XLE”，找到“业绩”（Performance）比较栏。这里的缺省设置就是将 XLE 与包括标普 500 指数在内的几种参照标准进行比较。最后一栏是年波动率，这就是你需要承担的风险。你没有必要知道这些数据或是风险指标的变动是如何计算出来的。但你需要特别注意的是：XLE 的波动性高于股票市场。这很有价值，因为这至少可以说明，XLE 是一种风险分散度较低的组合。

那么，XLE 的市场波动性到底比大盘高出多少呢？在我进行检验的时候，它的波动性较大盘高出 45% 左右。如果你的投资集中于市场中某个波动率高出 45% 的小板块，那么，难道你不想为了自己多承受的这些风险而得到额外回报吗？比如说，你可能希望实现超过市场平均水平 50% 的回报率。这样的回报率当然很诱人，但是在调整风险之后，你的超额收益率也只有 5% 而已。这是否意味着，这是一笔值得冒险的投资呢？

Wolfram Alpha 给我留下深刻印象的第二个特征，就是网页上的“相关性矩阵”（Correlation Matrix）。这个名字听起来很陌生，不过，它的意思很简单，在 XLE 的全部收益中，有多少可以归功于标普 500 指数的上涨。

例如，如果相关系数是 1，那么我们至少可以在统计意义上认为，两种有价证券的价格变动完全同步。当然，它们未必在每一天都会步调一致，毫厘不差，而是说它们在大部分时间内的变化一致。如果相关系数为 –1，那么，两者将在绝大部分时间里表现出完全反向的变化。很多债券指数与股票市场的相关系数为负数。美国长期债券与股票市场的相关系数通常在 0.5 左右。我们始终可以看到这样的现象：当股价下跌时，债券就会上涨。在这里，我们要涉及到可能会让很多人昏昏欲睡、让专业人士头疼不已的组合管理理论。这其中有一个经验规律：**如果一种有价证券与股票市场的相关系数超过 0.8，那么这种证券就会表现出与股市基本相同的变动规律。**

这就是说，既然你为了承担更高风险而获得更多回报，那为什么不去接受它呢？当然，对入门者来说，你可能也会建立一个与整体市场不同步的股票组合或板块组合。如果你的组合具有类似的风险与收益特征，但相关性却较低，那么你就是胜利者了！实际上，这就是构造一个多样化组合的核心内容：寻找在长期时间内创造良好业绩且彼此不同步的目标。

我对 XLE 的观点是，单纯对于投资来说，能源板块既无所谓好也无所谓坏。尽管与大盘相比，能源板块在 2010 年表现优异，但整个板块市场的震荡同样令人心惊肉跳。它不仅有相对较高的相关系数，而且作为一个板块型 ETF，它在本质上就是一个以标普 500 为参照的杠杆投资。标普 500 指数中相关性较低的板块屈指可数。电讯股往往适合于保守型投资者。作为 XTL 跟踪的一个板块型 ETF，它们之间的相关系数约为 0.6，尽管两者依旧属于相关性板块，但与能源板块中其他股票相比，相关性就小得多了。

在制定投资决策时，还有很多基础问题需要我们了解。政府是否发行更多货币？中东局势是否影响石油供应？美国的房地产市场是否再度爆发危机？最关键的问题在于，某些长期性问题可能会带来不同的结果，而这些结果往往不是我们短期内就能预见的。

因此，尽管需要关注基本问题，但绝不能以它们作为投资的依据。充分利用华尔街现有的信息，审慎考虑如何构建一个风险可控的组合。如果现实数据不支持你的决策，你既不要无所适从，也不能固执己见。你完全可以不随大流，而且我也鼓励投资者学会换一个角度看待问题，因为大多数市场参与者的行为依旧处于恐惧和贪婪之中。既然我们已经对如何比较不同板块 ETF 的风险、收益及相关性有了基本认识，不妨可以将它们运用到现实之中。

ETM：难道是 2.0 版的 ETF？

2006 年，巴克莱银行（Barclays Bank）发行了世界上第一只交易所交易票据（Exchange Traded Note，ETN）。在第一次看到这东西的时候，我真不知道到底该买 ETF 还是 ETN。ETN 与 ETF 最主要的区别在于，前者仅仅是一种无担保的债券而已。它和直接购买巴克莱银行的债券几乎没有区别。如果公司倒闭，我就只能两手空空了。要让我承担这种额外的风险，显然需要更有说服力的理由。鉴于 ETN 既非股票又非指数基金，因此，投资者实际上不拥有任何实际的资产，它们甚至在理论上也不跟踪任何市场基准。这使得 ETN 常用于交易有限的大宗商品、业主有限合伙制（Master Limited Partnerships，MLP）或不熟悉的外国市场等“不易真正持有”的投资之中。

跟踪误差（Tracking Error）：用来衡量市场缺乏流动性或有效性程度的指标。如果你交易的 ETF 拥有较大的跟踪误差，你就应该考虑交易其他市场的 ETF 或该 ETF 中的基础股票。跟踪误差是基金经理不称职的一个明显标志，而超过几个百分点的跟踪误差则说明一个市场缺乏流动性，或是缺乏应有的吸引力。

ETN 的发行人承诺将扣除管理费之后的指数收益支付给投资者。有些 ETN 支付利息，有些则不支付利息。但 ETN 的任何价值变动都需视为资本利得或资本损失。由于 ETN 只是一种客户与银行之间签订的契约，因此，它不可能像共同基金那样分配资本利得。

正是这种税收优惠给投资者创造了空间。虽然 ETN 在大多数情况下的目的在于利用不熟悉的高成本市场或投资策略，但有些 ETN 则与 ETF 有着共同的投资对象。巴克莱的“iPath”ETN 既不支付利息，也不分红。因此，如果你投资于以创造现金流为目的的策略，譬如不支付股利的股票市场指数，那么，尽管直到最终变现时才需要纳税，但这种现金流仍然增加 ETN 的价值。因此，这种投资策略可以将当前收入有效地转化为可递延纳税的资本利得收益。尽管国税局一直对这种做法表示默许，但多数 ETF 不为人所熟悉的特点还是让它不适于长期投资。即便是我熟悉的使用这种工具的市场中，也会出人意料地突然发生变化。在使用 ETN 的市场中，我比较看好业主有限合伙制（MLP），但在我个人选择的 ETN 中，通常根据指数中所包括的 MLP 的现金流支付情况，按季度支付利息。

这是一个很有趣的做法。你可以凭借自己根本就不持有的有价证券获得利息。但这也是 ETN 被人们称为“结构化”产品的原因。它们只是通过与银行签署的法定契约才得以存在。尽管可以在证券交易所进行交易，但这丝毫不能改变它们的虚拟化特征。

ETN之所以越来越受欢迎，并不是因为它所带来的税收优惠，而在于它们可以帮助交易商和投资者涉足自己不熟悉的市场。鉴于这个观点，如果有一只指数只包含ETN，但却不涉及ETF，那你就要三思而后行了。你难道真的想尝试这些缺乏可预测性的东西吗？显然，它们更适合于了解风险的交易商和专业投资者。

谷物之战：大宗商品交易下的黑幕

全球宏观交易并不只是一个用来在朋友面前吹嘘的花哨词藻；它通过指数而非个股创造交易利润。尽管传统交易模式有无数种变换方式，但宏观交易的根本原因在于资产的不相关性（Non-correlating）。任何资产在一定程度上都相关。

你难道指望我相信美国国库券与中国国库券的价格毫不相干吗？但是如果我们从每天或是每周的变动规律看，相关性可能就会降低，这就使得中短期交易商可以利用不同市场在大部分时间内表现出的非相关性。直到最近，谷物市场还仅限于在芝加哥商品交易所（Chicago Board of Trade）或是来自中东地区的交易商。这不仅因为这个市场采取了电子交易方式，还因为谷物市场必须与股票市场和债券市场始终保持低相关性。有了便于交易的ETN，我们就可以大干一场了。

现在，我们不妨看看两个跟踪谷物市场的主要ETN：GRU ［主要由谷物、小麦、大豆和豆粉构成，它跟踪的是美林证券食品指数（MLCX）的谷物全收益指数。——译者注］和JJG （跟踪道琼斯-瑞银谷物分类指数，又以采取反向加权及道琼斯-瑞银大宗商品指数为基础——译者注），但是如何交易完全看你的本事了。

首先，**在本质上，大宗商品从来就不是投资品。它们在投资市场上的唯一用途就是为了交易。**大宗商品本身不存在内部收益率（Internal Rate of Return），也不会支付股利，对于谷物来说，对它的投资最终化为乌有。此外，投资大宗商品还存在社会成本问题。毕竟，谷物是人类生存的必需品。大量囤积必然引起社会反对。因此，我们讨论的投资也仅限于跟踪期货合约的 ETN，而且这些期货合约每年要到期转期若干次。

期货（Futures）：一份期货合约是在两个人之间签订的，一方希望在未来某个时点交付某种商品，另一方则希望在未来某个时点获得这种商品。交易所确保双方都能恪守承诺。还可以换一种方式看，假如你想把 1 000 万美元变成 100 万美元，那就投资期货吧。期货合约在于将拥有合法经营的人与潜在的投机者进行匹配。传统意义上，在对冲基金和退休基金出现之前，市场的基本规律一定要有人生产，有人供给，也就是说生产厂商也会像供应商那样，需要锁定未来交易的价格。于是，他们就会在市场中发现彼此，找到均衡点。但是现在，期货市场已经变成了赌场。

谷物期货既可以为农民提供流动性，帮助锁定庄稼的未来销售价格，也可以为面包师提供流动性，帮助他们锁定未来的采购价格。当然，你也可以与农民或者面包师为了相同的合约而展开竞争。

尽管期货交易商不太对 ETN 感兴趣，但他们为利用传统经纪账户进行现金结算的投资者，提供了一种灵活而便捷的方式，因而使其价值无限。谈到合约到期转期以及实物交付过程的复杂性，这可以让交易商更多地关注纯系统交易或技术分析，而不太注重交易误差。如果你不想有太多的烦恼，只需记住，ETN 代表着交易所交易票据，简单地说就是债券，在本书中就是指由瑞典出口信贷公司和巴克莱银行发行的债券。但这些债券并不支付利息或股息，但其他少数 ETN 也不支付利息或股息。另外一个有趣的问题是：由于采用债务结构，因此，商品期货交易委员会不实行注册登记制。

我们再回头看看，想想公司为什么发行 ETN。两者的内部费率均为 0.75%。这有点限价的嫌疑，但我还是把这个问题留给监管者来解决吧。

我关心的问题是这些有价证券跟踪的对象是什么，它们有什么不同之处，以及哪些更有助于交易。我的结论或许让你大吃一惊。

每年 1 月份，美林证券食品指数根据全球商品产量进行重新设定，并在当年度的其余时间内浮动。各板块在指数中的权重均设有最高限和最低限，分别为 60% 和 3%。其中，60% 是指能源板块在 MLCX 中的比重。如果仅从信息量看，该指数实际上在 2006 年才正式面世，这一点很像“标普高盛商品指数”（S&P GSCI）的谷物全收益指数。那么，美林证券是否剽窃了标普高盛商品指数，然后又把特许费收入囊中呢？

我们再来看看 JJG，它是另外一只完全不同的野兽。与允许头寸自由浮动并设有 60% 最大权重的高盛商品指数不同，道琼斯 - 瑞银谷物指数设定的最大权重为 33%。在过去 10 年的时间里，道琼斯指数和高盛商品指数的主要差异体现在，石油已在后者结构中占据绝对地位，这也导致高盛商品指数在这 10 年间的业绩明显优于道琼斯指数。共同基金公司则喜欢利用特定期限的高盛商品指数进行管理型期货基金（Managed Futures Funds）的销售，他们就无需对如下事实作出充分解释：收益主要源于石油板块的牛市，而不是像道琼斯指数那样，采取更具多样性的大宗商品组合。

你或许认为，我们会看到出现在两种 ETN 之间的跟踪误差。实际上，我们在两者之间看到的差异非常有限。如果把它们的收益图重叠起来，我们会看到两条曲线几乎完全重合。唯一的差异就在于日波动性。GRU 在过去一年中的表现略胜一筹，它在过去 5 年内的收益增长了 3%，而 JJG 同期内仅增长了 2%。这同样可以归结为两者指数采取了不同的投资策略，即动量型加权法和反向加权法。在交易方面我们也如愿以偿，两者与标普 500 指数的相关度分别为 0.29 和 0.34。

遗憾的是，永远都不会存在免费午餐。无论以哪个标准衡量，这两种指数的波动性都高于覆盖范围更广的股票指数和债券指数，他们的具体收益变动则取决于期限。所有计算均值方差的软件都表明 GRU 或 JJG 具有较为集中的价格分布。对那些拥有计算机的人来说，这就意味着，你在获得风险分散优势的时候反倒承担更大的风险。作为一名交易员，我一定要做能产生效益的事情！因此，我们可以得到的最终结论是：如果按日收益、甚至按周收益判断哪种 ETN 更出色的话，无异于投硬币式的撞大运。唯有如下两个重要方面可作参考：GRU 的市场交易价格约为 7.75 美元，在过去三个月内的平均日交易量为 112 000 股，而交易惨淡的时候日交易量只有 1 万 ~ 1.5 万股。JJG 的交易价格约为 55 美元，同期的日平均交易量近 20 万股，最低日交易量约为 4 万股。如果按交易量收费的话，答案不言自明。按照价格和流动性 JJG 显然是胜利者。难道还有别的判断标准吗？

当然有，比如说你为什么需要交易谷物期货，这显然是一切标准的前提。我从不认为你应该寻找一个像 Wolfram Alpha 这样的工具，然后按照你据此找到的低相关性的 ETF 构建投资组合。我在这里之所以探讨谷物期货问题，是为了让各位了解一下当涉及陌生的 ETF 时，如何应对复杂的决策过程。如果你没有聘请一位专业基金经理或者多花点时间研究市场，那么，只需盯住主要基金即可。法拉利跑车固然很漂亮，但它也很容易出问题，当你驾驶它时甚至会有生命危险。这是你自己的钱，因此你无需关注给别人留下什么印象。

垃圾债券：顶级作手游走的狩猎场

ETF 的存在并不意味着你一定要投资 ETF。让问题更加雪上加霜的是，市场中的某些领域，甚至是垃圾债券等都有可能无法转化为真正的 ETF。SPDR 巴克莱资本高收益债券的 ETF（Barclays Capital High Yield Bond ETF，交易代码 JNK）或许是有史以来最糟糕的债券指数基金。我的提醒应该引起各位注意了，现在，我们不妨深入探讨一下垃圾债券的问题，尤其是交易这些债券指数的 ETF。

切莫担心，尽管这些丑小鸭确实占有一席之地，但它们显然不适合那些以获取固定收益为目标的人。假如这还不足以引起你的兴趣，恐怕也就没有什么事情值得你关注了。20 世纪 80 年代，迈克尔·米尔肯（Michael Milken）创建了垃圾债券市场，尽管这个市场存在于任何可以交易债券的地方，但它还是一个典型的美国现象。

简单地说，垃圾债券就是信用等级较低的债券。垃圾债券最明显的特征是，它不仅具有较高的信用风险，还有较高的利息率，但前提是它们还有能力支付利息。我们所关注的是构成投资组合的垃圾债券会带来哪些问题，持有垃圾债券的真实成本以及投资者如何对待垃圾债券市场。需要注意的是，大多数投资者最好还是回避垃圾债券。不过，这并不等于说垃圾债券一无是处，而是与很多利基市场一样，相对于兜售垃圾债券的大批股票经纪人，它们的适用范围非常有限。

关于垃圾债券及其投资者，存在着很多值得探讨的问题。在我们公司的现有客户和潜在客户经常问我们是否投资于垃圾债券。我对这个问题的第一反应是，他们为什么对这个问题感兴趣。通常，投资者喜欢把高收益产品看作一种提供收益却毫无风险的神秘武器。这种产品就是债券，对吗？有些客户很精明，把垃圾债券当作改善信用风险的潜在手段，如果时机得当，这就有可能使资本增值。遗憾的是，并非所有难堪的丑小鸭都会变成美丽的白天鹅。**绝佳的机会或许就隐藏在最糟糕的垃圾债券，或许就在市场缺乏流动性的时候，但这里最终也会变成全球顶级对冲基金经理的狩猎场。**这绝对不是普通投资者该来的地方。此外，真正的垃圾债券不可能通过在线经纪商得到。在实践中，前期培训的成本、最低规模的限制以及研究等问题都具有高度专业化的性质。

在组合中引入垃圾债券还面临着另一个问题，那就是它与低风险和低收益率的股票市场具有较高的相关性。我们看到，在过去 5 年里垃圾债券市场与标普 500 指数的相关系数为 0.63。这还算说得过去吧，而且有人说，它甚至要强于和摩根士丹利资本国际新兴市场指数（MSCI Emerging Markets Index）具有 0.9 相关系数的股票指数基金。但是如果和标普 500 指数的年度波动率 21% 相比，你要为垃圾债券市场 25% 的年波动率承担风险似乎有点得不偿失。不妨用简单的语言翻译一下这些统计数据。如果把垃圾债券纳入易于交易的基金（如 JNK），其风险将接近股票市场，不过它分散风险的能力有限，而且业绩最多也只能达到一般水平。

如果你想投资于垃圾债券——其实，我们公司也在特定情况下选择垃圾债券，那么，你有必要继续阅读本书，你会看到越来越残酷的现实。不妨看看进入垃圾债券市场最容易的方式：跟踪巴克莱高收益高流动性指数（Barclays High Yield Very Liquid Index）。究竟什么是“高流动性”？流动性不那么高的指数又怎样呢？现实中根本就不存在所谓的标普 500 高流动性指数。请记住，很多垃圾债券最初都是令人期待的优质债券，经过时间的洗礼之后成了垃圾。要找到一种可以每天买卖的东西，它首先就应该拥有高度的流动性。但问题在于，相对于质量较高的债券，交易垃圾债券就如同在淤泥中跋涉。

不同于股票，债券没有集中的交易所。因此，每一次交易都在交易商之间进行，而不是买卖意愿的双方在透明的市场公开进行。为什么说这是问题呢？原因就在于跟踪误差。不要忘记，你不可能直接投资于任何指数，指数在若干有价证券基础上计算出来。但你在真正买卖指数时发现，现实中的结果或许和这些有价证券毫不相干。具有高度流动性的有价证券不存在这个问题。比如说，SPDR S&P 500（SPY）跟踪标普 500 指数。那么，多年跟踪这个指数的 ETF 会好到哪里呢？ 2011 年度到目前为止，SPY 的表现几乎与现金指数完全相同。在一年期内，收益率与标普 500 指数存在细微的跟踪误差仅为 0.21。在过去的 3 年里跟踪误差仅为 0.02，自 2006 年以来的总体跟踪误差也只有 0.05。自 SPY 创建以来的跟踪误差更是只有微乎其微的 0.01。这些构建 SPY 的基金大师绝对有资格获得这样的业绩。

在尚未结束的 2011 年度内，JNK 仅偏离基准指数 0.05，这个数据在 2010 年和 2009 年分别为 1.08 和 4。自 2007 年创建以来，JNK 的总体跟踪误差为 4.06。现在看来，这是非常大的跟踪误差了！之所以出现如此巨大的跟踪误差，并不是因为 SPDR 的管理者不了解如何跟踪指数。如果你对比一下垃圾债券、投资级公司债券和高流动性的美国国债，你发现，它们的跟踪误差将呈现出直线下降的趋势。只需看看 JNK、LQD、BND 和 SHY 的跟踪误差，这个问题就很清楚了。

既然垃圾债券如此糟糕，为什么还有人乐此不疲地投资它呢？大多数人还是应该远离这个领域，即便是我的公司也仅仅在垃圾债券上有过一次尝试。一定要牢牢记住，尽管有很多原因做空或是做多垃圾债券，但我们发现，大多数散户投资者都是由于受到误导才使用垃圾债券。某些不可撤销的信托确实规定任何情况下都要保证受益人的利益。例如，虽然你是某个信托的受益人，但只能得到利息和已确定支付的红利。本金永远保留在信托基金中，并属于受益人以外的其他人，而且这些人的收益通常超过受益人。我们已经建立了一些支付高利息收益并承担股票市场风险的组合。

尽管这或许不是最有效的组合，但合理的风险管理和低廉的内部费用，可以带来比直接投资股票更高的利息。这并不适合每个人，而且每个账户都需要精心管理。归根到底，尽管投资垃圾债券总是有理由的，但在经营的过程中则需要严密的监督和管理。

为何牛市也让人疲倦？

迄今为止，除了主要大型指数之外，我们还很难为 ETF 找到更多有价值的用途。对交易商来说，ETF 的价值不可低估，但如果你采取长期投资，那么板块和大宗商品就不像我们想象得那么重要。就在我们寻找实现长期收益和低收益率的秘密时，我偶然发现一个不被大众所知的市场空间。在过去几年里，有几只新建立的 ETF 无意间利用到了这个市场。不过，我唯一的希望就是它能再延续几年。

人们在思考如何处理债券构成的组合时，第一次提出了这样的想法。自 1981 年以来，债券市场始终处于牛市。经历了 30 年的兴盛之后，难道你不会认为这样的牛市让人疲倦吗？我原以为债券市场发展到尽头应该转而下跌，但随着数十亿资金不断注入这个系统，略显疲态的牛市仿佛打了强心剂一般。将债券纳入组合的最主要原因是为了获得新的多样性因素，以及其带来的收益创造能力。这就是说，在依稀感觉到一场持续 30 年的盛宴即将结束时，投资者为什么还把自己的大部分资本投资于固定收益型的 ETF 呢？**MLP 既非股票也非债券，但它们却可以成为在传统资产类型以外，寻求多样性和收益的另类选择。如果你正在考虑购买 HYG、JNK 或 PFD 之类的高波动债券型 ETF，那么，继续阅读本书，你就会找到另一种获得更高回报和更具多样性的投资方式。**

MLP 是指可以公开交易的有限合伙制（LP）企业，这主要与非公司制企业相区分，这也是最简单的形态。MLP 将有限合伙制的税收优惠与公开交易有价证券的高流动性结合在一起。由于 MLP 直接分配收入，因此，有限合伙人获得更多现金流，这就意味着公司把收入分配给投资者可以无需缴纳所得税。按照美国税法，要享受有限合伙制企业的待遇，合伙企业收入的 90% 必须来自加工、生产制造、石油天然气以及煤炭运输等方面。考虑美国在能源基础设施方面极度薄弱，MLP 似乎暂时不会有其他选择。随着美国能源需求的不断增长，MLP 需要建设和维护管道及采集设施，将煤炭和石油从产地输送给最终使用者。这就导致有些投资者把 MLP 市场看做一种特殊的能源收费渠道。只要还需要把能源从一个地方运输到另一个地方，这个行业就没有风险。

尽管我们永远也不知道某些事情发生的原因，但我还是愿意贸然猜测：让 MLP 与债券和股票同时具有较低相关性的根本原因，就是它特有的性质。从与广义债券指数近似于零的相关性，到与股票型指数仅有 0.5 左右的相关系数，这让 MLP 在相关性方面显示出独有的特性。目前，影响 MLP 市场发展的并不是它所涉足的业务类型，而是整个行业有限的规模和复杂的税收结构，这让大多数投资者望而却步。最令人难以接受的无疑还是复杂的会计处理方式。

对于你持有的每一个 MLP，每年你的邮箱中都会收到一份单独反映利润分配的“K-1”表（我会在下文加以补充）。对投资额较小的投资者，这个绝对是一个不值得冒险的领域。不要忘记，MLP 同样是资产类别中的一种新型野兽。与债券相比，它们带来充满诱惑力的现金流，与此同时，它们还扮演了股票替代物的角色。在我们公司的客户中，有几位从事石油天然气行业投资的人就持有个别 MLP 的股份。但同样不能忽视的是，他们对这些公司有着很深入的了解。我不会建议投资者贸然尝试一个空间很小而且又被很多老手占领的市场。在这种情况下，你可以有多种选择。首先，你可以购买大量 MLP 股票进行风险管理。当然，你还可以选择买进 500 只股票，而不是购买 SPY。

说句实话，投资者根本就不会以这种方式投资于 MLP，因为这些有限合伙公司提供的财务报表实在太复杂。请你相信我的话，或许你想给一家小型有限合伙公司的投资者关系部打电话，请求他们针对你持有的 1 000 股股票提供准确信息，或是发给你一份利润分配表，但最终结果肯定不顺心如意。除此之外，如果你需要对承受风险的头寸进行主动式管理，或是市场波动性发生变化，或者进行一般性的结构调整，又会有什么情况发生呢？

简而言之，所有这一切都是可能的，而你自讨苦吃。但是假如你确实喜欢这种方法，那就继续朝着你的目标前进吧。但一定不要注册会计师看到你的“宝马”汽车。你可以采取的另一个选择就是寻找一个 ETF，而且这个 ETF 需要模拟被市场广泛接受的 MLP 指数。像垃圾债券之类的某些指数很难复制。MLP 不仅规模通常比较小，而且某些 MLP 的日常交易量也非常有限。在这种状况发生改变之前，ETF 或许是跟踪 MLP 变动的最好途径。

第一只这样的指数产品名为“Alerian MLP Index”（AMJ），由摩根大通（J.P. Morgan Chase）发行。你不仅可以在现有资产类型范围内实现风险分散，还可以通过按“散工税 1099”（Single 1099）表格纳税而享受最低税率。

你为这种便利性付出怎样的代价呢？那就是避税效应（Tax

Sheltering）。当你拿到分配到的利润时，你需要纳税，而暂不分配的利润则无须纳税。如果你选择投资于某一个（或多个）MLP，而不是投资 ETF，那么现金分配就不需要立即纳税。但是千万不要以为山姆大叔会忘掉应该属于他的那一份美餐。在按成本法核算的投资中，利润分配被视作投资的减少，并在分配时产生纳税义务。就我们所知，避免这种税收的唯一办法就是有限合伙公司在清算之前绝不出售其股票，而且有限合伙公司的清算完全是可以期望的。归根到底，你总是要掏腰包的。你唯一能选择的就是什么时候掏腰包。

因此，我们可以看到：这种新的资产类型完全可以和债券 ETF 和股票 ETF 一争高下。选择了 MLP,就可以规避对投资所得进行纳税的麻烦。在构建一个新型并具有风险预算功能的组合时，投资者还有一种更合适的工具，华尔街之所以发明它，就是为了克服因结构过于复杂而影响投资者的接受该产品。这背后又有什么诡计吗？当然有。

本书讲述了一个为改善组合盈利性而进行的金融工程设计，这个并不陌生的故事再次提醒我们：任何额外的收获都要付出代价。2009 年 4 月，AMJ 出现之后的几年里，陆续有几只针对有限合伙公司的交易所交易票据（MLP ETN）和一只纯交易所交易基金面世。在这些基金中，有些按不同权重的指数建立，有些则只包含天然气，有些则专门投资生产制造基础设施，还有一些则属于收益杠杆性产品。

尽管吸引我注意力的还是自由市场的特性，但我们还是关注这个市场的价值。如果只有两个持有此类产品的玩家，那你尽管可以溜之大吉。这些玩家或许只能说，他们有着类似的收费，而且都想获得类似的利润。还好，只有两个卖家收取相同数额的费用。但我遇到的问题不是两家，而是 6 家出售 MLP、ETN 和 ETF 的不同公司，对基金运营完全收取相同的费用：0.85%。

这并不便宜，所有公司都收取相同费用只能说明：只要有利可图，竞争就会接踵而至，而你只能接受他们的摆布。虽然只要某个板块有利可图，我就不会放弃，但此时的我已感到一丝的不寒而栗：摩根大通、瑞银证券、瑞士信贷、摩根士丹利和 ALPS 都不约而同地认为，他们不仅可以愚弄市场上的每个参与者，还可以为 MLP 指数的交易定价。

如果你的存款也可以转换成 ETF……

从只有区区几只大型指数开始，目前 ETF 已经发展到可以为所有投资者提供一应俱全的产品。最初，我还对拆除进入这个领域的壁垒而感到激动万分。几年之前，我曾想过在马来西亚股市赌一把。由于监管方面的问题，投资者很难直接持有马来西亚公司的股票，但通过一种跟踪马来西亚股市的 ETF，却可以让投资者轻松得手。

自美国的第一只交易所交易基金面世以来，一系列同类产品在 20 世纪 90 年代如雨后春笋般出现，进入世纪之交，整个行业呈现出爆炸性增长态势。到 2001 年底，美国的交易所交易基金数量已将近 100 只，到 2007 年则增加到 600 只，今天，这个数字已经超过了 1 000 只，而且增长势头还在持续。

为复制现有各个指数而展开的竞争点燃了 ETF 扩张的导火索。制作指数的公司通过发放产品特许使用权收取费用，指数本身和基金管理公司则是以 ETF 的形式销售指数而赚钱。在过去 10 年里，ETF 批发商在推销大部分产品时都强调，他们的指数产品如何打败某些其他指数产品。很多销售员都试图说服人们购买这种指数，只要看看全国广播公司的节目，就会看到无休无止的这类广告。然后，我们便卷入了这场游戏大战之中，每个人似乎都在说只要把 ETF 混在一起就能增加利润、对冲风险，即便是在鸡尾酒会上，你也会不厌其烦地向朋友介绍这些东西。ETF 的这种火爆当然是有原因的。

不同于 20 世纪 90 年代以来的传统型指数基金，这种不为人所熟悉的新型交易所交易基金具有较高的运营成本。尽管竞争有助于市场发展，但就像我们从惨淡的谷物市场中看到的那样，我们需要通过很多参与者的竞争，压低市场价格。

归根到底，这远远不能满足华尔街的欲望。请记住，他们也正在盯着我们。随着每一个 ETF 的上市，散户投资者和机构投资者增加交易量的可能性也有所增加。而大宗商品则是下一个待开垦的荒地。2002 年，澳大利亚证券交易所以实体黄金为基础发行了黄金证券基金（Gold Bullion Securities），因此黄金也被视为第一种采取 ETF 形式进行交易的商品。不久之后，数十亿美元的资金便涌入你能想到的每一种商品市场。随着 Rydex 投资公司在 2005 年推出欧元货币信托基金（Euro Currency Trust，FXE），货币紧随黄金而成为第二种可通过 ETF 交易的商品。

正像我们看到的那样，很多事物的出现不过是现时趋势潮流带来的必然结果而已。

如果一种 ETF 不能吸引到足够的投资者和交易商买卖，那么它最终将会销声匿迹，等待它们的只有破产。在过去几年的时间里，少数 ETF 确实只能关门大吉，或是破产清算。随着市场进入壁垒的消除，任何一个有启动资金的人，只要脑子里有一个想法，就可以把它变成 ETF 的形式。但这显然不能保证人们一定喜欢它，更不用说购买它了。现在，如果你做一个 ETF 网络搜索引擎，就要做好准备挨骂了。交易量低，再加上缺少必要的资产管理，这些都已经成为整个行业频临消亡的信号。目前，这类产品的目录中甚至出现了“台湾小盘股”或者“卫理公会教徒价值基金”（Methodist Values Fund）等令人捉摸不透的东西。真的有这些东西吗？我们真的需要这些东西吗？

运营成本（Operating Cost）：这也是证明共同基金和 ETF 不是免费午餐的有力证据。共同基金的实质就是大家把各自的钱放在一起，然后再拿着这笔钱投资。你需要向他们支付费用。如果你不喜欢怎么办？共同基金要花钱的，那里有很多普通投资者永远都看不到的费用。运营成本就是共同基金投资者承担的基金经理薪酬、基金公司的房租、照明费以及经营所需的各项费用。

2008 年，证券交易委员会认为，市场需要更多的手段促进竞争，帮助投资者，也就是他们所说的消费者。更多的选择只是他们的非官方目标。在允许 ETF 跟踪指数多年之后，监管者认为，主动管理型 ETF 合法，这让我感到危机重重。因为这不仅让我们面对更多的 ETF，而且是收费更高但无所作为的 ETF，我们还要与那些主动型基金经理竞争。只要你静下心来想一想，你就会觉得这很荒谬。ETF 的全部核心就在于交易一个已知的“一篮子证券”。现在，我们的基金经理就可以在 ETF 的框架内买卖有价证券，而不通过传统的共同基金。他们怎样逃脱监管呢？按照规定，主动管理型的 ETF 必须在交易次日披露基金中的头寸。一个基金经理向全世界坦言自己每天的生存秘笈，这对他会有什么好处呢？我们能不能心平气和地在市场中生存呢？

第9章

黄金就是货币：拥有黄金就能逃脱被操纵的游戏？

> 有些人将黄金价格的上涨归结为美联储增加美元供应量的举措，但实质上美元流通量和黄金价格之间并不存在一对一的联系。

除非你酷爱恐吓信，否则，你为什么还要探讨黄金本质这种毫无意义的问题呢？如果你确实不了解黄金，不妨认为，很多投资者和你一样对黄金知之甚少。在历史中的不同时期，人们对黄金的热情也在发生变化，这就意味着，在很长一段时间里，人们对黄金的喜爱并没有达到如痴如醉的程度，它大多时候都是一种金光闪闪的装饰物。在其他时期，比如说我们今天所生活的时代，跌宕起伏的市场和捉摸不定的经济再次将黄金置于争论的焦点。但我们看待黄金的方式已经彻底发生了变化。就其本质而言，黄金就是金钱最生动的体现。这也是人们把黄金称为硬通货的原因。而通用货币，或者说放在我们钱包里的钞票，则是金钱的纸质表现形式。

在本章里，我们将以从未有过的方式认识黄金的作用，历史是如何看待黄金的，以及我们应该如何对待投资组合中的黄金。只要这个世界还存在，就会有黄金的存在。是否有些问题是本章无法解决的呢？很简单，本章不会告诉你货币到底是什么。但你还是会看到，黄金的价格通常以其他物品为参照，其中就包括货币。我们对商品、服务或独立财政政策的信心往往反映在每盎司黄金的货币价格上。假如你曾经见过真正货币，一定要代我告诉他，我真想请他吃午餐。另一方面，如果你有幸见到真正的价值，一定要抓住它。但直到现在，我们也只不过是拥有了一种从地下挖掘出来的金属，或是用作代替捉摸不定的真实价值的一小片纸。

直到20世纪70年代，人们并没有将黄金当做一种投资资产，更不用说大规模的交易。这主要归结于政府对居民持有黄金的限制以及大多数货币均采用金本位制度这一事实。在下文中，我们将探讨让我们对黄金的认识发生结构性变革的重大历史事件，但是现在，我们先来看看围绕黄金所有权的两大哲学阵营，以及他们关于投资黄金的观点。

很多冥顽不化的股票投资者把黄金看做是一种毫无用处的金属，它不仅耗费你的钱财，而且不能为你做任何事情，这就像是一个不道德的亲戚，他什么也不想为你做，只想占据你的房间还不支付房租。为了更形象地说明这个问题，我们不妨看看一个更委婉的回答，亿万富翁沃伦·巴菲特曾说过：“如果把地球上所有开采出来的黄金放在一起，它也只能填满一个长宽高各67英尺（约20.73米）的房子而已。”按现行金价计算，你用这堆黄金不仅可以买到美国所有的农田和10个埃克森美孚石油公司，还会有1万亿美元的剩余。不过，如果让你选择的话，你会选择农田、石油公司或者现金，还是抱着一大块金属呢？”在这里，数字本身并不重要。缺少食品、可以产生能量的矿产品以及用于购买生活必需品的金钱，那才是最要命的。请牢记，我们依旧用美元到便利店购买牛奶，到加油站给汽车加油。

尽管我们用黄金或许也能做到这些，但你首先需要将黄金兑换成本国货币，或是冒着被收银台后面那个人用白眼看你的危险。请注意，我说的是收银台，没有人会把它称作“收金台”。当然，在历史中确实也有过收银台可以收黄金的时候。因此，我们在本章需要弄清楚这种情况为什么已不复存在。

由于生产资料的匮乏，或者是食品和燃料等必需品产量的不足，那些憎恨黄金的人告诉你，黄金只是人们在情感上的一种寄托，是一种长期性的泡沫。图 9.1 表明，**如果长期投资的时机选择不当，黄金或许只能带来极低的回报率，甚至是亏损。你怎么喜欢一堆既不能支付现金而且在 20 年后还会贬值的金属呢？**在我们进一步深入探讨之前，仅需要记住一点：问题的关键并不在于黄金的价格，而在于黄金投资并不是一种生产性投资。即使不投资黄金，人们依旧可以让他们的资本（他们用来代表金钱的东西）增值或贬值。

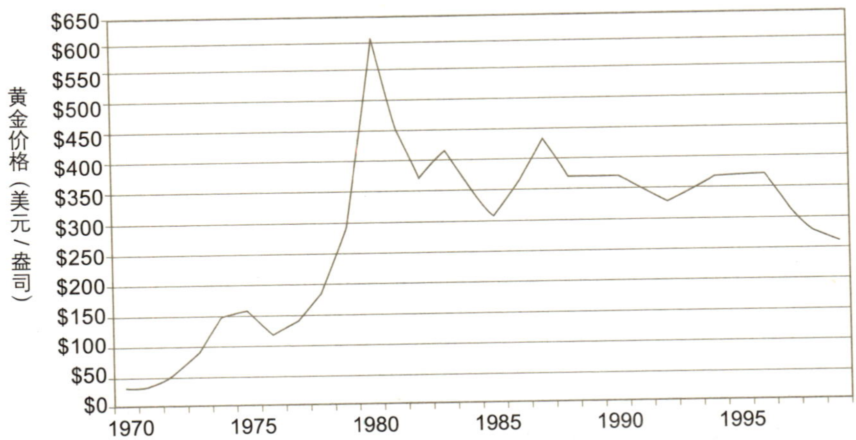

图 9.1　黄金的平均价格走势（1970 ~ 1999 年）

巴菲特为什么更喜欢白银？

除了股票之外，巴菲特还进行了一些非传统型投资品种的交易（至少伯克希尔·哈撒韦公司有过这样的投资），比如美国国库券、衍生品甚至白银。尽管他很少对外公布自己的白银交易情况，但他的投资理念很简单：白银一直是重要的工业金属，以前是，现在依旧是。它是最好的导电体，并广泛运用于电子制造业。此外，白银还是价格较为昂贵的导体之一。在1997年和1998年，巴菲特囤积了1.3亿盎司白银，市场价值超过9亿美元。尽管他始终不看好黄金的投资，但在1995年致公司股东的信中，巴菲特还是说，他一直遵循白银的基本投资原则。他之所以买进白银，是因为他坚信，“只有达到较高的价格，才能实现供需均衡。”

2006年，巴菲特抛出白银，但却没有将这个信息纳入当年的年报，也没有提及这笔投资的回报率是多少。和石油一样，人们同样也需要白银。白银在现代工业中运用广泛，但是相对于黄金而言，它的流通量却非常有限，这使得白银更多的只是一种商品，而不是硬通货。巴菲特意识到，现代军事工业对白银的需求量远高于黄金。白银、白金和钯在大量工业产品的生产中均发挥着关键性作用。这也是某些投资者可以贬低黄金的投资价值而对其他稀有金属进行投机的关键原因。从很多指标看，黄金对工业化供给都足以支撑几十年，但其他稀有金属却很有可能陷入极度短缺。

通货膨胀（Inflation）：我不关心价格到底是涨还是跌。不过，我只想维持我的购买力。通货膨胀则意味着消费者不得不为每一件东西支付更多的钱。通货膨胀未必总是坏事。通货膨胀就像脱水一样，只要治疗及时，还是可以治好的。

第二个阵营的关键词就是恐惧。的确是这样；自1999年以来，黄金价格持续暴涨，让“黄金迷”们一路沐浴在灿烂的阳光之下。

但他们却没有提到这种贵金属的长期投资业绩或是持有这种东西的根本目的。让我费解的是，他们的理由竟然与中央银行的喋喋不休毫不相干，他们似乎更喜欢“二战”前德国的极度通胀。我当然知道这些人的用意。有些人希望这个世界只存在一种永不改变的货币形式。但是没有人愿意推着装满现金的手推车站在食杂店等待购买生活必需品，而等待你的却是一块黄金只能买到一小块面包，但黄金真得是投资品吗？

我们将会看到，两个派别都没有言中要害。华尔街何以对自己的观点时冷时热，确实值得我们深思。我在当下的观点是，传统上，黄金始终不为华尔街看好，在他们的眼里，黄金是一种没有价值的投资品，但到头来，它还是成为一种可以用来向你兜售的商品。或许，这只是一种有针对性的营销。这是否是华尔街用来诱惑黄金迷和其他潮流者的诱饵呢？每一次财政救助或是债务危机，都让华尔街获得继续增长的机会，这或许是对政府最大的蔑视，因此，对于那些已经不再信任股票和债券等传统证券或者只想抵御货币贬值的人，黄金不断显示出巨大的诱惑力。因此，我们不妨从黄金在历史中的用途出发，对黄金的历史做一番回顾。

黄金迷（Gold Bug）：黄金迷就是沉迷于美国的终结、对一种闪闪发光的金属痴迷不悟的老年人。当人们已经对枪炮争夺这种重金属嗤之以鼻的时候，他们还在期待世界末日的来临。黄金投资者不想涉足这个领域，他们对这个经济系统、资本主义乃至不称职的高管始终心怀不满。他们更有可能是经营失败的中层管理者或是依赖养老金生活的政府退休雇员。他们花费很多时间预言美国经济体系的灭亡，以便于让他们用毕生财富购买这块闪闪发光的金属，从而使自己感到心安理得。

为何黄金的地位无法撼动？

黄金之所以流通已久，存在着一个根本性原因。它不仅是一种通用的财富保存形式，而且本身也不易破坏。黄金不会像其他金属那样生锈。你可以把黄金熔化，并分割为不同的重量。如果世事不顺，你可以带着黄金一走了之。在建立全球性金融体系以及钞票印刷厂出现之前，黄金始终是价值交换最简单、最容易的方式。对那些研究古代历史的人来说，白银的确是最早被用来当作货币的金属。此外，白银作为货币交换手段的历史与黄金一样同样漫长。尽管白银的历史足以和黄金相提并论，但回顾这 4 000 多年的历史，我们还是会看到，黄金在作为价值尺度的竞争中还是成为了最终的胜利者。虽然说作为工业金属而言，白银比黄金有着更重要的地位，但它的波动性也更强，而且就历史而言，白银对黄金的兑换比例一直较高。大量的白银才相当于一小块黄金。正因为这样，我们在认识黄金的时候有必要意识到，白银随时都有可能成为它的替代品。此外，黄金更受欢迎，因为它不会生锈，没有人只想得到银牌，对吧？

如果想了解黄金的历史，很多关于这种贵重金属的书籍让你有所收获。但它们中的大部分在宣扬末世论的预言：一场不可避免的浩劫迟早席卷这个星球，因此，黄金才是你唯一的选择。在我的办公室里，我收藏了很多出版于 20 世纪 70 年代末的这类危机投资论作品。自此之后，在这些书籍面世的 20 年里，黄金的地位始终未发生重大变化，唯有黄金的价值持续下跌。那么，到底是哪里出问题呢？黄金价值为什么真的像这些书中所预言那样，达到了 1 盎司可兑换数千美金呢？在很大程度上，这些黄金危机论作品的核心是向我们兜售一种恐惧：全球经济即将土崩瓦解，市场大河即将干涸，而你只有用黄金才能买到食物。当然，或许这只是一个愤世嫉俗的预言，但它背后的核心观点告诉我们，纸质货币曾经一度是以黄金为寄托的。

即便是在今天，我们依旧把黄金当作硬通货，以区别于纸质货币。这并不是说黄金有很多特殊品质。与很多古代文明一样，古罗马人也曾使用黄金和白银作为自己的货币。当世事艰辛时，他们就可以增加一点黄金或是白银用作铸币。这和印制更多没有任何真实资产支持的钞票没有什么区别。现在，我们可以明白黄金为什么如此具有活力了。这些以制造恐惧为噱头的书籍无非是想告诉人们，只有拥有纯正的黄金，才能摆脱政府的一切摆布。

但这也是黄金最令人困惑的地方。为什么这么说呢？它只能静静地躺在那收集灰尘。你之所以拥有黄金，唯一的目的就是用它在未来交换到你需要的物品。这就意味着，你购买黄金就是希望其他人能在未来接受它。它让我想起星期六下午坐在家里看电视的无聊时光。在 20 世纪五六十年代，我还是一个孩子，但也是家里唯一的孩子，因此，我不得不在家里一遍又一遍看重播的电视系列剧。在电视剧《迷离时空》（*The Twilight Zone*）里，有一集的情节是这样的：罗伯特斯和一群劫匪从一辆开往诺克斯堡的火车上偷走价值百万美元的金条。然后，他们将这些黄金藏在沙漠洞穴中一个神奇的玻璃棺材中，这些黄金将在这里沉睡百年。他们希望所有人都能忘记这桩劫案，到了那时，他们就可以安然无恙，带着财富重返人间。但他们却未能如愿以偿。抢劫者相互厮杀，在把一块金条交给一对来自未来世界的夫妇时，最后一个幸存者也死掉了。这对夫妇感到无比震惊：他居然认为这块小小的金条有着很高的价值。

人工制造黄金会让黄金失去价值？

显然，未来世界的人类可以制造黄金。我问起父亲这个故事，他告诉我，尽管科学家们可以在实验室里制造黄金，但这并不重要。黄金来自地下，任何人都可以找到黄金并把它们挖掘出来。实际上，他还告诉我，在人类的历史中，人们始终都在这个星球的每个角落挖掘黄金。我父亲对这个问题的简单回答一直左右着我对黄金的看法。因此，**黄金的投资价值和我藏在床垫下面的一捆现金不相上下。没有人知道一百年后的黄金价值几何。拥有黄金的主要优势在于，即便是现金烧成灰烬，黄金却依旧存在。**

如果你在 eBay 搜索一下黄金股票或是黄金债券，你得到一串长长的搜索结果。我喜欢把早已不存在的铁路公司债券当做艺术品来收藏。有些人收藏这些已经没有价值的票证，把它们作为艺术品或是历史纪念物，这些东西是建国之前疆域分布的证明。这似乎比收藏邮票更有趣，因为每一家公司的背后都会有故事。不知道你是否注意到，它们中的大多数已不再流通了呢？第一家在纽约证券交易所交易的公司是著名拍卖公司——苏富比拍卖行（Sotheby’s）。苏富比拍卖公司成立于 1744 年。

1824年上市的联合爱迪生公司（Con Edison）是上市时间最长的公司。这样的例子很少见，因为大多数公司的存续时间都不长。而最老的股份公司则是瑞典斯托拉·柯帕博格铜矿公司（Stora Kopparberg），它第一次发行股票可以追溯到1288年。这只股票的公开交易延续到1862年，而此时距荷兰东印度公司破产已过去了62年。除斯托拉·柯帕博格铜矿公司之外，公司的平均寿命似乎都在40年左右，这远远低于人的平均寿命。在过去的几年里，很多主权国家发行的债券都盛极一时，然后又销声匿迹。

今天，我用这些不再流通的钞票做书签，而我年幼的女儿则会抽出这些书签当做玩物。随着时间的推移，这些股票、债券和纸质货币遗物中的大多数只能告诉我们：黄金（见图9.2）、未来收益、资产、上帝和国家才是它们存在的基石。但是你听说过一盎司黄金会分文不值的情况吗？即便是生锈的白银也可以擦拭干净，然后再兑换美元。除了把姑姑遗留给你的茶具保存在阁楼箱子里之外，你还能怎样处理这些茶具呢？

图9.2　美国财政部于1934年发行的金库券

这让我想起了一本书，盖瑞·金德（Gary Kinder）的《寻找黄金船》（*Ship of Gold in the Deep Blue Sea*）。我在陶斯镇参观“地球船”时想到了这本书。和我们不一样的是，在地球船上不再需要黄金；它们完全不需电源，而且房屋都是用废旧轮胎和啤酒瓶做成的。我想知道货币的含义，但结果却只找到了一个宝藏。这本书描绘了 1857 年沉没的“SS 中美洲”号运金船。这艘客轮的起源可以追溯到加利福尼亚州的“淘金潮”，当时它正载着价值 200 万美元的黄金从美国驶向西班牙。20 世纪 80 年代，来自俄亥俄州的探险者决定搜寻这艘沉船。他们最终如愿以偿，当然还有船上价值上亿美元的黄金。不妨设想一番：船上的货币到现在已经毫无价值，但黄金则依旧价值连城。这就是黄金的力量。

问题的关键在于时点，也就是你在买进和卖出黄金时的价格差异。1857 年的黄金价值几何呢？ 1 盎司黄金价值 18.93 美元，这个价格从 1850 年一直持续到 1920 年，随后，每盎司黄金的价格一举上涨了 74 美元。你不相信我吗？看看图 9.3 你就明白了。在 70 年的时间里，黄金的价格始终保持不变。但是在随后的 30 年里，金价则变成了 30 美元 / 盎司。

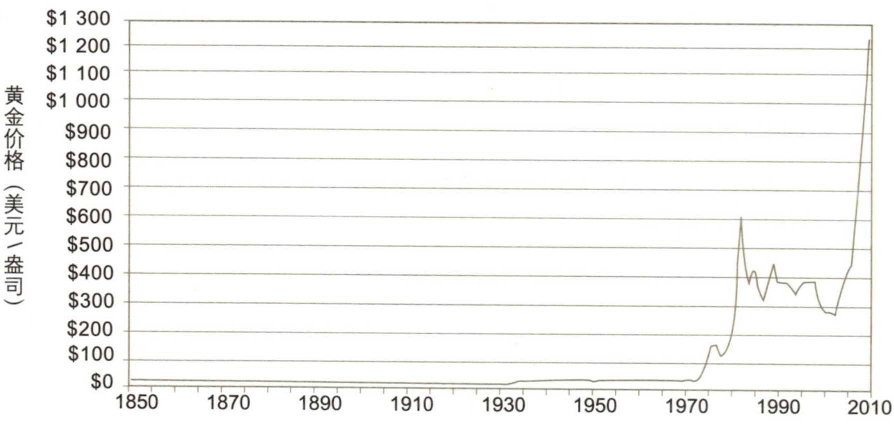

图 9.3 黄金在历史上的价格走势（1850 ~ 2010 年）

1850 ~ 1994 年的黄金价格，来自世界黄金理事会（World Gold Council）。1995 ~ 2008 年期间的黄金价格为发布在 Kitco.com 的伦敦金下午定盘价（London PM fix）。

1850 ~ 1920 年难道就没有发生通货膨胀吗？问任何一个经历过“南北战争”的人，他们都会告诉你，食物和燃料都在涨价。因此，尽管还能记得那段历史的人早已作古，但是通货膨胀在“美国内战”爆发时持续升温，而随之而来的则是“南方重建”时期严重的通货紧缩。

不过，黄金价格并没有发生大幅变化，仍然维持在每盎司 18.94 美元的价位上。此外，消费者价格指数（CPI）的年均数在南北战争时期上涨了 27%，这表明，金价与商品价格几乎没有什么联系。

通货紧缩（Deflation）：这也是让每一家中央银行在过去 100 年里最为恐惧的事情。整体经济正在不断萎缩，所有物品都变得越来越不值钱。这就像是在北极的中心试图启动一台冰冷的发动机，事情只能变得越来越糟糕。任何通货紧缩都意味着死亡和瘟疫。通货紧缩就是癌症，难以摆脱，而且很难治愈。最好的情况也只是苟延残喘。

到 1920 年，尽管年均 CPI 已经比 1859 增加了一倍多，但每盎司黄金的价格同比只上涨了 1.75 美元。这还是在经历了 4 年之久的战争时期通胀后的情况，而且其中两年的通货膨胀率均超过 17%（见图 9.4）。如

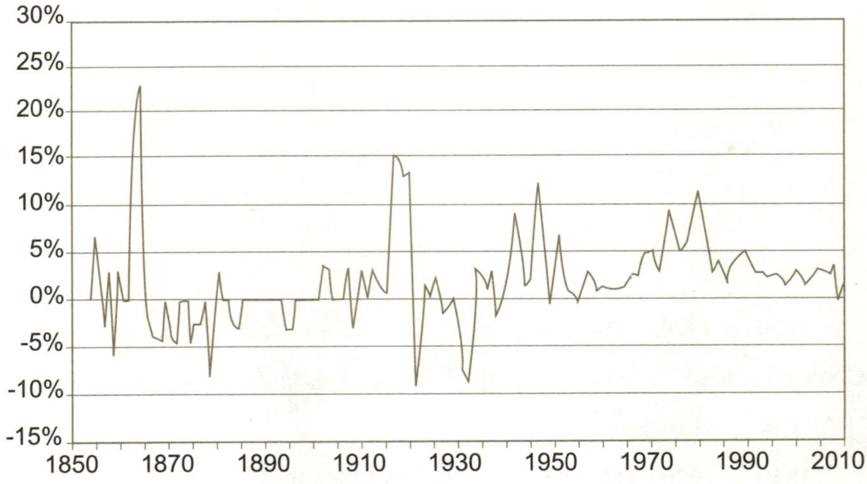

图 9.4　年均通货膨胀率（1850 ~ 2010 年）

果黄金可以让人们免于通货膨胀的危害，那么，它的价值在通胀期间为什么没有上涨呢？因为其他因素起到了稳定金价的作用，如：纸质货币被贬值，以及政府在战争期间放弃金本位。直到 20 世纪初，白银才不再被当作钉住各种外币的标准。简而言之，正是因为黄金和白银一直被用作货币标准，因此，它们对经济的稳定性具有重要影响。

消费者价格指数（Consumer Price Index）：政府衡量一篮子商品价格时所采用的方法。你是否会相信政府告诉你，你的商品值多少钱以及你作为消费者将会有怎样的遭遇？CPI 有一个致命缺陷：它并没有包括食品和燃料。尽管这适用于 20 世纪 90 年代时的情况，但如今这个指标的价值已大打折扣。更糟糕的是，当政府发行跟踪通胀率的国债时，他们就会采用 CPI，而不考虑你的真实购买力到底降低了多少。

金本位之痛：被标准化的黄金

今天，很多人认为，1971 年突然出现经济失稳的，我们大多把这种怪现象的罪魁祸首归咎为美国放弃金本位。尽管签署这项法案的美国总统是尼克松，但现在美国人早已抛弃了真正的金本位。这个事件起源于 20 世纪 30 年代。而 1971 年则意味着美国彻底终结了以美元直接兑换黄金的货币制度。那么，我们如何让几百年以来始终稳定的金价变成一种仅有象征意义的图表呢？实际上，我们根本就不必为几百年前的事情追根溯源，我们只需研究美国的金本位从什么时候开始即可。

这个传奇般的故事始于 1900 年 3 月 14 日，美国于当天正式签署《金本位法案》（*Gold Standard Act*）。除了华尔街的银行出现了一点混乱外，金本位的运行一切正常。既然新的货币标准出现了，那持有黄金还有什么意义呢？英格兰是最早强制收取公民黄金的国家之一。第一次世界大战时期，英国政府正式禁止英国民众持有黄金。

英国只是暂时停止金本位，并以国库票据替代金币。英格兰银行开始收回市场上流通的黄金。实际上，英国人始终没有彻底废除金本位，而且很多人也根本就没有要求用这些国库票据兑换黄金，这听起来似乎有点可笑。到20世纪20年代，支撑金本位的15 500吨黄金中，英国中央银行已掌握了13 575吨。但这种金本位制度在1925年发生了变化，成允许以英镑兑换黄金的金本位，而不是先前允许金币流通的做法。这种情况并没有持续很长时间，1931年，英格兰银行彻底放弃各种形式的金本位制，当时，很多人都在以纸质货币兑换黄金。此后，英格兰放弃金本位制，直至第二次世界大战结束之后，才开始重新实施盯住黄金的货币制度。

1900年《金本位法案》：该法案对价值标准作出了定义并加以规定，以维持美国政府发行或铸造的各种货币的平价，偿还国债或达到其他目的。这也使得白银更加无法担当价值标准的重任。此外，该法案允许政府拥有决定美元价值的最终权利。签署法案时确定的黄金价格为每盎司20.67美元。如果美国希望对本币贬值，只需提高黄金的美元价值即可。

我的看法很简单。尽管谈论金本位制昔日的美好时光令人愉快，但任何事情都不能阻止政府停用这种货币标准。这就是我们曾经经历的历史。我们还知道，当一种货币采取金本位制度时，它就很容易遭到攻击。1931年，很多银行将持有的联邦储备券兑换为黄金，导致美国遭受到英格兰类似的命运。

恐慌的原因是因为人们突然意识到，联邦储备委员会的黄金储备已无法满足市场的兑换需求。英格兰曾拥有一个运行良好的真实金币与纸币兑换机制。但它却在15年之后轻而易举地放弃了金本位制。一旦人们不能再持有黄金，中央银行就可以大笔一挥，对纸质货币实行大幅度贬值。

1934年的《黄金储备法案》就是这样做的。在仅仅一天的时间里，它就把黄金价格从保持了 34 年的 20.67 美元 / 盎司提高到了 35 美元 / 盎司！而对于法币来说，降低利率、印制大量钞票并贬值 40% 则需要几个月甚至是几年的时间。仅在一年之前，罗斯福政府就签署了第 6102 号“总统令”（Executive Order 6102），强制性要求公民将手中的黄金按 20.67 美元 / 盎司的价格向政府兑换美元。1934 年的《黄金储备法案》重申拥有黄金为非法行为，这改变了黄金的价格，并将 35 美元 / 盎司的价格延续到 1968 年。

随后，美元兑换黄金的价格持续上涨，并在 1971 年 8 月 15 日达到 42.22 美元 / 盎司，而且美元对其他货币的汇率采取浮动汇率制。

那么，将黄金上交给政府意味着什么呢？我向以前的一位客户问起过那段往事。1933 年，他还是一个孩子，他好父亲按照总统颁布的法令让他带着家里的金币去银行。美国以前一直铸造金币用作流通货币。作为一个遵纪守法的好孩子，他毫不犹豫地执行总统法令。

在排队等待了一段时间之后，他充满骄傲地走上收银台，上交了一枚 1 美元的金币。这位客户告诉我，这是一枚很小的金币，在当时已经极为罕见。那时，他始终还抱有一丝幻想：他的金币会安全地保存在银行的保险柜里，上面写着他的名字，等到总统觉得时机合适，把这枚金币返还给他。在一小片纸上签下自己的名字后，收银员迅速地接过这枚金币，扔进一个装满这种硬币的大金属箱。我的客户只得到了一张崭新的 1 美元钞票，只不过不是用闪闪放光的黄金做成的。他告诉我，直到那一刻，他突然意识到，他或许永远也见不到这枚金币了。走出银行的时候，他手里只拿到了一张纸片，上面写着美国政府为这张纸的价值做担保。

政府操控的到底是货币还是黄金?

既然公民无法控制影响货币价值的基本元素，那么，政府就很容易对货币市场进行控制和监管了。1944 年，44 个国家签署了布雷顿森林体系（Bretton Woods，新罕布什尔州的布雷顿森林就是协议的签署地，该州的口号就是“不自由，毋宁死”。——译者注），这份协议规定这44个国家的货币将钉住美元。由于美元的价值被固定为每盎司黄金等于35美元，因此，这些国家的货币自然也就钉住了黄金。国际货币基金组织（International Monetary Fund，IMF）也是在这时成立的。归根到底，它通过一系列规则和制度让美元的影响力遍及半个地球，而所有这些规则的核心，都有着这样一个基本前提：美元就是黄金作为硬通货的具体表现形式。这并不等于说，你手里的35美元都可以兑换到1盎司黄金。在采取部分准备金制度的银行体系中，由于世界上根本就没有足够的黄金与银行创造的纸质美元相对应，因此，存放在银行的美元是可以多次出借的。

由此可见，这是一个建立在对美利坚合众国的信任基础之上的系统。我们可以看到，当另一个国家遇到麻烦时，他们就下调本币对美元的兑换比例。如果某国政府怀疑美国维持金本位制的能力，那么，他们就可以将所持的美元兑换成黄金表达这种质疑。这种机制被称为“黄金窗口”（Gold Window），一个国家（比如说瑞士）就可以到这个窗口将美元现钞兑换为相应数量的黄金。这听起来还算是一个不错的系统吧。实际上，如果《布雷顿森林协定》（*The Bretton Woods Agreement*）的签约国对美国有信心的话，他们根本就不必使用这个窗口了。

确实，尽管美国是当今独一无二的超级经济大国，但他从来就不善于维持预算平衡。20世纪60年代，美国股票市场曾有过一段美好时光，但“黄金窗口”也开始出现裂纹。美国试图通过汇集几个国家存放在伦敦黄金总库中的黄金来维持35美元/盎司的价格。

但由于金本位制试图规避的经济震荡最终还是发生了，以至于他们的对策没有如愿以偿。1967年，英国的黄金持有量几近枯竭，这迫使他们对英镑兑换美元的汇率进行贬值。于是，投资者们纷纷抱怨，宁愿持有黄金，也不要持有英镑。这也是“黄金窗口”继续存在的原因，对吧？1967年，为了增加黄金储备，法国政府开始利用“黄金窗口”兑现黄金。

到 1968 年，美国以外的私人黄金市场开始出现，而这些市场上黄金的价格也远远高于官方的价格。

到 1970 年，通货膨胀、越南战争和巨大的政府开支导致很多政府对美国人维持金本位的能力丧失信心。1971 年夏季，形势已完全失控，美元对欧洲各国货币持续贬值，这让美国不得不关闭黄金窗口。这使得美元不可逆转地与黄金失去关联，而美元与其他国家货币的汇率也随之失控。混乱随之而来，黄金价格持续上涨，到 1974 年底，黄金价格已达到 154 美元 / 盎司。1974 年新年伊始，福特总统取消了 40 年之久的私人持有黄金禁令，但几乎毫无意义。

时间很快到了 1980 年 1 月 1 日，在非理性繁荣、通货膨胀和病态的美国经济下，金价一举达到 850 美元 / 盎司。此时，伊朗巴列维王朝刚刚被推翻，苏联开进阿富汗，吉米 · 卡特是美国总统。我们的首席运营官当时正在伊朗，形势显然不够美妙。我的一位客户为美国政府工作，于是，他只好急匆匆地钻进轿车，赶往机场——当然，他已经不能容忍繁杂的安检了。需要提一下的是，就在几年之前，欧佩克刚刚削减石油出口量，当我还在母亲肚子里的时候，她就不得不排队为她的“庞蒂克火鸟”汽车加油了。显然，我在很小的时候就已经发现，拥有一辆没有加油的好车绝对不是一件快乐的事情。

我真应该早点醒悟，为自己多积攒一点黄金。**尽管人们有理由对快速蔓延的通货膨胀和停滞不前的股票市场感到担忧，但投机才是金价在近 30 年持续维持高位的根本原因。**归根到底，金价的上涨还是因为人们希望能以黄金兑换到越来越多的美元，毕竟对这种金属的痴迷已经有千年之久。

卖出黄金、买进美元、然后投资股票市场，有谁知道这是否是最好的时机呢？你完全还可以用这笔黄金购买收益率为 12% 的美国国库券啊！有的时候，你只能在听到炮声的时候买进，在听到冲锋号的时候卖出。在这种情况下，难道你还指望着赚钱？不依赖于金本位制不意味着货币就没有价值，因为每个人都需要用货币购买商品。金价的长期下跌在一定程度上归结于20世纪八九十年代的积极扩张，这使得持有股票和债券比持有毫无意义的金属显然更有吸引力。归根到底，金价的根基依旧源于信心和经济的扩张。

没有硬通货的世界会怎样……

在这里，我想对各位说如何卖出黄金。请记住，黄金在本质上具有投机性，它只是针对某些重大事件的一种特殊保单。当然，这个重大事件不是世界末日，而是极度通货膨胀！它毕竟是防止本币（这是你用来买食品的那种钞票）彻底崩溃的基本保单。这恰恰是巴菲特这样的超级投资者对黄金心存芥蒂的原因。与公司原有内部收益率相比，这个群体会把投资黄金看做一种非理性的决策。黄金没有能力创造现金流、股息或利息收益。

作为一种工业用金属，黄金的价值非常有限，实际上，它真正用于工业的比例仅为10%。其他90%则分别用于珠宝首饰和硬通货。它是一种针对极度通货膨胀的付费保单。它也是唯一不需要考虑交易对手风险的物质，你真的相信政府会在经济形势不佳时还会履行他们的债务吗？只需问问那些曾在20世纪80年代南美洲的民众即可。黄金价值的实现不需要交易对手，因为自然属性让它在不同历史阶段占据应有的地位。

黄金终究还是一种货币

十几岁的时候，我终于第一次对黄金有了完整的感受。在六年级毕业的时候，父亲送给我一枚金币。这是一枚漂亮的1盎司“大熊猫”金币。这种金币从1982年开始铸造。当时，这枚金币的市价约为600美元，这也是我在那时的全部身家。随后，这枚金币的价值便逐年减少，20世纪80年代的大牛市自然转移了我对贵金属的兴趣。于是，我对贵重金属钱币的收藏也就此停止了。不过，当我手头缺钱的时候，我马上就想到了这些金币。当时，我想给自己买一台昂贵的摄像机。我想给房子拍一段精彩的录像，送给当地房产中介。这枚“熊猫”金币的价值一直在 475 美元左右徘徊，再加上我的生日红包，应该足够买下这台摄像机了。

当我再回头想想的时候，相比于普通的物品，黄金的保值作用还是相对有效的。最有说服力的是，在 20 世纪 80 年代初的时候，一台摄像机的价格还高达数千美元。除了黄金的保值功能之外，黄金买卖本身也是我的一种赚钱工具。除了金币之外，我似乎只能默默地等待了。

因此，它并不是一种投资，而是一种可以在未来变现的东西。如果等待足够长时间，你或是你的子孙迟早把金条兑换成现金。如果市场始终保持理性，我们根本就不需要用黄金作投资。政府政策未必能说明什么。因此，只有在政治形势发生变化时，我们才知道政策将会变更。这就是英国和美国在 20 世纪 80 年代初的现实：形势似乎还没有恶化。还记得 20 世纪 30 年代初时的情形吗？那时的确很糟糕，而且在十几年的时间里始终未有改观。

黄金就是货币，不是泡沫。但是如果太多的人需要货币，不管硬通货还是法币，泡沫就会出现。接受商品并将价格变成泡沫的是市场。因为每一个泡沫都可以成为投资的对象。因此，华尔街一直在说服公众，这是一种值得马上掏腰包的投资。我也有一些这样的投资，你也应该有一点，但关键是应该在什么时候抛出。想想希腊的破产，想想中国人让我们为国债支付的高利息，想想中东的土崩瓦解。

未来会发生什么并不重要。当某种投资产品不能再带来任何回报的时候，那就是立即卖出的时候了。当每个人都不可忍受的时候，新的希望就会重新出现在地平线，而黄金的光芒也就黯然消失了。难道你不相信我吗？

当黄金价格在 1999 年 8 月 25 日达到探底价 251.70 美元 / 盎司时，

这个世界又发生了哪些事情呢？股市如日中天，失业率创下历史新低，利率令人欣慰。政治稳定、全球和平，新的全球型货币也随之而来，这或许注定会让黄金彻底失宠。

现在，我们再看看不太美妙的另一面：这个泡沫是否能延续一段时间，这令人怀疑。为了这些不得人心的举措，我们是不是已经承受了太多的痛苦呢？我并不这么认为。中东并没有彻底混乱，希腊的改革步伐还不够快，中国依旧在购买我们的国债，欧盟成员国自身的实力与财政稳健性之间的反差正在让欧元越来越不稳定。不过，这也不都是坏事，因为它至少可以让我有更多的时间到CNBC做节目！

今天，黄金公司已不再对黄金生产对冲保值，这表明他们认为金价将一路高歌猛进。而这些公司在1999年的时候还在为价格下跌做保值对冲。这些黄金公司的对冲策略是否预示着市场将进入震荡呢？这种可能性似乎越来越大，但真正的考验尚未到来。请记住，当我们每个人都不得不吞下苦涩的药丸时，都将意味着用筹码兑换现金的时候到了。幸运的是，“黄金迷”们已经在为接手我们手里的东西作准备了。

第10章

期权：难以逃脱的衍生品噩梦

> 期权可以把你带到任何你想去的地方，它既可以带你上天堂，也可以把你带进地狱。因此，一定要保证带上地图、指南针和指引。

每当股市暴跌，人们走出阴霾后就向我问起期权的事情，而且还告诉我，他们怎么看期权。有些人很干脆地说，期权很危险。而其他人则说，期权是一种让他们轻松赚钱的方式。而事实却是接近两者之间。如果你想拥有一种强大的投资工具，那么，期权就是一种很好的选择。但是假如你根本就不知道如何投资期权，那你就会被彻底击溃。

投资期权：准备上“天堂”还是下“地狱”？

我想在这里讲述一个关于期权的小故事，你或许就能知道期权到底是什么东西，它有什么作用，以及为什么说它难以驾驭。尽管期权已存在千年之久，但把它作为有价证券进行交易却只有300年左右的时间。刚开始的时候也没有用来交易期权的交易所。直到1973年4月26日，芝加哥期权交易所成立。两年之后，该交易所的交易实现了计算机化，这个市场开始持续发展；唯有 1977 年出现了一点小意外，证券交易委员会开始对日渐扩大的衍生品市场实施监管，暂时停止了期权业务的扩张脚步。这听起来和今天的状况有点类似，对吗？尽管有证交会的阻挠，但只要你把一个小玩具交给这个市场，就不要指望再收回来。

衍生品（Derivatives）：以其他产品价格为基础的各种合约的统称。你可以按照自己的意愿让它们变得无比复杂。每个人都给这个词添加一点色彩，让它变得更加难以捉摸。可以十分坦白的说，在我还是孩子的时候，我们干脆把它称作“选项”。但把某个事物称作衍生品，似乎更多的是为了诽谤它。因为衍生品听起来就比选项邪恶得多了，这个词更多地用在媒体上。

芝加哥期权交易所为机构投资者提供了一种可以对冲现有投资的工具。你是否想在今天买进一只股票，但资金仍被还未到期的国债占用着呢？而一份期权合约，其价格仅相当于所代表股票市价的一小部分，就可以帮助你解决这个问题。对于期权来说，最重要的就是牢记，它有一个到期日，因此你还要了解在投资之前如何应对残局。

到期（Expiration）：期权通常会在几个月后到期，然后通过创建新的期权取代旧的期权。到期日实际上就是市场必须将一群衍生品交易者撮合到一起，让他们对这些含糊不清的合约的成交确定某个日期。成交可能会导致到期日当天的交易出现不同寻常的反应。“三巫显灵”（Triple Witching）指是的股指期货、股指期权和股票期权三种合约在同一天到期结算的情况。当发生这种情况时，在同一天里会有很多人像无头苍蝇一样到处乱撞，希望甩掉手里的麻烦。但很多衍生品交易商还是想拿到尽可能多的合约。

忘掉那些让人头疼的称谓吧，如看涨、看跌，买方、卖方，或是令人忍俊不止的滑稽名称，如铁鹰套利、套期保值等，关注一下期权到底能为你做哪些事情。

首先，你是否想独立制定投资策略，还是想请一个专业人士帮助自己。我发现，华尔街非常注重制造噱头，挑起人们对期权的热情，但到头来，还是让最终用户自行决策。为什么这样呢？在法律上，期权本身的高风险可能给投资顾问带来很多麻烦。

此外，大多数投资顾问并不知道如何构建一种可以实现保值的期权策略。如果行业只是为你提供培训，但却不提供任何操作建议，那么，一旦你损失殆尽，也只能自认倒霉。尽管这不是一种做生意的好方法，但我却不这样看。

如果人们永远不加入新游戏，永远不赔钱，那怎样才能掏出客户腰包里的钞票呢？我并没有说这是一个赚钱的好方法。你应该猜得到，到底有多少种期权完全取决于你的想象力，到底期权能不能帮助你获利。

但我认为最好的想法也就是最简单的想法。尽管我的公司也采取了某些期权策略，但和华尔街的那些手段相比较完全就是小巫见大巫。不管是什么事情，越复杂我们就越难于理解。如果那些所谓的专业人士不能给你一个解释，那就意味着两件事情：**首先，这些专业人士或许根本不知道自己在干什么，这是最有可能的情况；其次，这可能表明你没有能力理解他们的策略。**如果是后者，那就不要担心了，你只要对他们敬而远之就万事大吉了。

你认为期权危险还是汽车保险更危险呢？假如你只掏一点钱便可实现自己的资产保值，这难道不是一笔好生意吗？但假如你来到邻居家，向他推荐为他的宝马汽车购买一年 500 美元的保险，你会作何盘算呢？你或许最希望他永远也不开车出门。

归根到底，你处在这个交易的哪一边决定了你所承担的风险水平。期权可以起到保值和控制风险的作用，这也是它们的最初目的，但它们也可以用来投机和赌博。幸运的是，有些投资者更倾向于站在交易更危险的一边。于是，这个市场就诞生了。

如果你想赌博，我建议你还是去赌场，而且很多赌场还提供免费餐饮。但请你记住，千万不要用这种最本能、最原始的技术保卫你的财产。请记住，期权可以把你带到任何你想去的地方，它既可以带你上天堂，也可以把你带进地狱。因此，一定要保证带上地图、指南针和指引。

我绝对没有兴趣告诉人们如何赔钱。但是假如人们想做蠢事，我为什么要阻止他们呢？我们有必要描述一下这种幻象，并提供一种可以表达这种幻象的方法。

内幕消息只会让你进监狱

这个世界上根本就没有什么真正的绝招，假如你确实得到一条内幕消息，恐怕你还没使用它就得进监狱了。不过，如果你确实有超人的直觉、窍门或是没有人能让你动摇的荒唐主意，我可没有时间去说服你，我也不关心你到底怎么想，那你就继续做美梦。

让你倾家荡产的“扑克牌游戏”

应该为普通投资者提供怎样的期权策略呢？首先，不要习以为常地告诉他们什么是期权。华尔街为什么喜欢期权呢？很简单，因为它好卖。

每当你看到投资资讯或是宣扬一夜暴富的网站时，他们兜售的肯定是期权。因为他们可以把各种各样的期权混合起来，创造出你可以想象到的任何一种场景或是策略，有了如此神通广大的工具，这样他们兜售的任何策略客户都能接受。比如说，你是否在昨天晚上的电视节目中听到有些大腕夸夸其谈“我的策略适合于牛市、熊市或者盘整”，或是“你是否喜欢有限亏损和无限盈利的策略？”他们谈论的就是期权。期权的另一个优点就是购买期权合约只需支付少量资本，而且期权为投资者提供超高的杠杆率。此外，期权合约给经纪公司带来的盈利也多于股票经纪人所产生的佣金。这显然是个有利可图的生意。经纪商可能更喜欢交易期权，还有自甘堕落的赌徒。

也可以换一种方式看这个问题，如果他们在销售期权时说："你难道希望在不到一年的时间里赔光全部投资？"你该怎么对付呢？事实上，很少会有经纪人向你作出这样的承诺。或者他们会说，"难道你喜欢支付更多费用，去购买一个一夜暴富的骗局吗？"那你就试试期权。我个人推荐入门级别的投资者尝试一下期权。老谋深算的交易商就需要这些初级投资者为他们捐钱。

双重因素导致期权难以交易。首先，你必须把握好时机。所有期权都会到期。因此，即便你的想法没有错，但最终你仍然会损失全部钱财，因为它不是在特定时间内发生的。第二个因素是期权的定价。期权的定价依赖于只有少数老牌交易员才能掌握的复杂模型，但却会把普通期权交易参与者置于极端不利的地位。

总之，期权实在是太复杂了。这也是大多数投资者对期权敬而远之的原因。这并不是因为期权不好，而是因为它们太复杂，以至于普通人需要很多年的训练才能驾驭它们。如果你恰好是那种喜欢下象棋或者玩复杂拼字游戏的人，那投资期权或许就是让你释放能量的最佳渠道。

如果你想一步登天大赚一笔，那还是去寻找有这种功效的超级武器吧。买入期权(Call Option)是一种低成本的烧钱方式。为什么这么说呢？因为你只能赔掉用来购买期权的本金。

因为你购买一份随股价上涨而升值的合约。唯一不确定的因素就是时间。期权有期限，如果股价不能随着时间的推移而上涨，那你就要赔钱。你或许会问，既然你对自己的投资这么有信心，怎么还能赔钱呢？你当然会赔钱，但用传统的理性投资技术投机没有意义。你可以用完全相反的方式做相同的事情：购买一份卖出期权（Put Option），防止股票在特定时期内下跌。

1998 年，我第一次购买期权，我赌的是黄金价格即将上涨。不要问我有什么秘诀，这重要吗？在那个时候，我们还没有可以用来跟踪黄金价格的交易所交易基金，但当时的芝加哥期权交易所已经出现了可以交易的期货期权。尽管金价在随后的 12 年里总体上涨了 5 倍，但是期间有一个阶段，金价持续下跌，我在期权到期后勉强坚持了一年，随后我的投资就分文不值了。

因此，我的主要观点就是，尽管要避免这种投机，但是在没有其他选择的情况下，这样的策略也堪称完美。不过，这种策略总能如期兑现，因为在那个时候，你肯定胸有成竹地以为自己找到了答案。我也会买一点股指期权、股票期权或是商品期权。尽管有赔有赚，但随着时间的推移，我开始怀疑自己是不是真有收获。我唯一可以告诉你的是，**尽管这的确比打扑克有趣得多，但天底下从来就没有免费的午餐。你还是应该坐下来想一想，做生意毕竟还是自己的事，如果你赚钱了，你回头可以告诉他们，但是如果你赔钱了，他们当然不会把之前你给的小费还给你。**具体步骤如下：

1. 确定需要多长时间才能把你的疯狂想法诉诸实践，或是在你的梦想没有成真时，你至少需要多长时间才能放弃这个想法。大多数人摆脱这种心境的时间不会超过 3 个月，但可能有几个星期。我的建议是，让这个时间稍稍长于你计划的时间。这并不是说这对你有很大帮助。
2. 你觉得会发生什么？你需要对一只股票可能会上涨（或是下跌）多少作出判断。这将有助于你下一步的投注。它至少需要上涨 10%，否则，你永远也不要购买期权。
3. 确定执行价格，看看你是否能赚到一点利润。如果你手里有价值 10 美元的股票，期权的价格为 1 美元，那么，你就必须这么想，股票至少上涨到 12 美元，你手里的钱才能翻倍。尽管你还需要进行其他很多工作，即便这样，足以让你应对了。有点混乱，是吧？不必紧张，你可以找到很多在线服务工具，尤其是期权行业协会，他们的任务就是维护这个行业的声誉。

4. 掏出你口袋里的钱，然后就把一切交给市场处理吧。

下一个“卖出键”在哪里？

好吧，无论是对于投资者还是投机者，甚至是职业对冲基金经理，他们面对的最大问题就是不知何时卖出。市场下跌的不确定性又加剧了这个问题，想想中风之后发生的事情，你就知道这种感觉是什么样。假设你持有一只持续上涨的股票，但出于某种原因，你急需一笔现金。不要试图为无法逃避的税收找借口，也不要说这笔钱是你父亲留给你的遗产，或是听信世界末日马上就要到来。这都没有意义，关键的是你要保护好自己的财产。你很幸运了，因为华尔街就为你准备了这样一个市场。

我们把这称为保护性看跌期权（Protective Put）。它只是一种短期性保险合约，之所以购买这份保险，就是为了保护现有的股票市值不会在特定时期内贬值。但这需要付出成本！此外，你还用现金兑现这份期权，或是选择等到期权到期。虽然这的确不容易，但假如你不想让自己的股票一文不值，这显然是最简单的途径。

我的首要建议就是不要被这种幻象迷惑。它最适合于集中投资，或是在组合中超过 20% 的单个股票。此时，你最需要解决的问题就是：为什么不马上卖出这只股票。没有人因为盈利而破产。因此，只有当你有足够的理由觉得股票即将下跌时，才可以尝试一下这样的投资策略。在我们公司，如果我们认为市场或某只股票下跌，那么我们立即抛出它，并将其变成现金。

做空某项投资最便宜、最安全的办法就是把这种投资变现。现金既没有风险，也没有回报。在你准备购买保护性看跌期权时，请务必记住这一点。尽管我们永远可能无法摆脱风险，但至少可以用钱买来一段时间的宁静。

交易股票的拦路虎：税收

我的很多客户都通过长期持有股票而发了财。当然，你首先必须找到合适的股票，很多客户都承认找到这样的股票很困难，不仅需要刻苦钻研，还需要非常好的运气。他们之所以长期大量持有某些股票，是因为这些股票本身就是“幸运儿”，他们卖掉了其他股票，或是换掉投资组合中的其他股票。

有的时候，有些客户不再专注于持有某些特定的股票，而是希望通过多元化投资分散组合风险。在另一些时候，有些客户则认为原有股票已不再具有吸引力。

对客户来说，从组合中剔出一个占据主要地位的头寸显然是一个巨大的挑战，这种挑战通常来自两个层面。首先是情感层面的挑战，越早摆脱对抛弃这笔投资的依恋，投资者越有可能更快地盈利。其次是降低成本的挑战，尽管当前的资本利得税已经达到近几十年内的最低水平，但税收就是税收，没有人喜欢纳税。

一种可以选择的方案就是卖出对这种头寸的买入期权。在我初入华尔街时，这绝对是一种经典的投资策略。在那个时候，我只关注上市公司的某些高管。当这些高管抛出手中的股份时，却往往不知道应该在什么时候出售，因为当时的资本利得税高得惊人。

基本情况是这样的：当时，有些人想购买看涨期权，即买入期权，以防止股价上涨提高购入成本，但是他们需要为此支付一笔期权费。

请记住，期权本身也有价格，因此，购买期权也要付出相应代价。在采取持有看涨期权（Covered Call）的策略时，就需要投资者在买进股票的同时卖出股票的看涨期权，或者是针对投资者当前持有的某一股票出售看涨期权。因此，此时的你就成为这份期权合约交易的另一方。不过也不要为此担心，由于你持有的股票就是建立这份期权的基础，因此，这种策略就给你可能遭受的亏损设定了上限。这就相对于你在告诉期权的买方：你打算在某一特定时间，如期权到期日，按特定价格，也就是执行价格将股票卖给对方。因此，你现在就可以赚到钱了！

成本基础（Cost Basis）：投资者总会做一些滑稽的事情，比如，在抛出价值 100 美元的股票时，他们会认为，必须对这 100 美元的收入纳税。但是，如果他们是在 50 年前买进这笔股票，那么，其成本很可能已经接近于零。这种认识误差导致很多人持有股票的时间太长，以至于他们的成本已经变成了负值，究其原因，就在于他们因为总是担心纳税而没有及时兑现利润。现在，尽管成了输家，但他们还是把少交税款作为吹嘘的本钱，但他们却没有计算一下拿到手的利润到底少了多少。

期权费（Premium）：期权的定价包括两个部分，内在价值和期权费。期权费就是你的交易方在签署期权合约时需要支付的费用。如果你是期权合约中的买方，你支付期权费，换取要求对方在特定时间做某件事情的权利，而你承担的最大风险仅限于你支付的这笔期权费。假如你是期权合约中的卖方，你就有权接受这笔期权费，作为回报，你需要承担起随后履行约定事件的义务。因此，投资者需要选择到底应该由自己还是别人来承担这份责任。

如果你的股票始终没有达到约定的执行价格，那么你就可以在期权到期时留下这笔钱，即期权费。另一方面，如果股票市价超过执行价，你的股票就会离开你的账户。这笔股票给你带来了什么呢？你需要按执行价卖出股票，而不是按公开市场价格受偿，此外，你还可以把期权费留在手里。为什么不干脆卖出手里的股票呢？你当然可以直接卖掉股票，但这样的话，你或许只能在一定时期内逐步兑现股票，也就是说，卖出股票的速度很慢。当然，你还可能在这段时间内遭遇股价下跌，而且，如果股票的价格下跌到看跌期权的执行价格，你肯定悔恨交加，觉得自己很愚蠢。因此，你不应该这样做！如果你已经制定了计划，那么只要坚守如初，你就没有理由后悔。如果你想尝试一下看涨期权，不妨做做功课，或是聘请对期权策略方面的专业人士。

“期权的确不凡！为什么不是每个人都趋之若鹜呢？让期权保卫我的所有财富吧！”在这里，我有必要提醒几句：让投资者赔光所有财产最快速的方式，就是期权投机。我强烈建议，每个人都必须清醒地认识到，华尔街想让你头脑发热，让你被无尽无穷地风险所烦扰，而且永远会不假思虑地使用期权。实际上，只有通过多年的期权交易，你才有可能作出判断：哪些策略可行，哪些不可行。每一种情况都需要进行深入分析。遗憾的是，等你有能力作出这些判断的时候，你的组合可能早已经分文不值了。

在采取期权策略之前，你务必弄清楚为什么要做期权交易。此外，你还必须认识到，你所接受的期权培训与现实中期权定价几乎毫无关联。从入门者的角度看，只要你还会最基础的数学计算，期权交易似乎就很容易。不过，期权交易者或许是这个行业里最恶毒、最阴险的玩家。我之所以这么认为，是因为我就是他们中的一员。绝对不要把期权当做一夜暴富的金钥匙，在没有成功的经验之前还是老老实实地赚点本份钱吧。

期权的确是限制风险的绝佳手段，它可以帮助我们避免因为愚蠢的投资想法买进看涨期权或是看跌期权而损失惨重，或是对股票头寸进行保值，保护性看跌期权，或是在清理头寸时减少纳税负担，持有看涨期权。任何想法都有可能成为专业期权策略的主题，如果这恰恰是你需要的东西，那你就可以自行决定你的投资了。但是在这之前你也必须知道，期权随时可能会让你倾家荡产。

第11章

股利：掏空你腰包的小把戏！

如果你想控制一个主权国家，最好的办法就是控制他的负债。如果你想控制一家企业，最好的办法就是买下它的全部股票。

华尔街显然比这个星球上美国以外的任何地方都更希望掏空你的腰包。那么，他们怎样在同一时刻得到每个人的关注呢？只要你想交易股票，你就会成为这个行业的客户，为他们创造佣金。购买共同基金马上就会招致隐性费用。

但是如果你只想找几只不错的股票，并长期持有，那你的收益肯定非常有限。华尔街根本就不会关心散兵游勇，他们关注的是整个行业。你不可能通过某个事件愚弄某个人，而是时时刻刻地愚弄这个市场中的每个人。

只有设计和选择适当的营销方式和营销素材，你才能给自己创造出一大批追随者。一条可行之路就是制造狂热与崇拜，而信仰的力量则是仅次于恐惧和贪婪的最强大武器。

股利（Dividends）：即公司支付给股东的一部分利润。此外，如果你长期持有普通股而不进行任何交易的话，股利也是你获得回报的唯一方式。对于容易上当的人来说，正是因为他们追求高股利，所以他们才购买即将破产公司的股票。你不能控制股利的多少，只有公司的管理层才能决定发放多少股利。股利就像是补贴，你只能祈求你的父亲多给一点。如果这家公司的确值得投资，那它就应该把这笔钱重新投资于公司，而不是用来支付股利。向你支付股利就等于承认，公司的管理层不知道如何处置这笔钱。

散户对股利的痴迷营造出来的空中阁楼

华尔街很早就开始利用股利创造一种狂热氛围，这种做法一直延续到今天。也并非一贯如此，很多事情也在随时间的推移而变化。我们需要了解的是，股利怎样成为股票投资者关注焦点。股利显然不是你投资的终极目标，那么投资最终追求的目标应该是什么呢？

散户投资者对股利的痴迷始于 20 世纪 20 年代。在这 10 年里，大批资金有限的散户投资者涌入股市。这些人希望买股票，而华尔街也知道该如何满足公众的需求。也正是在这 10 年及随后的“大萧条”过后，企业才开始发现，如何管理好股利政策以取悦于投资者是一件大事。于是，华尔街宣传的焦点也不再是如何打造一家好公司，相反，他们开始借助于改造观念而操纵这个体系。这个新时代也重新定义了他们向投资者兜售股票的思路。市场不再只是富人和投机者的天堂。普通公众开始进入股市，而他们所需要的推销策略自然也不同以往的伎俩。股利也成为人们梦寐以求的关键点。

在那个时代，交易股票的费用非常昂贵。居高不下的佣金一直持续到 1975 年，这一年，佣金监管放松政策让证券公司在随后 20 年里展开了最激烈的竞争，并最终造成了今天泛滥成灾的过度交易现象。20 世纪

20 年代，投资者在购买股票时，实际上是在购买一张踏上财富之路的车票，一张通往美国梦的门票。

和支付利息的债券不同，普通股无需向持有者支付任何回报。上市公司的管理层每年都要对普通股股东支付的股利进行投票。没有任何事物一成不变，也没有任何股利永远安全。令我费解的是，总有人问我，"股利有保障吗？"如果你需要让一大群高管聚到会议室，对公司的每一件事情投票表决，那任何事情都没有保障。有些公司几十年以来一直在支付股利，但我们也会看到，没过几年，就有一些公司因支付股利的金额过高、时间过长而不得不削减股利，甚至破产。只需看看花旗银行和通用汽车在 2008 年的遭遇，我们便可略见一斑。因此，我们还要退后一步，以更宽广的视角看待股利。我想讨论的并不是股利到底为何物，而是投资者应该如何看待它。就目前的情况而言，大多数人都已经接受了华尔街的洗脑，所以说也只会提出错误的问题。我们想知道这到底因何。

股利为什么会飞进你的腰包？

如果你能让孩子们从最经典的"垄断"游戏玩起，那么，对他们进行理财教育就会得心应手。当我向父亲问起，50 美元的股利是怎样平白无故飞进我腰包的时候，他用一种让华尔街瞠目结舌的方式解释了这个概念。我们暂且回到那个星期六下午。父亲始终是用这种直截了当的方式对待我这个只有 6 岁大的孩子。如果全凭我自己，当然无法理解这么深奥的道理。

"李，我想让你解释一下，在你从银行里取出这笔钱之前，它到底意味着什么？你拿的钱来自公司的利润，它是公司决定支付给所有权人或股东而不是留在他们自己腰包的钱。"

"我更愿意把所有的钱都留在自己的手里。"

"我知道，但那是管理层的想法。他们是这家公司的经营者。如果一家公司在经营年度内实现盈利，那么，他们就必须为来年的经营作预算，以及确定有多少钱是他们不需要的。”

“那他们为什么不留下全部利润呢？”

“因为这不是他们自己的钱，利润属于全体股东。管理层必须说明他们需要多少钱用于经营，股东的投票显然要符合他们自己的最大利益。于是，管理层或许会说，公司今年赚了1美元，但50美分需要在第二年购买新设备，或是用于可以在未来为股东创造收益的新项目。如果是这种情况，那么，就只剩下50美分没有用途，于是，这笔钱可以采取股利的形式分配给股东了。”

再投资（Reinvestment）：如果一家公司不能确定如何对已实现的利润进行投资，那么，他们就可以将这笔钱交给你，以此希望你能买进更多公司的股票。尽管对股利进行再投资有利于创造更多的财富，但我们首先应该理解这个概念的真正含义。如果一家公司说，“我们不知道如何分配利润，因此只好把它们交给你”，或许，你也应该把这笔股利投资到其他地方。

“假如公司认为需要留下全部利润，股东怎么办？”

“很多CEO说，他们需要留下全部利润，那是因为他们是骗子，他们只想把钞票塞进自己的腰包，而不是摆在股东面前。你永远也不可能从公司拿到很多钱，除非他们把现金放在你手边。我不喜欢购买不支付股利的股票，原因很简单，要么可能是因为他们没有足够的利润支付股利，要么就是CEO刚愎自用，以为他们可以用再投资的钱创造出更多财富。”

“我听不懂。”（我当时才只有6岁啊！）

“有些公司每时每刻都在创造财富，比如说可口可乐。他们每一年都会赚到一笔利润，然后，他们把其中的一部分用于再投资，另一部分则向股东支付股利。可口可乐公司明白，他们完全可以实现预期的增长速度，他们每年创造的利润都要多于次年销售可乐所需要的资金。而计算机公司则不同。它们中的大多数根本不赚钱，即便赚钱，这些公司的经营者也希望能留下每一分钱，而且为了扩大规模，它们还要借更多的钱。如果一切顺利，它们的股票或许还能上涨，但这或许还要取决于人们如何看待这家公司。这就是我们需要熟悉整个股票市场的缘故，只有这样，我们才能对每只股票的价格达成一致。这也是我赚钱的方式。如果新的投资是一堆垃圾，那么，我手里的股票自然分文不值，股利就更无从谈起了。”

“我可以参加针对股利的投票吗？”

“当然可以，不过你首先要购买公司股票。但问题是，如果你没有足够股份，或是有足够的人投出与你相反的票，你就没希望了。管理层当然可以做他们想做的事情，你根本无法控制他们。最重要的就是公司的经营者是否持有大量股份。如果他们自己的钱与公司的命运息息相关，他们自然会尽心尽力。”

“这的确很酷，我认为我想得到更多的股利和更多的钞票。”

“那你首先要学会如何研究一家公司，看看哪家公司最善于管理利润。这也是我阅读公司年报的原因。一旦你参与到为公司的利润分配作决策，那你玩的就是另一种完全不同的游戏了，你需要决定是否接管这家公司，而不仅只是购买这家公司的股票。你当然没有那么多的钱，我也没有，既然如此，为什么浪费时间呢？如果公司不能妥善打理他们的业务，他们就可以支付股利，而不是有效管理公司，于是，他们的股票就只能变得越来越有价值。这似乎难以理解。但是有一只股票能支付股利，并不意味着它一定就是一家好公司。那就轮到我碰碰运气的时候了，再给我倒一杯酒。”

父亲对我说的最后一句话，也是最重要的一句。从概念上看，股利似乎很容易理解。作为股东，股利是你额外得到的利润。只要这家公司有效地管理业务，它就值得你长期投资，而股利政策就是这个过程的关键。

股利：操纵投资者心理的工具

我的建议或许让大家扫兴，其实，对股利这个问题，你最需要了解的东西，都已经在 1934 年本杰明·格雷厄姆（Benjamin Graham）和大卫·多德（David Dodd）出版的《证券分析》（*Security Analysis*）第 29 章里得到了解答。

格雷厄姆曾经是哥伦比亚大学的教授，他在 1929 年股市暴跌期间投资失败，随后便写下了这本传世之作。目前，这本书依旧是哥伦比亚大学的指定教材，也是所有专业人士了解价值投资的启蒙之作。

当然，我并不是建议你先赔光钱，然后在百无聊赖之际再找一本书打发时间。尽管按大多数标准来看，这本书已经过时，但对于那些真正痴迷股市的人来说，本书绝对比我看过的其他任何一本书都能经得起时间的考验。

在当时，普通股的确很普通。只有债券和固定收益证券才是很多聪明人研究的东西，这种情况甚至到今天也未改观。在那个时代，《证券分析》这本书具有开天辟地的意义，它在今天依然拥有这样的意义。

它对普通股进行了深刻解析，使得市场研究者不仅可以直截了当地分析一家公司，而且可以理解动物精神、贪婪和恐惧何以在市场上长存以及它们如何影响投资者。

股利并不仅仅是一种简单的利润转移方式，它更是一种可以操纵投资者心理的工具。股票本身并不复杂，真正让市场操纵者感到神奇的，是人的本性。那么，格雷厄姆对股利的剖析给我带来了哪些启示呢？那就是，我们在市场中如何体现股利并不重要。

《证券分析》这本书对公司应如何支付股利进行了深入分析。在格雷厄姆撰写这本书的时候，1929 年的股市暴跌刚刚演变成全球性的经济“大萧条”。格雷厄姆深知，在这种情况下，人们祈求的不是能得到多少，而是实际拿到多少。

实际上，直到 1954 年，股市才最终涨回到 1929 年的水平。这就意味着，如果你在此期间持有一只股票并且希望得到回报，那么，唯一的途径就是让管理层对股东分配利润。但这并不总是最合乎理性的做法。

而格雷厄姆通过这本书告诉读者，如何从企业经营的角度看待留存收益，而不是用丰厚的利润分配引诱投资者。他认为，股东应该在每一年都主动地了解公司经营状况，确定利用利润的最佳方式。股东就可以根据自己掌握的情况和经营常识，对企业应该支付给股东多少股利进行投票。这的确是一个美妙的想法，即便是格雷厄姆也知道，人们太懒惰了，以至于根本就不会这样做。

此外，他还指出，股东应该看到，当公司失去太多可自由支配的资金时，同样不符合他们的最大利益。这不仅仅是因为鼠目寸光的贪婪。如果一家公司每年都实现盈利，为什么不把全部利润都分配给股东呢？而且这还有利于对管理层实施监管，让他们随时保持自律。这当然是个好主意，不过，当一家公司现金严重短缺时，它就可能走向破产了。此外，有些公司则希望通过股利的再投资实现增长，或是通过股利的再投资创造更多利润。总之，股东聘请管理层管理企业，不就是为了达到这样的目的吗？

动物精神（Animal Spirits）：或许这是一种巫术，但它却是无法更改的事实，它是一切事物的本性和最原始的状态。大学毕业时，你就要偿还自己的助学贷款了，此时，你就开始感受到那种动物精神。它就是能让你每天早晨醒来的东西——直觉。尽管它绝非理性，但它往往正确。动物精神可以解释群体的疯狂以及人的非理性行为。它精确地诠释了为什么某些人会赚钱，而另一些人生来就是失败者。它是黑格尔与尼采针锋相对的根本差异，但尼采还是成为了最后的胜利者。

不幸的是，公司经营者和所有者之间更多地体现为敌对关系。你能想象到 20 世纪 30 年代公司纷纷倒闭时的这种紧张关系吗？

格雷厄姆的股利再投资之道

一切都在我们的想象之中。假设人们持有一家公司的股份，如果这家公司每年按固定金额支付 4 次股利，这或许足以说服股东继续持有股票，但格雷厄姆认为，这样的做法并不可取。

首先，要在每个季度支付相同的股利，公司就必须为未来经营保留足够的资金。没有人可以摆脱经济周期的影响，而这又意味着，在利润不足以支撑未来经营时，公司就必须保留额外的现金。现金是没有生命力的，与投资相比它带来的回报太有限。更重要的是，与那些希望把现金放进自家银行账户里的股东相比，放在公司账户里的现金永远不会让他们感到满意。本能常常战胜理性，于是，这种动物精神让公司经营者把全部注意力集中于每季度的分红。它还改变了投资者的行为，让你不再过问“最近的经营状况如何？”而是更关心，“你只需按时分配属于我的那份季度分红，因为我还需要花钱呢。”

其次，就是让投资者习惯于这种模式。即便是在今天，削减股利都有可能意味着死亡。想象一下，如果银行在 2008 年削减股利的话，投资者对此会作出怎样的反应呢？人们会把这当成世界末日到来的信号，不过事实也的确如此。有些公司因为这样而自食苦果，为了保住面子，他们没有削减股利，但他们根本就没有足够的利润支撑这么高的股利。我们都知道，入不敷出的时候是什么情形。诚然，美国人一直在这么做；他们把这称为信用卡负债，它让你寅吃卯粮，得以苟延残喘。未能及时削减股利，让很多管理层如大海中的沉船，愈陷愈深，直至无法自拔。

第三，**格雷厄姆并不主张采取固定股利政策，因为这样的股利政策本身就不合理。**他始终倡导公事公办，像一个真正的企业家那样，做出符合商业逻辑的决策，而不是依赖于情感。固定股利政策不仅不能解决公司的问题，也不符合股东的长期利益，且双方都在自欺欺人。

格雷厄姆在去世当年接受的一次采访中，改变了对几个关键概念的观点。尽管拥有 60 年的投资经验，但他始终未能看到最初提出的深度价值概念付诸实践。在格雷厄姆看来，华尔街的很多分析师注定就有着业余投资者无法企及的优势。此外，他也承认，他对有效市场的依赖极为有限，或者可以说，你根本就不可能打败市场。

但他仍然相信，如果寻找那些被大公司所忽略的小公司，或许能让你找到别人没有发现的机会。尽管这个市场早已成为大家寻找的对象，但我可不愿意到处寻觅这样的小公司。不过，他还是认为投资者应该遵守游戏规则："普通股有一个重要投资特征，还有一个同样重要的投机特征。它们的投资价值和平均市场价格总是呈上涨趋势……投机或赌博毕竟是大多数人与生俱来的秉性，这就使得股票的价格总在两个方向上非理性震荡，时而上涨，时而下跌。"

通过 60 年的亲身体验，格雷厄姆最终发现，利润的再投资是创造财富的关键。尽管股利政策的宣传价值确实让华尔街受益匪浅，但是在进入 20 世纪 50 年代，一切又重新开始了。

随着"二战"的结束和"美国大兵"纷纷走出大学校园，美国经济进入了新一轮的快速增长，而这场经济增长一直持续到 20 世纪结束。回顾历史，我们很容易发现，"婴儿潮"一代推动了美国经济的发展。尽管目前存在债务的无序膨胀以及企业过度杠杆化等问题，但不管怎么说，美国经济依旧是全球第一，这一点绝对不值得大惊小怪。但问题是，在市场过度增长时，人们就会想到投机。

在走出 1929 年的股灾之后，经历几十年的复苏，人们终于在 20 世纪 50 年代再度看到增长的迹象。华尔街需要满足投资者的贪婪，固定的股利已无济于事。在此期间，不支付任何股利的成长型公司反倒成了市场的宠儿。

假设你有一份稳定工作，又有可以用来投资的收入，如果公司支付股利，你就要为这笔收入纳税，但公司可以通过再投资这笔钱创造更多的价值，或是进一步抬高公司股价，那又何乐而不为呢？这显然需要一种不同于 30 年代那种孤儿寡母的心态。

资本结构如何影响股利

而最能反映这种心态的，就是公司对资本结构的重新认识。

股利政策对资本结构至关重要，因为支付股利会减少公司的流动资产。1958 年，时任卡耐基·梅隆大学（Carnegie Mellon University）经济学教授的弗兰科·莫迪利安尼（Franco Modigliani）与默顿·米勒（Merton Miller）提出了企业资本结构最优化的基本原则。当然，这其中也有一些只有学术界才能接受的假设性前提。比如说，首先假设不存在税收成本或破产成本，而且市场是理性和有效的。这太完美了，尽管这样的假设在现实中不成立，但莫迪利安尼和米勒的理论（M-M）毕竟为华尔街向公众推销股票又开启了一扇新的大门。这一理论认为，资本结构具有非相关性，这就是说，公司的价值不依赖于权益与负债的比例。这在当时绝对是轰动性的。

多年之后，莫迪利安尼和米勒凭借这个资本结构理论获得诺贝尔经济学奖。几年之后，他们又开始专门研究股利问题。按此前提出的理论，资产负债结构不影响公司的业绩，既然如此，他们就必须找到一个合理的原因，解释一家公司为什么要支付股利，或者不支付股利。他们认为，“每一家公司都想吸引一批偏好特定股息率的客户。”

太神奇了！有了这一系列开创性的金融理论，所有公司的股利政策归根到底就是如何吸引客户。尽管此时的华尔街肯定会因为这条消息而欢欣鼓舞，但事实上，他们早已心知肚明。那些不想冒太大风险的投资者让股票经纪人帮他们买进发放股利的蓝筹股。那些希望有一番作为的人，则会寻找高定价的成长股，但这些成长股中的绝大部分都不支付股利。对每一个投资者而言，总会有一种适合他的股票，对每一个经纪人而言，总是存在着他能赚到的佣金。

今天，即便再保守的人，也能在投资世界里找到适合自己的目标。追求股利的人还会继续提出错误的问题：**公众如何处理自己的股利，而不是说为什么要支付股利。成长型投资者则会关注股票价格的上涨，忽**

略资产负债表的估值问题。归根到底，真正与价值无关的不是资本结构，而是投资者是否愿意研究这种结构。

> 资本结构（Capital Structure）：它是一个公司组织资金的基本蓝图，也为经纪人提供了一个参照标准，帮助他们寻找从公司获取利润的最佳时机，而不必考虑公司的权益、负债或资产。如果你想控制一个主权国家，最好的办法就是控制它的负债。如果你想控制一家企业，最好的办法就是买下它的全部股票。
>
> 资本结构还描述了一家公司如何通过股权持有者获得融资，而不是依赖于债券持有者。如果这家公司很强大，管理层就会出售债权。反之，如果它很虚弱，管理层则会出售股权。有能力借钱（负债）的公司完全不同于出卖一部分自己股权的公司。债务融资显然比股权融资更能表明公司的信心，因为债务是一种必须偿还的义务。

这会给投资结果带来哪些影响呢？如果说资本结构只是客户选择股利和价值增长的标准，那么到底谁会成为最终的胜利者呢？在莫迪利安尼和米勒提出资本结构理论两年之后，费雪·布莱克（Fischer Black）与梅隆·斯科尔斯（Myron Scholes）发表了一篇文章，名为“股利收益与股利政策对普通股价格和收益的影响”（*The Effects of Dividend Yield and Dividend Policy on Common Stock Prices and Returns*）。

在这篇文章中，他们通过实证研究对是否应支付股利的问题作出解答。在检验了成长股和价值股的历史业绩之后，他们发现结论并不像有些人设想的那样：首先，股利收益确实不会对预期收益产生持续性影响。其次，在既定的风险水平上，“较高收益能力”组合的预期收益将低于更分散化的组合。

让我把这句话翻译成更简单易懂的语言：一只股票的业绩并不取决于公司支付多少股利。有的时候，具有较高股利支付率的股票确实会优于股利支付率较低的股票，但是在另一些情况下，结果却有可能相反。也就是说，任何模式都不可能对两种情况作出合理判断。他们提出的第二个观点极为重要。

尽管很多人绞尽脑汁地试图构建一个高收益组合，但最终或许也只能达到接近大盘的结果，而且承担的风险却大为增加。原因何在？你只需拥有一个更小、分散化程度更低的组合，最终依旧可以获得与多样性化程度较高组合相同的回报。因此，寻找股利收益无非是在浪费时间。

中情局特工获得股利方式有何不同？

2010年，假设你当时正在为美国中央情报局工作。你以前的生活怡然自得，现在即将退休。但仔细看看自己的财产情况，你才意识到，自己没有足够的养老钱。你曾听说过，支付股利的股票是一种相当不错的投资，于是，你决定穿越时空，回到从前，投资这种股票。由于你是为中情局工作，所以说当然有这样的神通。你偷偷潜入中情局的星际项目实验室，给自己注射一针特殊的血清，这是不是会让你想起20世纪60年代的迷幻药，然后你就可以回到1970年，看到自己当年的老邻居。

这一天恰值新年，那个更年轻的你当时余醉未醒。于是，你告诉年轻时的自己，马上卖掉最心爱的1968年款“野马”轿车，之所以一定要卖掉这辆车，是因为你知道，几年之后你将会迎来自己的第一个孩子。1968年，你花2 578美元购买这辆“野马”汽车，现在，这个年轻的你按1 800美元的价格卖掉了这辆车。

然后，你马上就用这笔钱购买了菲利普·莫里斯烟草公司的股票。当时的时间是1970年1月2日，你打电话给自己的股票经纪人，“油嘴滑舌”的吉米，告诉他买进50股，这也是1 800美元所能买到股票的最大数量。你还特别指示这个年轻时的你告诉“油嘴滑舌”

的吉米，根据资本利得需缴纳的税款金额，向他借用相同金额的“保证金”。这样，吉米每个季度就会寄给这个年轻的你一张恰好足够用来支付股利税金的支票。

为何股利大大减少了你的最终收益？

随后，你拍了一下自己的后背，时光隧道把你带到2010年。等你回到2010年的时候，你在1970年的1 800美元投资在此时的价值应该是1 629 900美元！但如果按你的做法，你的账户却只能有1 241 705.19美元。这中间到底发生了什么呢？你不会忘记吧？在这些年里，你还要为每个季度拿到的股利支付税款啊！你的经纪人也通过保证金借款帮你支付税金，而且还是按优惠利率。

这就意味着，除了纳税之外你还需要支付借款利息。1970～2010年，你必须支付总额高达388 194.81美元的税金和借款利息。如果没有这些税收和借款成本，你最终拿到的钱将是初始投资的905.5倍。但是在扣除税收和借款成本之后，你的收益率就只有初始投资的689.8倍了。毫无疑问，到头来，股利大大减少了你的最终收益，也就是说你在支付税收和借款成本之后拿回家的钱。

股利并不是大乐透式的彩票交易

不管是否考虑税收和借款成本，这都是解决股利问题的最好方法。我之所以借用这样一个荒诞不经的例子，是为了揭露学者们在这些金融理论书籍中所宣扬的伪科学。活在童话世界里当然很愉快，在这个世界里，你的回报可以像滚雪球那样越来越大，并显露出股票投资的优势。但现实世界中的投资却完全是另外一回事。尽管我的例子不够令人愉悦，但至少诚实。这依旧是一场“乐透”彩票式的交易。金融理论殿堂里的幻想所带来的，是只有在好莱坞大片里才能看到的美妙。

银行板块并不适合追求股利的保守型投资者

我们是否应该放弃股利呢？绝对不！在市场盘整（Sideways Markets）期间，股利让我们在等待中获得回报。此外，在有利可图的投资机会难得一见时，公司不应把本属于把股东的钱装进自己的腰包。微软就应该把数十亿没有任何收益能力的现金放在身边吗？2004年，这个软件“巨人”积累起超过600亿美元的现金。于是，在这一年，微软公司史无前例地向股东支付了320亿美元股利。

但这并不代表管理层恍然大悟，这也不是在一天里支付给股东的；实际上，多年以来，股东一直在向微软管理层施压，要求公司吐出一点钱。公司创始人比尔·盖茨并不需要这笔钱，他很快就宣布向他的慈善基金会一次性捐赠33亿美元。

这个历史性事件表明，**一个快速增长企业怎样才能长期留住它的钱，而不是与股东分享财富。毫无疑问，这也是持有股票的最大问题。**

华尔街每时每刻都在翻新花样，只有这样，他们才能财源不断。只要他们的产品确有其事，那么投其所好，用人们喜欢听的事情去引诱他们，这当然奏效。如果投资者需要一只能够长期支付股利的蓝筹股，而不是你向他推荐的宝洁公司的股票，这算不算是赤裸裸的犯罪呢？或许不是，但前提是有人想在市场上找到星光璀璨的热门股。需要当心的是，华尔街会利用你对安全的渴望。这种情况下，支付股利的观点无疑对投资者更有吸引力。但实际上公司却并未支付股利。

在过去几年里，我一直和一位朋友在《华尔街日报》发表文章，探讨银行业的问题。他的观点简单明了：银行业无非是一种将经济形势放大的游戏。

既然如此，你为什么还让银行增加股利呢？或者更进一步说，银行最初为什么实行固定股利政策呢？就在金融危机刚刚过去的几年里，几家接受政府救助的大型银行就开始提高股利支付率。

现在回想起来，当政府救助这些大企业的时候，其中的一个原则必然是要求这些公司停止支付股利。显然，你不可能从政府手里拿到 1 万亿美元，然后用原本就不存在的利润继续向股东支付股利。银行之所以急于重新向股东支付股利，就是为了向股东发送一个信号：公司的经营状况正在改善。

如果一家公司告诉股东，现金最好用来返还股东，而不是用于再投资，这是一个显示公司强大实力的信号。在我看来，看多这类股票的投资者绝对不会进行周期性操作。他们显然不属于利用自己个人退休金账户进行“电子交易”的短线投机者。就像他们自己所说的那样，这些人往往是寻找稳健型投资的股利投资者。

周期性操作（Cyclical Play）：这是一种与经济周期直接相关的投资模式，与 20 世纪 90 年代末很多人想象的不同，它认为经济周期是无法摆脱的。经济周期的关键在于，它是一个包括起点、过程和结局的完整概念。在每个周期的发展进程中，企业的盈利也会发生变化，先增长而后衰落。但谷底和高峰截然不同，两者差异明显。如果你想得到稳定的股利，那我不建议你选择周期性公司。相反，更现实的选择，就是首先要满足投资者的基本需求，而不是只在某些阶段有优异表现的周期性公司。

或许可以说，华尔街并没有做什么坏事，但他们却欺骗了几百万保守型投资者。直到 2008 年，他们才从漫长的幻景中醒来，他们始终一厢情愿地以为，银行板块就是他们手中的定海神针。起初，投资者或许还会乐于这个晦涩难懂的杠杆游戏，特别是 1999 年因国会撤销《格拉斯 - 斯蒂格尔法案》（*Glass-Steagall Act*），而使得防范银行垃圾股的整个体系遭到摧毁时，更是如此。但你知道他们在说什么，休想再骗我一次！或者就像我说的那样，给我一个理由，让我提醒那些鲁莽而愚蠢的小绵羊，不要让他们再做无辜者。

归根到底，对股利进行再投资的银行就是为了做一件事：让公众对银行的美好未来确信无疑。我本人也认同，目前的形势确实在好转，但这并不能从根本上改变问题。然而，一个由追求股利的保守型投资者构成的新投资群体，将再次唤醒 3 年前曾让他们倾家荡产的野兽。尽管银行应在力所能及的时候拿出一点钱给股东，但通过固定股利政策追求与经济周期保持同步的想法，永远都不再有立足之地。如果你想要的是股利，还是到别处去寻找吧。

第12章

我们最终逃脱不了被操纵的骗局

> 格林斯潘说："技术和放松管制所造就的各种金融创新，将会持续为经济增长提供动力。"但如今看来去管制只是金融行业一场精心策划的骗局。

大多数人或许都以为，美国国会议员们肯定疯了。他们制定了很多新法律，但他们却从不知道这些法律可能带来的意外结果。在本书的最后一章里，我们将探讨华尔街操纵这场投资游戏的背景。我们将在随后的讨论中看到，开启这场新游戏的众议院犯下了一个致命错误。首先，我们先看看法律的变化如何为这场新游戏埋下罪恶的种子，以及我们应该如何参与这场游戏。

1999 年的一场变革或许称得上是金融史上最严重的失误：取消 1933 年《格拉斯 - 斯蒂格尔法案》。在今天的美国社会中，最重要的一个组成部分就是银行体系。美国人的全部生活都依赖于我们印刷钞票和借贷的能力。

在经历了 1929 年的那场股市崩盘之后，20 世纪 30 年代初的全球性经济大衰退随之而来，于是，国会贸然通过了这一法案，以期对银行的投机行为进行控制。此外，国会出手组建了联邦存款保险公司（Federal Deposit Insurance Corporation，FDIC），它为了不让我们把钱藏在自家的床垫下，从而对个人最高达 25 万美元的存款提供担保。当然，如果你把过多的钱存入银行，一旦银行破产，你就只能自认倒霉了。

多年以来，有些无法从破产银行脱身的顾客，在这些银行的存款已超过联邦存款保险公司担保的限额时，但他们依旧可以秋毫无损，但有些客户则近乎于血本无归。

能否同时伺候好银行和证券公司两个主子？

在美国南北战争之前，英国人禁止殖民地居民印制自己的货币。但当地人还是想方设法做到了，而且印制的是没有任何东西做担保的货币。真正带来问题的却是银行系统的匮乏。南北战争之后，美国终于在 1791 年 2 月 25 日成立了第一家银行。他们的目的很简单：建立金融秩序和信贷体系，并解决货币贬值问题。这似乎有点 2008 年金融危机的影子。

为什么说银行体系对我们的货币、退休金账户和福利如此重要呢？我们不妨想象一个孩子拿着自己的生日红包去银行。这个孩子相信，他将这笔钱存入银行必定安全。银行显然最安全；工作人员向孩子承诺，他们精心保管他放在这里的钱，在他需要钱的时候，就可以从银行里拿走这笔钱。事实却并非总是这样，至少在商业伦理彻底沦丧的 20 世纪 20 年代之前是这样的，而此后的危机则促使国会最终作出了实行银行业与投资业分业经营的决定。民众的怨愤在分业经营实行之前达到了引爆点，我们不妨看看美国金融体系陷于停滞的那段时期。

问问行走在街道上的路人，大多数人可能对发生在 1907 年的那场金融危机一无所知，更不用说它所产生的长期影响了。这场危机从 1906 年的旧金山大地震开始，随即在各个方面引发一系列的变故，从受震后遭到保险索赔影响的英国保险公司，到毫无关联的铁路票价监管，甚至股市也开始步入低谷。最终，整个股市的市值较 1906 年最高峰时期损失了 50%。但真正让市场陷入混乱的核心问题却是银行和信托机构，尤其是商业银行毫无节制地放款，这使得投资者可以肆无忌惮地购买股票。当时，针对银行应如何对债务提供担保尚无任何监管政策。你可以随时从银行借钱买股票。但问题是，如果你买的股票一旦下跌，银行就有可能破产，而这样的事情就在 1907 年出现了。

我们不妨把那段历史浓缩一下：有一个叫奥托·海因茨（Otto Heinze）的人，其家族是联合铜业公司（United Copper Company）的所有者，他认为自己可以操纵公司股票的价格。这种特俗的诀窍被称为“垄断”，也就是说奥托想收购公司的全部股票，这就会让那些做空股票的人陷入恐慌，因而不得不回购股票。通过这种令人畏惧的空头逼仓（Short Squeeze，股价急速上升会迫使先前做空的投资者平仓，这会进一步加速升势。——译者注）手段，就会让奥托和他的同伙们大赚一笔。但他的如意算盘落空了，最终奥托损失惨重，而联合铜业公司的股价也一落千丈。如果说奥托只是赔光自己的钱倒也无妨，但他在纽约各家银行的贷款却成就了一个连带犯罪的经典案例。最后，与奥托及其朋友或家族有牵连的公司，都相继破产或倒闭。奥托的弟弟拥有一家以联合铜业作担保的银行，随即，这家银行也陷入泥淖。之后，其他几家与他们有瓜葛的银行也开始遭受流言的侵袭。此时，已经没有人愿意再去查验公司账目了，每个人都在咒骂他们。没有联邦存款保险公司作后盾，从这些银行里取出现钞也就成了保护自己财产的唯一途径。谣言随即传播开来，原本只是几家银行的危机立刻引起了全国范围的恐慌。

最终，当时声誉极佳的 J.P. 摩根在家族的支持下挽救了市场。他的努力收到了成效。他甚至解救了整个纽约市，因为当时混乱不堪的市场已经导致纽约市难以发行市政债券。需要提醒读者的是，所有这一切都仅仅发生在一周之内。当这一切再次尘埃落定之后，人们开始思考，难道这就是我们所期待的最好结局吗？我们还会重蹈覆辙呢？当我们再次陷入下一场危机的时候，还要等着华尔街的这些暴发户们出手相救吗？他们不正是一手炮制这场危机的罪魁祸首吗？事实就是这样的。正是银行把存款人的钱借给投机者，而这些投机者毫无顾忌地用存款人的钱购买股票，而当股价暴跌时，银行也损失惨重，当存款人对银行失去信心后，华尔街也就只好与银行“同舟共济”了。真是一对落难鸳鸯啊！

1913 年 12 月 22 日，伍德罗·威尔逊总统签署了《联邦储备法案》(*Federal Reserve Act*)。国会根据该法案创建了联邦储备银行体系，它相当于美利坚合众国的中央银行体系，拥有发行法定货币的合法权利。按照《联邦储备法案》的规定还创建了联邦顾问委员会，该委员会由 12 名委员组成，同时创建了美国的单一货币——联邦准备银行券（Federal Reserve Note)。这绝对是一件大事。在 1913 年《联邦储备法案》出台之前，都由银行发行货币。我知道，这种事情在今天听起来似乎有点荒谬，但在 1863 ~ 1913 年，在全国注册的银行可以根据在美国财政部存放的债券金额发行货币，这些债券成为银行发行票据的唯一依据。美国财政部组建了货币监理署（Office of the Comptroller of the Currency，又称财政部金融局。——译者注）查验银行资产并监督银行发行票据的全过程。新发行的银行券当然要有新意，它增加了一句我们今天在美元票面上看到的句子：“这张纸币可以用于合法支付任何公共及私人债务”。从这时起，尽管美国曾在不同时期以黄金、白银或国库券作为这种银行券的支付基础，但我们今天所持有的货币究其本质上还是美国政府的债务，而不是货币发行银行的债务。为美元作担保的依旧是这个国家的经济、对公民的征税以及投资者购买国债的能力。在形势向好时，我们自然对此信以为真，因为美国在这三个方面的能力确实令人生畏。

1907 年的“大恐慌”造就了我们今天所说的美联储。人们或许可以每天晚上睡上安心觉了，因为他们知道，当下一次银行挤兑出现时，政府就有权发行货币了。这就能解决问题吗？在 1929 年股灾之后我们才发现，银行与证券公司的分营才是造成危机的根源。实际上，这个问题直到 1933 年才得以解决。与 1907 年的形势相比，20 世纪 30 年代几乎到了世界末日的地步。在我看来，直到 2008 年，我们才得以解脱。

20 世纪 20 年代，第一次世界大战结束后的经济迅速复苏，催生了投资者对股票的狂热。由于《联邦储备法案》成为了借款人的最后一根救命稻草，因此，美国人也开始不再依赖银行走出困境。于是，美国政府就可以义无反顾地印制钞票，然后用崭新的钞票解决一切问题。不过，银行与证券经纪公司之间那条模糊的分界线依旧存在。从现实角度看，这就意味着银行直接把钱交给了投资者，并让他们用这些钱购买股票，这和证券经纪公司几乎没有任何区别。此外，由于缺乏严格管制，一旦股价下跌，依旧存在引发多米诺骨牌效应的可能性。我们不妨这么想，**假如你存款的银行为证券公司提供贷款，然后证券公司又把钱借给投机者，这样，如果股价暴跌，就会沿着这个链条引发一系列损失，1907 年的危机就是这样出现的。**

1929 年的股市危机对整个体系造成了更严重的破坏，因为它涉及的不仅是几个投机者和证券公司，而是一大批遭殃的投资者。在此之前，美国的经济一片繁荣。尽管不动产价格在股市崩盘之前开始下跌，但投资者还在利用保证金继续买进股票。银行借钱给投资者买股票，这就人为造就了一个虚假的牛市，因为人们一直在不断借钱。加之当时缺少管制，而银行却将过多的资金贷给几乎没有投资经验的投资者，于是股市泡沫越来越大。更让本已恶化的危机雪上加霜的是，贷给这些投资者的资金量已远远超过美国境内流通的货币量。所有这一切都不可持续，但这并未能阻止那个时代的人继续疯狂，同样也未能阻止 70 年之后人们再次乘着网络狂潮继续疯狂。我认为，在这 70 年的时间里，唯一变化的就是某些管制的出现，使得这种疯狂得以控制，从而使得整个社会不至于崩溃。

尽管还有黄金为美元作后盾，但众多银行相继遭到挤兑，最终使得人们丧失了对美元的信心。与 1907 年不同的是，这一次形势却未见好转，在 1929 年的股市崩盘之后，一场遍布全球的大萧条随之而来。为了恢复人们对美元的信心，罗斯福总统在 1933 年 6 月 16 日签署了《1933 年银行法案》(*The Banking Act of 1933*)，也就是我们通常所说的《格拉斯 - 斯蒂格尔法案》。就在 6 个星期之后，罗斯福又签署了另一项重要法案——

《黄金储备法案》。该法案对我们今天的人来说显然太陌生了。我们不妨设想一下：有一天，当你清晨醒来的时候，突然被告知要将所有金币、金条和黄金卷上缴到最近的联邦储备银行。你只有一个月的时间做这件事。如果你打算抗拒，那就有可能面临着长达10年的牢狱之苦，或者是接受1万美元的罚款（见图12.1）。但具有讽刺意义的是，不需要上缴的联邦储备银行券和美钞依旧可以“按黄金赎回”。

此时美国的国内环境极为艰苦。在此之前，外国投资者还信誓旦旦地认为，他们可以用美元换回货真价实的黄金，到了此时，他们开始怀疑美国还能否兑现这个承诺。为什么不呢？英格兰银行早在两年之前就已拒绝用英镑兑换黄金。由于银行业的根基就在于信任和信心，因此，美国的银行业必须与华尔街一刀两断。就这样，《格拉斯-斯蒂格尔法案》应运而生了。在20世纪的大部分时间里，华尔街依旧是资本家和投机者的天堂，而银行的使命则变成了维护市场秩序以及建立人们对银行的信心。显然，在1999年《格拉斯-斯蒂格尔法案》废除的时候，国会想看看历史是否还会重演。今天，你根本就无法区分银行和证券公司。但是，我们能伺候好两个主子吗？

去管制只是一场精心策划的骗局

我们中的大多数人几乎都没有想过，在我们把钱存进银行之后，这些钱到底去了哪里？这就促使我们提出了哲理性的问题：我们是否应该关心自己的钱去哪呢？当然，我们现在都知道，银行能以顾客的存款为基础，通过杠杆效应创造出更多的货币，从而发放房贷和汽车贷款。但如果这些贷款出现问题或者违约，并导致银行难以为继，那么，政府就选择关闭银行，或是用纳税人的钱救助这些银行。因此，我们应该关心银行如何使用我们的资金，尤其是当政府的某些大规模救助行动让我们难以接受时。但问题的关键在于，我们对银行的运作只能袖手旁观。

除此之外，只有银行监管者才能看到的银行资产记录方式，更增添

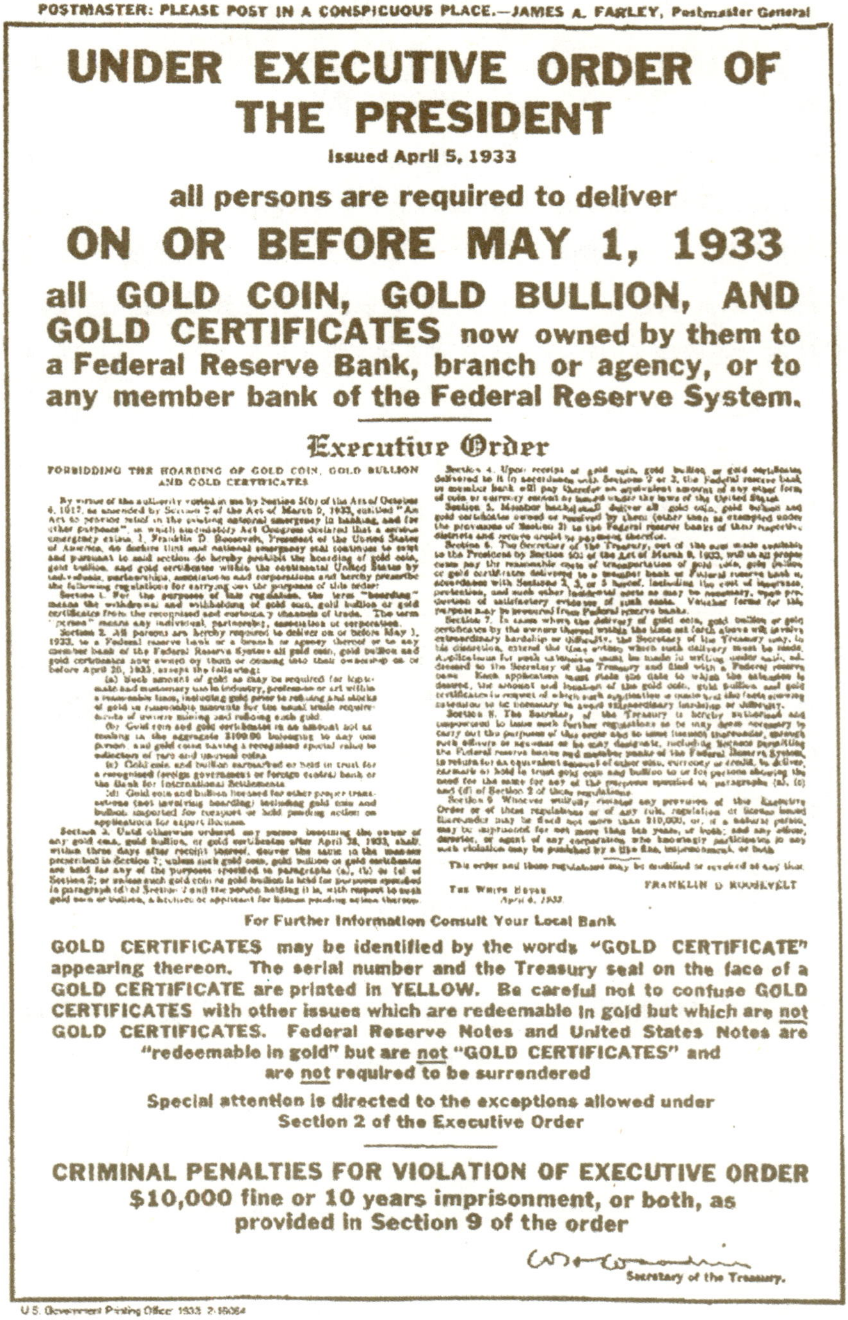

POSTMASTER: PLEASE POST IN A CONSPICUOUS PLACE.—JAMES A. FARLEY, Postmaster General

UNDER EXECUTIVE ORDER OF THE PRESIDENT

Issued April 5, 1933

all persons are required to deliver

ON OR BEFORE MAY 1, 1933

all GOLD COIN, GOLD BULLION, AND GOLD CERTIFICATES now owned by them to a Federal Reserve Bank, branch or agency, or to any member bank of the Federal Reserve System.

Executive Order

FORBIDDING THE HOARDING OF GOLD COIN, GOLD BULLION AND GOLD CERTIFICATES

THE WHITE HOUSE
April 6, 1933

FRANKLIN D ROOSEVELT

For Further Information Consult Your Local Bank

GOLD CERTIFICATES may be identified by the words "GOLD CERTIFICATE" appearing thereon. The serial number and the Treasury seal on the face of a GOLD CERTIFICATE are printed in YELLOW. Be careful not to confuse GOLD CERTIFICATES with other issues which are redeemable in gold but which are not GOLD CERTIFICATES. Federal Reserve Notes and United States Notes are "redeemable in gold" but are not "GOLD CERTIFICATES" and are not required to be surrendered

Special attention is directed to the exceptions allowed under Section 2 of the Executive Order

CRIMINAL PENALTIES FOR VIOLATION OF EXECUTIVE ORDER
$10,000 fine or 10 years imprisonment, or both, as provided in Section 9 of the order

Secretary of the Treasury.

U.S. Government Printing Office: 1933 2-16064

图 12.1 《黄金储备法案》

了它们的神秘色彩。大多数人都没有认真地思考过这个问题，因为没有一个银行的柜员告诉顾客：联邦储蓄保险公司会给你的钱作担保。但在1980年，一场持续20年之久的对抗银行限制的去管制运动轰轰烈烈地开始了。这场运动始于《存款机构解除管制与货币控制法案》（*Depository Institutions Deregulation and Monetary Control Act*），该法案允许银行实施并购等投资银行业务。两年之后，《加恩-圣杰曼存款机构法案》（*Garn-St. Germain Depository Institutions Act*）彻底取消了对储蓄和贷款的管制，同时该法案还催生了由银行支持的可变利率抵押贷款。不要忘记，所有这一切都是为了帮助深受两位数通胀折磨的民众。储蓄与贷款危机的迅速解决，股票市场变得火爆异常，再加上小型银行合并给华尔街带来的丰厚回报，这让我们无比确信，去管制的最佳时机已经到来。

20世纪80年代初以来，银行始终在抱怨他们如何遭到不公平的限制，鼓吹通过高风险证券分散总体风险。这听起来有理有据，不过还是让华尔街和他们的衍生品以及风险管理系统为银行控制风险吧。而且这对美国有利，银行可以以更低的风险为更多的人提供更多的贷款，既然如此，又何乐而不为呢？多么美妙的想法啊！此时此刻，你需要推倒挡在银行和投资公司之间的那堵墙。于是，作为1999年资产规模最大的银行，花旗集团在那个时候成功推出了住房抵押贷款支持型证券（Mortgage-Backed Securities），而在这之前只有投资银行才能做到。利润滚滚而来，让股东大喜过望，与业绩增长挂钩的高管薪酬也一路飙升，美联储主席艾伦·格林斯潘更是兴高采烈地告诉大家，这一次系统失败的风险将完全不同于以往。2000年5月，格林斯潘曾经说，“只要我们能识别风险，并坚持有效的风险管理体系……技术和放松管制所造就的各种金融创新，将会持续为经济增长提供动力”。

此外，由于有政府对银行业的支持，即使出现20世纪30年代或者80年代末那样的储蓄贷款危机也无所谓了。银行很重要，政府必须出手相救。“历史告诉我们，一个有意愿、有能力接受存款并发放贷款的稳健的银行体系是，国家经济长期健康发展的必要前提。银行家尤其是社区银行给大众带来了广泛的知识，这种作用是其他事物无法替代的。”金融危机的部分诱因，可以归结于当地银行家在为华尔街提供贷款的同时，却没有承担相应的责任。这使得社区银行拥有的专业优势毫无意义。对此，我们可以采取哪些对策呢？对这样一个由我们一手建立、并服务于我们又不以赢利为目标的组织，作为消费者，我们是否还有机会与之合作呢？你可以选择由谁来承担银行业务。在本章结束时，我们将探讨另一种可能，但在眼下最关键的还必须深刻理解，为什么说取消《1933年银行法案》是一个灾难。

当然，没有人把取消银行管制完全归结于因为“银行太大而不能倒闭”。于是，一向自高自大的银行换了一种方式对政府说，他们的运作是低风险的，而且他们永远不会做出有损于整个系统的事情，真是这样吗？他们为什么就不会呢？此外，他们大声呼吁，投资银行可以做抵押贷款以支持证券，而银行却不可以，这不公平。20 世纪 90 年代末，人们都认为放松管制才是经济成功的关键，但股市却不这么认为。

投资银行当然不抱怨，因为大量的并购让他们赚取了丰厚的利润。在大批怀着美好幻想的官僚支持下，参议员菲尔·格拉姆（Phil Gramm）终于让“去管制”法案得以通过。也就是这个被尊为“放松管制之王”的菲尔·格拉姆，他还在 2000 年为我们带来了《商品期货现代化法案》（*Commodity Futures Modernization Act*）。这项法案让安然公司几乎毁掉了美国的能源市场。

除此之外，它还开启了将信贷违约互换（Credit Default Swaps）排除在金融管制范围之外的先河，让这种仅在老手之间进行的交易在市场上泛滥。格林斯潘极力推崇该法案，他告诉美国参议院，“如果我们的衍生品市场继续保持当前的创新力，继续保持我们在这个领域的国际竞争力，就必须获得只有立法者才能提供的法律保障。”比尔·克林顿随即在这项法案上签上了自己的大名。随后，花旗集团与旅行家集团（Travelers）合并，这将所有人都拉进了这场游戏。1999 年的《格拉姆-里奇-比利雷法案》（*Gramm-Leach-Bliley Act*，金融服务现代化法案。——译者注）从根本上将银行、华尔街和保险公司之间的合并合法化。当这些情况发生时，我正在华尔街工作，毫无疑问，《格拉斯-斯蒂格尔法案》的废除令我感到无比震惊。我为什么关心这个呢？因为它带来了一种完全不同的文化；以前，银行家并不是我们这个体系的成员。人们认为银行是安全的，我知道，那个时候的华尔街绝对不是追求金融稳健的地方。上一次储贷危机刚刚过去 10 年，难道我们就没有从中汲取到任何教训吗？我们需要一种相互制衡的机制，只有这样才能阻止华尔街上无处不在的投机。所有银行都在向他们的储户贩卖股票和共同基金。

这又是一个精心策划的骗局，华尔街又可以开始向自以为是的银行家们兜售垃圾了。在华尔街上闯荡多年的经验告诉我，这些控制储蓄和贷款的银行家是华尔街最容易得手的猎物，他们心甘情愿地购买任何垃圾，当然也包括不良投资。我本人就曾和小银行打过交道。我们通过银行的官员与银行建立业务关系，他们的要求很简单，只需债券达到一定信用等级即可。他们很少核查我们的信息，也很少关注市场，甚至很少对价格提出质疑。他们似乎根本就不关心这个，因为这些人的收入还不高，而且他们与这场游戏的输赢没有利害关系。

运动员就是裁判员：监管意义何在

那么，到底谁来承担监管者的角色呢？显而易见，尽管对证券公司和银行方面都存在相关的管制法规，但实际上根本就没有人监督他们。随便问一位银行的信托负责人，他们都会告诉你，银行有专门的合规业务部门，而且他们也确实将很多时间花在合规业务上，但这似乎只停留于形式上。监管者确实在监管，但对于格林斯潘所说的繁荣新时代所造就的金融工程和金融创新，他们根本无从知晓，因而也只能望而却步了。互联网促成了时代的飞速变化，也让美国国际集团和雷曼兄弟这样的大玩家得以逃过监管，他们贪得无厌，而极端拙劣的风险管理系统必将使得他们走向灭亡。

但是对我们社会中这个原本就需要管制的部门放弃管制，这完全是意料之中的事情。我之所以觉得他们需要管制，是因为银行一旦大量倒闭，我们就无法获得贷款。我们在 2008 年已经经历了这一切，但是这又怎样影响我们未来的财富呢？

市场依赖于经济的长期健康发展。如果放任不受监管的银行继续破坏我们的经济，最终它将殃及整个社会。投机、资产泡沫和股市崩盘都是市场周期中不可避免的。这就是人的本性，我们总是习惯于自欺欺人地相信：我们可以控制自己的情感。但是当你摧毁了它的根基时，恢复如初则需要若干年。日本就是最好的例子，他们依旧在为重现 20 世纪 80 年代的辉煌而努力。日本的银行体系遭受严重破坏，他们的股票市场也随之沉沦。最重要的是，他们的文化根基同样受到了冲击。国民对日本金融体系变得毫无信心，以至于整体经济的发展举步维艰。

美国是一个依靠金融而生存和呼吸的国家。“天命论”植根于美国人的灵魂深处，金融市场推动着我们赚钱，而且是无休无止地赚钱。但你是否知道这个“天命”到底为何物呢？它还鼓励我们追求独立。每一个激情四射的投资者都有一个不为人知的秘密。你觉得我是撒谎吗？看看大卫·斯文森（David Swensen）就知道了。他刚刚出版了一本为投资者出谋划策的书。不久，金融危机便悄然而至了，于是，他马上改变策略，而不是选择自欺欺人。不管怎样，问题就在于我们只想按自己的方式做事，以至于对别人的好建议置若罔闻。我的意思是说，尽管你心知肚明，但总以为，既然能征服过去那就可以把握现在，你是如何知道的呢？日本之所以不保留常规军队，德国之所以不采用民族主义标志，都是有原因的。而此时此刻也正是美国人顿悟的时候了，我们必须清醒地认识到，如果没有合理的监管，我们根本就不可能控制自己的财富冲动，否则，我们注定还要面对灾难性的失败，我们还要依赖于政府的救助。

对此，我们又该如何应对呢？很简单，只需要弄清楚问题到底是什么，不要偏离主题。金融改革的实质在于维护系统的完整性，而不是惩罚华尔街上那些贪婪的操纵者。安德鲁·索尔金（Andrew Sorkin）曾在

2000 年写下一篇名为“惩罚花旗还是它的股东？”（*Punishing Citi, or Its Shareholders?*）的文章。索尔金在这篇文章中指出，只要求这些公司为误导投资者的行为缴纳 7 500 万美元的罚款，这足以显示出证券交易委员会的虚伪。但是，对个别罪魁祸首的公司又该作何处置呢？索尔金在文中着重强调了对企业高管的处罚：

> 花旗集团财务总监加里·克里腾登（Gary Crittenden）先生支付了 10 万美元罚款，而花旗集团投资者关系负责人蒂尔德斯雷（Arthur Tildesley）先生却只拿出了 8 万美元，与股东承担的 7 500 万美元损失相比，这显然是九牛一毛。另外需要提到的是，尽管花旗集团此时已深陷丑闻，但克里斯登先生在 2007 年和 2008 年还是拿到了 3 200 万美元的薪酬。

华尔街还要生存下去，但是在某些时候，为了限制不良行为，股东和纳税人就得为他们买单，在接受证交会处罚时，花旗集团的一部分股份已由政府持有。实际上，只要限制资金的供给就足以控制华尔街，因为资金才是华尔街赖以生存的能量来源。允许银行混业经营为华尔街提供了一个新的资金来源，但却把普通的美国公众置于危境之中，这无异于将美国大众放在火山口上。于是，我们的政府别无选择，要么伸手相助，要么冒政治危险。今天，我们正在拟定新的法律，防止 10 年前的那次危机再次出现。遗憾的是，新法律的主笔人依旧是国会。

经纪公司诱惑投资者的把戏

到此为止，你应该知道我对银行证券分业经营管理的看法了。但是原来的游戏如何演变成一场新的骗局，以至于让你置身于更不利的处境呢？还记得允许烟草公司通过电视做广告吗？我当然不知道，但我可以假设你曾经历过那个年代。“骆驼”香烟的广告称，医生吸“骆驼”香烟远胜过其他品牌。医生的天职难道不就是维护我们的健康吗？既然如此，那吸烟肯定就是对人体有益的了。现在，我们再回顾一下证券经纪公司向你推荐支票账户时的情形。我在这里当然不是说以经纪账户开具支票的特权，而是经纪公司如何大肆宣扬他们在联邦存款保险公司的附属账户。在银行证券业的壁垒被彻底消除之后，经纪公司只需借助最简单的技术，就可以上演这场新骗局。

把你的经纪账户、支票账户和信用卡合并到统一的用户界面里，难道不是一件好事吗？不过，这也为银行证券业造就了一个新的利润点，但这却使顾客陷入一种更无奈的境地。于是，证券公司创建银行，并通过貌似高深莫测的网站一步步控制你的资产。或许你接到一个股票经纪人打来的电话，他要向你推荐信用卡业务，你难道不喜欢让经纪人的名字出现在你的信用卡上吗？在这块可口的大蛋糕上，还装饰着住房抵押贷款，但更重要的还是房屋净值信用贷款限额（Home Equity Line of Credit，HELOC）。这绝不是什么巧合，一旦华尔街发现合并银行业务的限制被彻底取消，证券公司的管理者就会迫不及待地指挥前线队伍寻找猎物，用天花乱坠的理财产品诱惑公众。

在这个时候，证券经纪行业还处于承受价格压力（Price Compression）的阶段。这是一个证券行业的专业用语，在经纪公司的高管层眼里，当投资者要求证券公司降低服务费时，将会导致收取的交易费用减少及利润丧失。当然，他们可以埋怨毫无价值的投资建议，它们同样是吞噬公司利润的罪犯。不管是折扣服务还是全面服务，经纪公司都需要另辟蹊径，寻找其他生财之道，而从银行业下手就是最好的秘诀。

我在前一家公司工作的时候，这家公司就曾以特殊服务吸引客户开立支票账户。尽管收入一般，但只要开立一个支票账户，我就可以得到25美元左右的报酬。不过，我在请客户开立支票账户时还是有一点尴尬；因为在大多数情况下，客户都在传统的银行里开立过这样的账户。但管理层还是下达了强制令，每次与客户交谈时，都要提到这项内容。很多客户欣然接受，在他们看来，这25美元就是我花费5到10分钟填写申请表的酬劳。这似乎不会带来什么问题，是吧？因为客户几乎不可能打来电话问起这件事；毕竟，银行是另一个完全不同的实体。甚至经理也会跑过来帮我一起向客户解释，公司本应在进门的地方贴一张告示，告诉大家证券公司和银行完全是相互独立的实体。他轻描淡写的提了一下，但随即便去忙别的事了。

谁会在意这个呢？告示上的字也小得可怜，而且也只是说我们的银行接受联邦储蓄保险公司担保，但证券业务就与此无关了。这些账户都属于支票账户，不过这显然不算是疯狂的投资计划。而且有些电子转账支付功能的确很出色，这都是当地小型银行所无法提供的。在当时低利率的大背景下，银行支付的利息已经非常可观了。这本应成为客户提高警惕的一个信号。在我们看来，这就是商业操作的实质。银行的唯一分支机构设在内华达州的莱诺市。显然，要开展这样的业务，你至少得有一个实体机构，但我们从未指望有人去那家银行。

但这里还有更让人不齿的事情，你肯定想知道吧？随后，公司又向当年所有持有个人退休金账户的客户寄出一封信。信中措辞委婉，大意就是告诉客户，他们在证券经纪账户中的多余资金都存放于货币市场基金账户，这部分资金将由银行集中管理。从表面上看，这听起来似乎合情合理。资金在进入货币市场基金之前还要受联邦储蓄保险公司的担保，但在进入货币市场基金之后，唯一的担保就只有这个基金中的资产了。但这其中的真相到底是怎样的呢？经纪公司把大量资产从经纪业务转移到银行业务，以增加银行的存款。这绝对是疯狂之举。一夜之间，这家只有一个呼叫中心和唯一的莱诺办事处的银行，凭借存款向联邦储备银行借钱了，而你只需要点击一下鼠标这笔存款就会划拨到你的帐户。每一个步骤都是处心积虑设计好的，它让银行在眨眼之间便拥有巨额资本，并得到可用来发放抵押贷款的资金。诚信思想已荡然无存。

第二步就是信用卡。当然，我也弄了一张信用卡。他们向每一个能搭上话或是给呼叫中心打电话的人推销信用卡。不管你是小客户还是大客户，也不管你已经有多少张信用卡，都不会逃过他们的追讨。而且这些信用卡的优惠又明显大于市场上的其他信用卡。你的消费积分可以直接兑换现金，而不是机票或是打折商品，我开的那种信用卡居然也可以拿到 25 美元的奖励！按优惠于大多数信用卡的条款提供相同的服务，这似乎有点像是政府提供的公共服务。只有少数人拒绝，但这也是因为他们的手里已经有了西南航空公司的信用卡，他们需要为探望孩子积攒一点里程积分。

对于这 25 美元的不义之财，我并不介意。这就是经理给我描述的未来：银行与证券业的整合，将让客户的生活更加美好。这似乎没有任何坏处，而且我也没有怀疑过，公司肯定越来越赚钱。假如人们的确不需要这张信用卡，也没有人会强迫他们。谁会因为 25 美元不断骚扰别人呢？这笔钱就摆在面前，所以投资顾问也不会因为怂恿客户填写申请表而感到尴尬。我知道客户的钱包越来越不安分，他们的邮箱里收到越来越多印有这家公司名称的信件。

和华尔街一样，经济学家们在那个时候也知道，美国人已经把它们的房子当成取款机。这种不正常的行为是否会造成信贷过度扩张以及房地产市场的过热呢？很难说，但我的确知道，我原来的那家公司通过信贷和房产净值贷款赚到很多钱。迟早有人知道这些的，既然如此，为什么还秘而不宣呢？而这个再简单不过的逻辑，恰恰就是操纵这场游戏、使之有利于证券行业的秘诀。在片面追求利润的同时，却忽视了一个更关键的问题：如果设置某种经营界限，是否会更有利于消费者的长期利益呢？

随后便是第三个步骤：蓝鸟、柠檬汽水和保时捷。就在这种东西变得越来越泛滥的时候，我的客户名单似乎也开始走到尽头。我早就预见到了这一天，因为公司有一种复杂的客户管理软件，它可以随时跟踪内部人员是否联系过所有客户，是否向每一个客户都推荐过支票、信用卡或是公司兜售的其他产品，而且所有跟踪记录都能通过公司的主机下载到我办公室的计算机里，可以在相距 2 000 英里的两点之间拉一条线，总之，你逃脱不了他们的监视。此时，尽管房地产市场已显出下滑迹象，但它依旧是公司推荐的热门产品。公司的银行部门刚刚宣布，他们将进军抵押贷款市场。

当然，我们是批发业务机构，因此次级贷款之类的垃圾资产是绝对无法容忍的。我们的服务对象将是拥有较高信用等级的客户，当然还有一个更关键的前提，那就是他们的证券经纪账户须保有足够的余额。除了那些打算将业务转移的客户，这种业务对我的大部分客户显然没吸引力，况且大多数客户并没有这样的打算。再融资始终是这项业务的关键，尽管此时的市场利率已经达到历史新低。

在被操纵的游戏里只能甘受摆布?

在我的客户中，他们大多数都有房产，而且资金实力雄厚，他们为什么还要从我这里获取房屋净值信用贷款或抵押贷款呢？很简单，因为说服他们产生这个需求就是我的工作，只有这样我才能赚到钱。不要忘记，我还不是注册抵押贷款经纪人，但要做这件事不一定要有这样的资质。我需要让客户与银行通话。实际上，它并不一定是真正的银行，而是某个抵押贷款公司。他们提供的是“自有型解决方案”，按照公司网站上的介绍，他们就是“一个由嘉信银行、第一田纳西银行、美林信贷公司以及密苏里联合银行等多家顶级银行和金融机构担保的抵押贷款发动机”。以前，呼叫中心的一个同事告诉我，美林公司抵押贷款部就在我们隔壁。不过，我将推荐代码输入客户管理系统，交易一完成我就可以拿到自己的报酬。我们从来不把这种奖金称为佣金，但实在是很难找到比佣金更恰当的名字了。

多年以来，尽管我还是做成了几笔次级贷款推荐业务，但多数属于房产净值信用贷款。这显然是一张以房产做担保的大额信用卡，但它的利息却能在税前扣除。我甚至为自己办理了一张这种信用卡，只不过不记得是否拿到这张卡的奖金。尽管这并不是我当时的头号任务，但竞争毕竟已经开始。有一天，我收到公司总部发来的一封电子邮件。在几个月的时间里，我们每个人都要卖出尽可能多的抵押贷款产品，其中自然包括房产净值信用贷款。最后按地区评选出最佳销售员。冠军的奖励是一辆保时捷“Boxster”高档跑车。他们甚至制作了一个网络链接，供我们提前上传自己喜欢的跑车。这样的洗脑绝对有效！我最爱的颜色搭配是外表为黑灰色，内装为黑色。尽管这是一笔为期两年的租赁，但公司声称，他们会支付你的保费。实话实说，在一个声誉如此高的公司里，我还从来没有见过这样的事情。

在我的第一家公司里，他们曾为我支付了一辆宝马“M3”轿车的费用，那时的我年轻而愚蠢，当然少不了很多违章罚单，但那毕竟是疯狂的 90 年代，我为公司赚了很多钱。此外，我们是一家私有企业，因此也没有必要向股东解释为什么要向优秀雇员提供“跑车”。我开始有一种奇怪的感觉：我似乎要再次回到疯狂的深渊。在那一瞬间，狂喜、迷惑、愤怒和悔恨统统涌入我的脑海。尽管我想拥有一辆汽车，但我知道自己只是一个小卒，甚至我根本就不适合这个行业。我对废除《格拉斯 - 斯蒂格尔法案》的愤恨愈发加剧。但整个系统已经被操纵，我也在被人摆布。操纵是无法规避的现实，我的雇主也如愿以偿，得到了自己想要的东西。我在大多数时间里感觉良好，只有在客户知道我是在为钱而忙碌时，我才感觉自己就是一个头脑简单四肢发达的莽夫。再说的清楚一点，我是在向那些根本就不需要信用卡的人推销信用卡。

公平地讲，这是一种廉价的借钱方式，而且具有节税效用。此外，我的客户也要为此负责，他们应该知道自己在干什么，但这显然不适合大多数美国人。为那些根本没有能力还贷的人提供不良贷款，结局终究会很悲惨。**尽管不负责任的放贷标准在我身边并不常见，但创建银行机构和放贷的速度太快了，以至于监管机构根本没有机会发现其中的坏苹果，其中涉及的东西太多了。要开动这台大机器，就必须向有限的客户卖出尽可能多的产品。**当符合正常贷款条件的客户已屈指可数时，你要么关门大吉，要么裁员减少贷款，或是降低贷款标准让游戏继续下去。

利率上涨导致的房地产崩溃

1994 年，我亲身体验了前两种方案的实际效果。大学毕业一年之后，我进入一家抵押贷款公司，这家公司是父亲在几年前创办的，但后来他卖掉了这家公司。我需要一份工作，于是，父亲凭关系让公司的新东家留下我。我刚接手工作时，市场利率便在随后几个月连续上涨。在一月份的第一个工作日，贷款申请名单的人数直线上升，我们的产品炙手可热，热得甚至有点过头了。我还记得，当时每天接收申请的人数大约在 30 人左右，但还是有人告诉我，这只是平均水平而已。然后，这个数字就变成了 20，随后是 10，不久就变成了一位数。

在 3 月份的一天，我甚至没有接收到一份申请。最好应该想想办法，在年度剩余的时间里竭尽全力，否则我就只能另找一份新工作了。但是很快，我就再也接不到申请表了，当然也就拿不到工资支票了。公司开始裁员。

这就是抵押贷款银行这个行业的本质，对很多人来说都是意料之中的事情。可以想象，为了保住这份差事，我在年底之前是如何拼斗的。不过，我很快就找到了更适合自己的位置。到了年底，我的工作不再是处理申请表，而是驾驶一辆排量超标的黄卡车到南加州附近关闭的银行机构收集废旧家具。

每周，我都要和一位公司的同事驾车外出，而且随便就能找到关门停业的公司。他当时正在和公司老板的女儿约会，而我的老爸则与老板私交甚好，这样，我们两个人至少在短期内还不会担心失业。我们每天都在搬运办公桌和文件，装卸货物，最后还要负责把钥匙交还房东，那种感觉太糟糕了。这让我想起出现在很多电影里人去楼空、物是人非的荒凉景象。

有一次，我们在一间办公室里捡到一台被人扔掉的录音机，于是，我们一边喝着用搬运费买来的啤酒，一边听着用这台旧录音机播放的音乐，一派怡然自得的样子。显然，这些废弃办公室里的景象让我意识到，很多人的生活正在发生改变，而我看到的则是他们曾经的写照。

利率的持续上涨导致房地产市场最终崩盘，很多人也因此失业。尽管几位高管依旧坚信，公司必将顽强地度过难关，迟早会重现辉煌，但一个刚刚离开大学、毫无社会经验的小伙子就不会这么想了。我的父亲也经历过起起伏伏，因此，我同样坚持了父亲的观点：一切都会好起来的。和我一样，父亲也是在被公司裁员之后，毅然决定回到学校继续深造的。

今天，他已经是南加州地区非常成功的一名抵押贷款经纪人了，他从未离开过这个行业，而且那一年也帮助他真正地学会如何在困境中生存。在起伏中轮回的世事最终告诉我们，经济周期是无法逃避，更无法更改，如果你试图违背它的规律，最终必然是一场灾难。我们可以看到，这家公司沉沦的原因，就是因为前一年的过度扩张，当市场形势衰落时，他们的业务数量从每天 60 单迅速减少到零，而老板又未能及时裁员。

时间很快就到了 2008 年，同样的事情再次出现了，而且此次的规模更大。它们又有什么区别呢？市场的扩张不仅持续了几年之久，而且门槛更低，这就可以让发放抵押贷款的人赚到更多的钱。此时，贷款负责人绝不会收到解聘通知书，整个行业都在欢迎他们！人们似乎并没有意识到，1994 年，根本没有多少人有能力支付 5% 的购房款首付，但我们还是开始为这些借款人发放贷款，贷款金额甚至可以达到房产价值的 125%，尽管这些房产的价值已经出现了过度泡沫化。

此时距离我在抵押贷款公司已过去了很多年，当我们开着黄色卡车在加州四处游荡的时候，似乎根本就没有关注过那些介绍房产危机的新闻。

我们在华尔街操纵的游戏里成为了胜利者？

顺便提一句，给我发放信用卡的那家公司已在今年将这项业务出售给另一家公司。显然，我的老雇主最终不想在信用卡业务上挣扎了。那么，我们又能从中汲取哪些教训呢？我们又应该如何应对这场游戏呢？

首先，高于市场平均水平的利率使得人们将更多的钱存进银行。这样，银行就能从联邦储备银行借到可以用来发放贷款的钱。最终，形势失控，不动产泡沫破裂。但是这毕竟是我们目前所面对的体系，我们别无选择，只能接受并适应它。银行需要为抵押贷款业务播种灌溉，尽管他们不是直接的兜售者。既然无法回避，那就学会利用吧！如果一家银行借一大笔钱发放贷款，并希望通过这笔钱来获得利润，那么他们就会支付更高的利息，因为这就是游戏的玩法。如果他们有更大的阴谋，却没有告诉你，你又能怎么办呢？

其次，信用卡业务发生了巨大变化。它已建立了完善的信用等级制度，可以让你方便地兑换现金，但却没有其他业务所设置的限制和规定。本质上而言，市场通行的诱导转售（Bait And Switch）之类的欺诈性模式在信用卡领域还不存在。我最初的那家公司也只是试图获得所谓的“粘性客户”（Sticky Client），也就是说，你从一家购买的商品越多，就会越依赖这家公司。但没有人会说，你一定要在开立信用卡的公司开立一个账户。任何人都可以开立信用卡；他们也没有在告示中向公众告知这样的要求。

第三，房屋净值贷款本身没有问题，尤其是这种贷款不收取任何申请费用，而且它仅针对信用等级较高的贷款人，因而利率非常低。公司只想告诉华尔街，他们已成为这个银行 - 经纪商 - 大企业大整合时代的一部分。新的世界秩序里没有留给落后者的位置。你必须在每时每刻紧跟潮流。我的老雇主只想通过摆脱不良信贷行为，从而避免随之带来的风险，这样才能保证不做出蠢事。这与华盛顿互惠银行（Washington Mutual Bank）有所不同，后者就在破产之前还抛出高利息储蓄吸引存款者，因此，你在作出决定之前，还需要一番比较分析。如果你的银行已成为媒体焦点，而且股票又在大跳水，那还是看看别的银行吧。

归根到底，我得到了回报，消费者得到了还算说得过去的产品，我们都在华尔街一手操纵的游戏里成为胜者。我的老雇主找到报喜不报忧的分析师。做傻事也一样能成为赢家，但这不等于说，我们就应该不计后果地冒险。我们需要作出不总是有利于企业的选择，社会利益同样不可忽视。银行体系也有它温情而善良的一面。尽管信用合作社的故事最终还是让我们感到苦涩，但它毕竟为我们留下了一线希望：并非所有美好的东西都已逝去。

信用合作社：低收入群体的救星还是慷慨的骗局？

作为一种不以营利为目的合作型金融机构，信用合作社同样可以提供类似于银行的各种服务。美国的信用合作社属于免税机构，其成员仅限于“在职业或归属关系上受共同约束的群体，或是位于可明确定义的同一街区、社区或农村地区的群体”。

作为一个社会，我们需要通过完整的信息，对如何与银行系统往来作出理性选择，而理解我们所面对的选项则至关重要。早在 1934 年，《联邦信用合作社法案》（*Federal Credit Union Act*）即为非营利性合作机构扩大信贷范围开启了大门。

银行体系为什么应该仅限于那些贪婪者呢？美国国家信用联盟（Credit Union National Association，CUNA）报告指出，目前已经有超过 8 700 万美国人在使用这种温暖而贴心的机构。既然有这样的好东西，又为什么不用呢？

因为它们具有非营利性质，因此，信用合作社应该为你的储蓄账户支付更高的利息，而你却可以按更低的利率获得贷款。由于没有利润动机，你的储蓄就可以用作其他成员的贷款。无论是储蓄者还是贷款者，他们本身就是顾客。和银行不同的是，当你在开立一个账户时就成为这个合作组织的成员之一。每一个存款者都享有一个投票权，而不管他在这个信用合作社中投入多少资金。

鉴于信用合作社在民间日渐受宠，政府决定不再对他们征收联邦所得税。但不必担心，信用合作社每个收银员经手的工资还是要缴纳工资所得税的，合作社成员拿到的红利同样也要纳税。信用合作社的储蓄额正在稳步增长，尽管他们仅占有 10% 的市场份额，但还是让银行家们心生妒意。银行家们的心里容不得半点竞争，尤其是在争夺你口袋里的钞票时，他们更是贪婪无比。显然，信用合作社享受免税待遇，并由此形成相对于传统银行的竞争优势，这难道公平吗？考虑到信用合作社占有的市场份额非常有限，因此它们似乎还没有真正伤及公共银行业的赢利能力。

既然信用合作社对社有如此巨大的作用，那为什么没有更多的人利用它们呢？好吧，首先我们需要理解它们好在哪里。当前，信用合作社还仅仅服务于特定人群，而不是社会公众。并非所有人都能找到一个适合自己的信用合作社，它们往往更适合于收入有限的勤俭节约者。此外，由于信用合作社无法利用二级市场进行融资，即在华尔街上筹集资金，因此他们不需要为了广告宣传诱惑客户而制定营销预算。总之，他们的根本目的是服务于客户，而不是股东。按大多数标准衡量，信用合作社对那些被银行拒绝的人来说是一种福音。

当国会在 1977 年通过关于禁止贷款歧视的法案时，信用合作社既被免于该法案的约束。因为在那个时候，人们就已经认识到，信用合作社就是在服务于那些被其他银行认为不符合享受服务标准的人群。

我们不妨通过一个数据样本追忆一下信用合作社走过的足迹，这些数据来自《家庭住房贷款披露法案》(*Home Mortgage Disclosure Act*)。该法案于 1975 年通过，它要求金融机构必须披露有关房产贷款的信息。在本质上，这是一种政府对可能存在的歧视性行为进行监管的手段。《家庭住房贷款披露法案》提供的数据表明，信用合作社为中低收入人群发放的贷款数量始终多于银行，至于少数民族人群就更无需多言了。这真的因为它们本性慷慨吗？如果是这样，是不是就可以为那些根本没有贷款资格的人提供贷款呢？根据美国国家信用联盟提供的数据，信用合作社的违约率仅相当于银行的一半。或许，信用合作社向本来不应该发放贷款的对象发放了贷款，出于某种原因，这些人还是如期还款。

但问题的关键在于，银行攻击信用合作社的理由就是他们享有了不公平的竞争优势。统计数据表明，信用合作社的资产管理更有效，而且只服务于作为合作社成员的普通美国人。假如我是银行家，我也会憎恨信用合作社。但是这些乌托邦式的组织还是因某些因素陷入自我操纵的怪圈。

信用合作社需要一个自愿性的董事会，所有成员通过投票选举董事。我相信，大多数人都是心地善良的，他们有志于服务自己所在的社区，而且信用合作社又不需要为聘请超级金融专家管理资金而支付高薪。就其根本而言，信用合作社不需要大型私人金融机构那样的基础设施。自动提款机就是一个最好的例子，它说明，大型银行缺少信用合作社所具有的吸引力。

对某些消费者来说，在很多地点设置分支机构并建立一个全国性的 ATM 网络，确实比仅仅作为一个合作机构成员重要得多。**信用合作社没有赢利，因而无法通过利润再投资于 ATM 网络这样的长期性项目，这种在经营模式上的缺陷，使得信用合作社在满足消费者多方位需求方面处于劣势。**显然，网络银行在赢利方面更有优势，但我们完全可以期待通技术的改进，信用合作社将很快在这方面迎头赶上。

通过紧密型合作，信用合作社始终在提供着大银行提供的服务。例如，某些信用合作社已形成全国性体系，允许成员免费使用不同合作社的 ATM。但是这种紧密型合作又存在哪些缺陷呢？在 2008 年的金融危机中，我们也听到很多来自信用合作社的噩耗。为实现规模经济，信用合作社需要集中资金。就像银行业一样，少数不合理决策给他们带来了数十亿美元的损失，这让他们的资产负债表也遭受到和银行一样的重创。

温水煮青蛙：我们已经习惯了被操纵的骗局

“企业化信用合作社”，也被人们称为由信用合作社构成的合作社。它们为处于消费者地位的信用合作社提供服务，这些服务包括中短期投资、支票清算、资金转账系统以及 ATM 网络等。如果没有企业化信用合作社，就很难通过规模效应为成员创造竞争优势。但是在这个行业里，单纯的整合并不一定创造出这种规模效应。

自 20 世纪 80 年代以来，这些作为当地合作社支柱的结算机构越来越少。美国国家信用社管理局（National Credit Union Administration）总监察长办公室提供的 2010 年报告也显示，最大的问题就是为普通储户提供服务的机构太少了。美国的企业化信用合作社体系分为三个层次。第一个层次是批发性信用合作社，它为 26 家企业化信用合作社提供服务。有一家公司承担着为这 26 个企业化信用合作社提供支撑体系的作用，它就是美国中央联邦信贷联盟（U.S. Central Federal Credit Union），而这些企业化信用合作社则需要为 7 600 多个信用合作社提供服务，或者就像业内人所说的那样，而处在最底层的就是自然人信用合作社。

为了给自然人信用合作社委托给他们的资金带来高回报，这个作为 26 家企业化信用合作社成员的美国中央信用社（U.S. Central）与西部信用社（WesCorp）曾大量投资于高风险的次级贷款，但房地产泡沫的破裂让他们损失惨重。这也是他们的主要服务项目，对本地的信用合作社进行短期或长期投资。2009 年 3 月 20 日，国家信用管理联盟对两家公司采取托管，以拯救这个信用合作社体系。最终，5 家从事批发业务的信用合作社被关闭。

在这次系统危机中，最令人感到惊诧的，就是中央信用社与西部信用社持有的住房抵押贷款支持证券数量。其中，在美国中央信用社持有的全部投资中，49% 属于次级贷款，而西部信用社的全部投资中，次级贷款的比例更是高达难以置信的 74%。他们都曾对自己的投资业绩向外界撒谎，但却没有人指责管理层忽视了风险管理。你不可能仅仅因为利率高于市场的正常水平，就把全部资金投资于一个没有流动性的市场板块。这样的理由显然是站不住脚的。这又是一个典型被操纵的系统，尽管没有恶意，但人们还是在无意间操纵着自己所依赖的这个系统。

为了在房地产泡沫时期赶上市场潮流，信用合作社不得不吸引更多资金用于发放贷款。于是他们只好像银行和货币市场基金那样，借助于大量住房抵押贷款充当利润。因此，尽管这个温馨、友善、强调“以人为本，利益其次”的经营模式已自成体系，但操纵依旧让他们将数十亿美元化为灰烬，最终也像“利润至上”的银行那样，向政府伸手求助。但这并不等于说，即便有机会，我们也不应支持当地的信用合作社。相反，它只能说明，作为消费者，不管我们有怎样的意图，依旧无法摆脱华尔街这些大型机构设下的陷阱。

我们根本就不可能摆脱这场被操纵的游戏。

后记

很多作者习惯用后记提出结论或是总结全书，但我更希望读者在阅读本书之后会有更多的想法。下面这些书籍曾经对我产生重大影响，我认为你也应该看看这些书。为了让你的学习更轻松愉悦，我对这些书做了一点简要介绍，以及这些书适合哪些读者。如果有时间的话，还是建议各位不要错过这些经典巨作。

《金钱游戏》(*The Money Game*)，亚当·史密斯（Adam Smith）：在描述华尔街的所有书籍中，这始终是我最喜欢的一本。它也是我在办公室和家里都存放的唯一一本投资大作。简而言之，这本书描述了20世纪60年代华尔街的场景及其特有的文化。我之所以觉得这本书最有趣，是因为我们在书中几乎看不到任何迹象，表明它是一本创作于60年前的书。这是你首先应该细细品味的书籍，先放下手边的事，马上找一本看看吧。

《证券分析》(*Security Analysis*)，本杰明·格雷厄姆(Benjamin Graham)与大卫·多德(David Dodd)：尽管《聪明的投资者》(*The Intelligent Investor*）一书更易于理解，而且又是格雷厄姆理论在当代社会的版本，但《证券分析》却是我认识投资世界的起点。如果你没有通读过这本书，你就不可能感受到它的魅力，不要对我说，你准备闲坐在家里分析公司，因为你就是不想看书。假如蕴藏在这本书中的知识财富不能让你如痴如醉，那就千万不要再想着去研究股票基本面。换句话说，我认为本书最新版的价值，就在于它把原本过时的措辞转化为可以让现代读者从中汲取营养的语言。

《聪明的投资者》(*The Intelligent Investor*)，本杰明·格雷厄姆：这是一本打折的《证券分析》，它对入门者来说绝对是一本好书，但显然无法替代原作。

“与本杰明·格雷厄姆的对话”(*A Conversation with Benjamin Graham*)，1976 年《金融分析师杂志》：读者可以在互联网上看到这篇采访。亲耳倾听大师本人在生前的教诲，听听他如何看待自己的生活和工作。他的回答让你感到意外，甚至会颠覆你对市场的认识。对我来说，它就是实用主义的教程。

《交易冠军：一个天才操盘手的自白》(*Pit Bull: Lessons from Wall Street's Champion Day Trader*)，马丁·舒华兹（Martin Schwartz)：这本书讲述了一个人如何通过努力成功顶级交易员的历程。如果你也想学会如何在生活与工作间达到平衡，那就一定要向一个曾经为之奋斗 20 年的人学习。

《股票作手回忆录》(*Reminiscences of a Stock Operator*)，埃德温·拉弗菲尔（Edwin Lefèvre)：我提供的这些推荐书目并不是让你买来放在书架上做摆设。一定认真研读。最好找个人检验一下你的阅读收获。我还从来没有见过有一本书被很多人购买但却鲜有人真正地阅读。谢天谢地啊，但就是这本书让我如此轻松的得到了收获。如果你想了解投资大众，首先要明白一个道理：聪明人一点就透。

《金融怪杰》(*Market Wizards*)，杰克·施瓦格（Jack Schwager)：这本书以极具娱乐性的方式讲述了成功的投资者、投机者或是纯粹撞大运者的故事。通过对 20 世纪 80 年代顶级操盘手的采访，《金融怪杰》一书足以让你心安理得：只要你还有激情和意愿，如何投资或者如何交易就不重要了；任何人都有机会获得成功。这是极富励志性的书籍。

罗闻全在我当前的资产管理模式中，他的风险预算观点显然是不可或缺的一部分。他的论文“有效市场与行为金融的统一：适应性市场假设”（*Reconciling Efficient Markets with Behavioral Finance: The Adaptive Markets Hypothesis*）绝对是完美无瑕的英文大作。如果你想对他有更多的了解，不妨登陆 Alpha Simplex 的网站（www.alphasimplex.com），看看他的其他文章。

致谢

感谢组稿编辑劳拉·沃尔什（Laura Walsh），她为这个项目投入了极大的精力；朱迪·霍沃斯（Judy Howarth）为我的创作提供了巨大支持。乔纳森·盖克（Jonathan Gake）的到来简直是老天对我的眷顾，他的参与让我受益匪浅。没有他，我根本不会创作本书。感谢劳里恩·艾尔（Lorraine Ell），她始终关注本书的每一个细节，感谢组合资产管理公司的每一个人，他们承担了我在创作本书期间的很多工作。当然，还要感谢我的妻子和女儿，她们为本书作出了巨大牺牲，我曾向她们保证，在本书出版之后，我一定要用更多的时间陪伴她们。

当然，还有很多人为了这本书的面世作出了贡献。为此，我首先要感谢Prime Charter证券公司的同仁斯蒂芬·舒瓦茨（Stephen Schwartz）、马克·朗达（Mark Ronda），在我初入这个行业的前4个年头里，我找不到比这家公司更适合自己的地方了。

还要感谢贝尔斯登的管理层，他们很快就让我意识到，华尔街是一个是非之地，这里并不总是一团和气。还要感谢美国全国广播公司财经频道（CNBC）的所有制片人，他们让我有机会表达自己的观点，并一路支持我走到今天，尤其要感谢丹·霍兰德（Dan Holland）。最后，我还要对拉里·库德罗致以特别的敬意，正是他教导我要坚持自我，不要轻言放弃。

“iHappy书友会”会员申请表

姓　名：（以身份证为准）__________；性　别：____________________；

年　龄：______________________；职　业：____________________；

手机号码：____________________；Email：____________________；

邮寄地址：____________________；邮政编码：__________________；

微信帐号：____________________（选填）

所购图书封底防伪码（揭开防伪标签，即可看到标签下防伪码）：

____

请在以下9本图书中任选一册

您选择的图书名为《××××××》

请将以上信息严格按上述格式Email至中资海派“iHappy书友会”会员服务部。

邮　箱：zzhpHYFW@126.com

微信联系方式：请扫描二维码或查找zzhpszpublishing关注“中资海派图书”

中资经典，打造最具价值的金融投资胜经
一切为了精英阅读而努力

我们在接到您的会员申请表后，会在第一时间发送审核回函，一经审查通过，您将立即成为我司“iHappy书友会”会员，首次成为会员者，将可以免费获得以下图书一册，我们将以平邮的方式邮寄给您，请确保邮寄地址可以收到邮政平邮（请勿重复申请，重复加入会员无效）。可选书目有：

《金钱游戏》定价：32.00
（*The Money Game*）
亚当·史密斯（Adam Smith）

透析市场本源，揭开游戏黑幕

《活学活用巴菲特》定价：38.00
侯博元

第一本将巴菲特投资策略实际运用于中国股市的书

《大投机家的证券心理学》定价：32.00
（*Kostolany's Börsenpsychologie*）
安德烈·科斯托拉尼（Andre Kostolany）

20世纪最伟大的股市见证人教你股市赚钱秘籍

《股市投资致富之道》定价：32.00
（*Paths to Wealth Through Common Stocks*）
菲利普·A.费雪（Philips A. Fisher）

费雪家族长达80年的投资秘诀

《美元的坠落》定价：28.00
（*The Demise of the Dollar*）
安迪森·维金(Addison Wiggin)

深度解析美元捆绑世界的阴谋

《拿工薪，三十几岁你也能赚到600万》定价：36.00
（*Millionaire Teacher*）
安德鲁·哈勒姆（Andrew Hallam）

巴菲特和约翰·博格教你的9大投资致富法则

《围捕黑天鹅》定价：38.00
（*Stalking the Black Swan*）
肯尼斯·波斯纳（Kenneth A. Posner）

极端波动性市场下的投资风险防范

《拯救华尔街》定价：39.80
（*When Genius Failed*）
罗杰·洛温斯坦（Roger Lowenstein）

长期资本管理公司的崛起与陨落

《魔鬼投资学》定价：35.00
（*More Than You Know*）
迈克尔·莫布森（Michael J. Mauboussin）

颠覆传统投资智慧，实现长期投资获利指日可待

轻松反馈信息　免费获赠图书

在您阅读我们图书的过程中，中资海派还将竭诚为会员提供以下服务：

1.定时阅读计划　2.答疑解难　3.复习通关　4.权威专家指导

只有您能一眼看出，
这是能使您投资立马获利的金融胜经！

特别说明

1.会员申请通过后，收到第一本书刊需时7～20天。

2.读者订阅的书刊由深圳寄出，如果您在20天内未收到，请及时反馈给我们。

中资海派出品

为精英阅读而努力

投资大师费雪为你揭开300年投资史赚钱秘密

看似独立的个例之间到底暗藏着怎样的玄机？隐藏在股市起伏与经济荣衰中的密码，究竟以何种方式发挥作用？

全球知名投资大师肯·费雪漫步300年投资史，将松散而随机的历史事件进行整合，对政治、经济等因素逐一分解，加以行为金融学的群体心理分析，得出了惊人的结论。对于每次的经济涨跌周期、熊市和牛市中的关键节点，也渐渐得出一个清晰的趋势图景。被短视、记忆和悲观情绪蒙蔽的我们，怎样才能让历史成为强大的工具并帮助我们在投资中获利？

费雪在“2011年《福布斯》全球亿万富翁排行榜”上排名736位，2010年费雪被评为“近30年最具影响力人士之一”。

〔美〕肯·费雪
劳拉·霍夫曼斯 著
刘寅龙 译

中资海派出品
定　价：68.00元

亚马逊金融投资类畅销书榜
《纽约时报》《金融时报》《华尔街日报》
《福布斯》《华盛顿邮报》等媒体推荐

全球首屈一指的投资专家　成长股价值投资领路人

巴菲特师弟教你以史为镜
炼就发现牛市的火眼金睛

短信查询正版图书及中奖办法

A．电话查询

1．揭开防伪标签获取密码，用手机或座机拨打4006708315；

2．听到语音提示后，输入标识物上的18位密码；

3．语言提示：您所购买的产品是深圳市中资海派文化传播有限公司出品的正版图书。

B．手机短信查询方法（移动收费0.2元/次，联通收费0.3元/次）

1．揭开防伪标签，露出标签下18位密码，输入标识物上的18位密码，确认发送；

2．发送至13825050315，得到版权信息。

C．互联网查询方法

1．揭开防伪标签，露出标签下18位密码；

2．登录www.801315.com；

3．进入“查询服务”“防伪标查询”；

4．输入18位密码，得到版权信息。

中奖者请将18位密码以及中奖人姓名、身份证号码、电话、收件人地址和邮编E-mail至szmiss@126.com，或传真至0755-25970309。

一等奖：168.00元人民币（现金）；
二等奖：图书一册；
三等奖：本公司图书6折优惠邮购资格。
再次谢谢您惠顾本公司产品。本活动解释权归本公司所有。

读者服务信箱

感谢的话

谢谢您购买本书！顺便提醒您如何使用ihappy书系：

- ◆ 全书先看一遍，对全书的内容留下概念。
- ◆ 再看第二遍，用寻宝的方式，选择您关心的章节仔细地阅读，将“法宝”谨记于心。
- ◆ 将书中的方法与您现有的工作、生活作比较，再融合您的经验，理出您最适用的方法。
- ◆ 新方法的导入使用要有决心，事先做好计划及准备。
- ◆ 经常查阅本书，并与您的生活、工作相结合，自然有机会成为一个“成功者”。

<table>
<tr><td rowspan="8">优惠订购</td><td colspan="2">订阅人</td><td></td><td>部门</td><td></td><td>单位名称</td><td colspan="2"></td></tr>
<tr><td colspan="2">地址</td><td colspan="6"></td></tr>
<tr><td colspan="2">电话</td><td colspan="3"></td><td>传真</td><td colspan="2"></td></tr>
<tr><td colspan="2">电子邮箱</td><td></td><td>公司网址</td><td></td><td>邮编</td><td colspan="2"></td></tr>
<tr><td>订购书目</td><td colspan="7"></td></tr>
<tr><td rowspan="2">付款方式</td><td>邮局汇款</td><td colspan="6">中资海派商务管理(深圳)有限公司
中国深圳银湖路中国脑库A栋四楼　　邮编：518029</td></tr>
<tr><td>银行电汇或转账</td><td colspan="6">户　名：中资海派商务管理(深圳)有限公司
开户行：招行深圳科苑支行
账　号：81 5781 4257 1000 1
交行太平洋卡户名：桂林　　卡号：6014 2836 3110 4770 8</td></tr>
<tr><td>附注</td><td colspan="7">1. 请将订阅单连同汇款单影印件传真或邮寄，以凭办理。
2. 订阅单请用正楷填写清楚，以便以最快方式送达。
3. 咨询热线：0755−25970306转158、168　传　真：0755−25970309
E-mail: szmiss@126.com</td></tr>
</table>

→利用本订购单订购一律享受9折特价优惠。
→团购30本以上8.5折优惠。